KB057789

의철학 연구

동서양의 질병관과 그 경계

iMH

경희대학교 인문학연구원
HK+통합의료인문학연구단
통합의료인문학
학 술 총 서 03

의철학 연구

동서양의 질병관과 그 경계

김준혁 김태우 윤은경 이수유 장하원 조태구   지음

Philosophy of Medicine: East and West

도서
출판 모시는사람들

경희대학교 인문학연구원 / HK+통합의료인문학연구단 / 통합의료인문학 학술총서03

의철학 연구

등록 1994.7.1 제1-1071
1쇄 발행 2022년 1월 25일

기 획 경희대학교 인문학연구원 HK+통합의료인문학연구단
지은이 김준혁 김태우 윤은경 이수유 장하원 조태구
펴낸이 박길수
편집장 소경희
편 집 조영준
관 리 위현정
디자인 이주향
펴낸곳 도서출판 모시는사람들
          03147 서울시 종로구 삼일대로 457(경운동 수운회관) 1207호
전 화 02-735-7173, 02-737-7173 / 팩스 02-730-7173

인 쇄 (주)성광인쇄(031-942-4814)
배 본 문화유통북스(031-937-6100)
홈페이지 http://www.mosinsaram.com/

값은 뒤표지에 있습니다.
ISBN 979-11-6629-045-9   94000
세트   979-11-6629-001-5   94000

이 저서는 2019년 대한민국 교육부와 한국연구재단의 지원을 받아 수행된 연구임
(NRF-2019S1A6A3A04058286).

인문학을 업으로 삼는 연구자에게 의료는 낯선 주제입니다. 관심을 가진 연구자가 있다 해도 소수입니다. 이유는 충분히 짐작이 갑니다. 이론적으로도 기술적으로도 의료는 인문학이 감당하기 힘든 영역인 까닭입니다. 의료는 당연히 의료인의 것이라 단정할 수 있습니다. 2019년 경희대에 우리 HK+통합의료인문학연구단이 출범할 때도 의료인문학이라는 의제에 대해 낯설어 하는 연구자들이 있었습니다. 코로나19라는 예기치 않은 감염병 팬데믹으로 인해 그 생경함이 덜해졌지만, 여전히 의료인문학은 인문학자에게 조차 익숙한 학문은 아닙니다.

의철학은 그런 점에서 왜 인문학이 의료에 관심을 가져야 하고 가질 수밖에 없는지 설득력 있게 이야기해주고 있습니다. 인간은 몸을 가지고 있습니다. 거칠게 말하면, 몸이 없으면 인간이 될 수 없습니다. 인문학이 인간에 대한 학문이라고 할 때 몸에 대한 관심은 따라서 인문학의 중심 주제가 될 수밖에 없고, 되어 왔습니다. 철학도 예외는 아니었습니다. 지금까지 많은 철학자들이 몸을 자신의 연구 소재로 삼아 고뇌했고 그 결과는 철학의 뼈와 살을 이루었습니다.

몸이 철학의 중요한 소재가 되면서 의료 역시 자연스럽게 철학자들의 관심 영역 안으로 들어왔습니다. 생로병사라는 삶의 과정 모든 곳에 개입하고 있었기 때문입니다. 인간이 몸을 가진 한 의료는 인간과 분리할 수 없는 영역입니다. 철학이 의료에 대해 가지는 관심은 자연스러웠습니다. 나아가 의료는 추상성을 추구하는 철학에 구체성을 부여하는 소재였는지 모릅니다. 생명이 무엇이냐, 인간이 무엇이냐 하는 추상적 질문을 던질 때 의료는 몸을 매개로 그 대답에 구체성을 부여하는 역할을 해 왔습니다. 의료를 통해 철학은 자신의 현실적인 몸을 가지게 되었는지 모릅니다. 인문학이, 구체적으로 철학이 인간에 대해 관심을 가지는 한 의료를 대상으로 한 의철학은 철학의 중요한 구성 부분이 되리라 믿습니다.

이번에 발간되는 『의철학 연구: 동서양의 질병관과 그 경계』의 주제는 질병입니다. 책 속에서 먼저 질병이란 무엇인가 하는 질문을 던지고 있습니다. 질병은 인간의 생로병사에서 시간적으로 가장 많은 부분을 차지합니다. 탄생이나 죽음이 인간의 본원적 존재와 연관된다면, 질병은 그 사이 삶을 규정하는 요소입니다. 의료는 그 질병과 연동되어 탄생과 성장을 해 왔습니다. 의철학이 질병에 대해 가지는 관심 역시 자연스럽다고 할 수 있습니다. 『의철학 연구』는 질병이란 무엇인가 하는 근원적인 질문부터 난임, 자폐, 치매라는 구체적인 대상에 대한 연구까지 포괄하고 있습니다. 의철학에 관심을 가진 여러분에게 도움이 되기를 바라고, 또 그럴 수 있으리라 믿습니다.

의료가 의료인의 것이라는 말은 근대에 접어들어 정당성을 획득했습니다. 교육을 통해 면허를 취득한 의료인만이 의료를 시행할 수 있게 되었기 때문입니다. 의료 행위는 비전공자가 접근할 수 없는 배타적인 영역이 되었습니다. 그런 상황에서 의철학은 의료인에게 자신이 수행하는 학문의 의미를 알려준다는 점에서도 중요합니다. 현실에서 시행되는 의료에 어떤 의미가 있는지 의료인이 물을 때 의철학은 정답은 아니더라도 그 답에 도달하는 지도의 역할을 할 수 있습니다. 이 책이 철학자, 인문학자를 넘어 의료인에게 다가갈 수 있는 이유입니다.

　이 책은 경희대 HK+통합의료인문학연구단 철학팀의 첫 작품입니다. 기획을 진행하고 참여하신 철학팀의 여러 선생님, 기획에 선뜻 동참해 주신 김준혁, 이수유 선생님께 감사드립니다. 지금까지 우리 연구단의 학술총서가 그랬듯이 이번 『의철학 연구』도 모시는사람들이 출간을 맡아주셨습니다. 감사드립니다. 이 책의 발간을 진행한 철학팀은 이미 다른 기획서를 준비하고 있습니다. 『의철학·의료윤리 연구의 현황과 과제』입니다. 철학에서 연구동향 정리는 익숙한 일은 아니라고 들었습니다. 자신의 독창적인 이론 정립을 우선시하는 철학 특유의 정체성과 관련이 되지 않나 짐작합니다. 하지만 선학의 연구는 후학에게 도약할 발판이자 경계의 지침입니다. 『의철학·의료윤리 연구의 현황과 과제』역시 그 역할을 해주리라 믿습니다. 이 책을 읽으신 여러분도 새로 출간될 철학팀의 성과에 주목해 주실 것을 부탁드립니다. 감사합니다.

2021년 12월

경희대 HK+통합의료인문학연구단 단장 박윤재

질병은 생로병사로 요약되는 삶의 일부로서 인류사의 시작부터 늘 함께 해 왔다. 질병의 고통으로 괴로워하는 타인의 모습을 보면 그 병에 대한 별다른 이해가 없더라도 쉽게 그 아픔에 공감할 수 있을 만큼 질병 경험은 우리에게 보편적이다. 누구나 질병과 관련된 경험을 적어도 하나씩은 가지고 있으며, 질병을 앓는다는 사실은 내가 살아 있다는, 너무나 명백해서 쉽게 자각하지 못하는 사실을 가장 분명하게 드러내어 보여주는 반증이 된다.

이러한 질병은 또한 의학의 존재 조건이기도 하다. 삶의 일부이지만 질병은 (가장 광범위한 의미에서) 고통스럽기 때문에 치료를 요구하며, 이 요구에 응답하는 인류의 실천과 지식체계가 바로 의학이다. 의학은 일차적으로 문제 해결을 목적으로 하는 것이며, 따라서 무엇을 문제로 삼는가에 따라서 그 내용이 달라진다. 물론 의학이 문제 삼는 것은 질병임에 틀림없다. 그러나 대체 무엇이 질병인가? 의학은 무엇을 질병이라고 보는가? 즉 의학은 무엇을 문제로 삼는가?

의학이 '무엇을 문제 삼는가?'라는 질문은 모든 종류의 의료적 활동을 관통하고, 각각의 의료적 활동이 전제하는 다양한 질병관을 관통한다.

『의철학 연구-동서양의 질병관과 그 경계』에서 답하고자 하는 질문은 우선 이것이다. 실제로 의학이 '무엇을 문제 삼는가?'라는 질문은 의철학의 오래된 관심사였고, 이러한 질문에 답하기 위한 노력 속에서 다양하고 심지어

서로 대립하기까지 하는 질병에 대한 여러 관점들이 제시되었다. 그러나 논의는 종결되지 않았고 아직 종결될 기미가 보이지 않는다. 대립하는 여러 관점들 중 어느 한 관점도 아직까지 절대적인 우위를 점하지 못했다거나, 정신질병과 같은 기존의 관점으로는 충분히 설명되지 않는 미지의 영역이 남아 있다는 점만을 말하는 것이 아니다. 과학기술에 힘입은 의학의 발전 자체가 논의를 끊임없이 연장시키고 새로운 차원으로 이동시키고 있다. 우선 과학기술이 주도하면서 대두하게 된 생의학은 여러 질병들을 정복하는 눈부신 성과를 거두었지만, 동시에 '질병으로부터의 환자의 소외'나 '의료의 비인간화' 같은 문제 등을 발생시키며 어느 순간 한계를 드러내기 시작했다. 또 발전된 의학기술 덕분에 연장된 수명과 달라진 생활환경은 시대의 주도적인 질병의 성격을 바꾸고 의학의 관심 자체를 질병으로부터 점점 건강으로 이동시키고 있다. 드러난 한계를 보완할 수 있는 대안을 찾아야 하며, 변화된 상황에 부합하는 새로운 관점을 정립해야 한다.

따라서 의철학의 관심은 더 이상 '무엇을 문제 삼는가?'라는 질문에만 머물러 있을 수는 없다. '무엇을 문제 삼아야 하는가?'에 대해서도 대답할 수 있어야 하며, 이를 위해서는 '무엇을 문제 삼는가'라는 질문과 함께 '어떻게 문제 삼는가?'에 대한 성찰도 함께 이루어져야 한다. 의학이 무엇을 그리고 어떻게 문제 삼아 왔는지를 알아야만, 의학이 무엇을 그리고 어떻게 문제 삼아야 하는가에 대해 의미 있는 답을 줄 수 있을 것이기 때문이다.

책은 그것이 다루고 있는 대상이 무엇인가에 따라 〈1. 서양의 질병관〉, 〈2. 한의학의 질병관〉 그리고 분명 질병으로 구분되기는 하지만 여전히 여러 난점들이 남아있는 정신질환을 다루는 〈3. 질병의 경계에서〉로 구분되어 있다. 3부를 제외한 각 부는 해당하는 질병관의 전체적인 윤곽을 그릴 수 있는 글을 앞에 배치하고, 점차 '난임'과 '자폐', '치매' 등 구체적인 사례를 통해 해당 질병관에 대한 논의가 이루어질 수 있도록 구성되어 있다.

그런데 이렇게 배치된 책에 수록된 글들은 앞서 언급한 두 가지 질문 '무엇을 문제 삼는가?'와 '어떻게 문제 삼는가?'를 기준으로 다시 분류해 볼 수 있다. 먼저 의학이 '무엇을 문제 삼는가?'에 대해 답하고 있는 글들은 각각 '질병 현상의 본성', '질병 개념의 성격', '건강'이 무엇인지를 다루고 있는 1부를 구성하는 글들 전체가 해당한다. 이 글들은 의철학사에서 전개된 여러 이론들을 분석하고 소개하면서 서양의학이 무엇을 문제로 삼고 있는가에 대해 답하고 있다.

반면 '한의학'과 '난임', '자폐증'과 '치매'를 통해 질병관을 탐색하고 있는 책의 다른 글들은 질병이나 건강에 대한 이론 그 자체보다는 질병을 생활세계 차원으로 끌어들여 구체적으로 맥락화한 논의들을 전개하고 있다. 여기에서 다양한 질병관 또는 의학은 하나의 현상을 바라보는 다양한 시각에 불과한 것이 아니라, '무엇을 문제 삼는가'에서부터 방향을 달리하는 것들로 드러난다. 즉, 저마다 코끼리의 다른 부위를 만지면서 각자의 이야기를 하고 있으나 결국 만지는 것은 하나의 코끼리인 것이 아니라, 저마다 다른 코끼리를 저마다의 방식으로 만지고 있는 양상이다. 하나의 진실에 대한 다양한 관점이 있는 것이 아니라 복수의 진실에 대한 저마다의 접근이 있다. 그리하여 서로 다른 의학과 문화는 같은 질병에 대해 서로 다른 해결책을 제시한다는 점에서 구별되는 것이 아니라, 무엇을 질병으로 볼 것인가를 결정하는 데부터 서로 구별된다. 이러한 차이가 임상 현장에서 어떤 모습으로 환자의 경험을 구성하는지, 또 이 경험을 바탕으로 이루어지는 관점의 역사적 변화에 따라 질병에 대한 해석은 또 어떻게 달라져 왔는지를 책에 수록된 글들은 구체적인 사례를 통해 엿볼 수 있게 해준다. 따라서 이 글들은 '무엇을 문제 삼는가?'라는 질문에만 머무는 것이 아니라, '어떻게 문제 삼는가?'의 문제까지 다루고 있다고 볼 수 있다.

질병은 우리 삶의 경험이면서 동시에 의학의 존재 조건이며, 치료기술과 의료정책을 수립하기 위해 필요한 구체적인 앎이기도 하다. 따라서 질병에 대한 논의는 다양할 수밖에 없으며 지속적으로 만들어지고, 또 만들어 가야만 하는 살아 있는 개념이다. 오늘날 질병에 대한 담론은 '질병으로부터의 환자의 소외'나 '의료의 비인간화' 등과 같은 문제를 극복하고 점점 더 질병을 경험하는 사람을 온전히 포함하려는 방향으로 발전하고 있다. 이는 '사람이 없는' 의료에 대한 비판과 그 맥락을 함께하는 것인 한편, 연장된 수명과 달라진 생활환경으로부터 야기된 주도적인 질병의 성격 변화에 부응하는 것이기도 하다. 이 책에 수록된 글들은 이러한 문제의식을 바탕으로 저마다의 분야에서 질병 담론에 참여하고 있다. 질병과 관련된 논의는 언제나 현재진행형이다. 향후 다양한 분야에서 이루어질 더욱 발전적인 논의들을 함께할 수 있기를 소망해 본다.

2021년 12월
윤은경, 조태구

차례

의철학 연구

제3부 질병의 경계에서 —— 181

제1부 서양의 질병관

질병은 존재하는가?

— 생리학적 관점과 존재론적 관점

조태구_ 경희대학교 인문학연구원 HK연구교수

1. 질병 개념의 복잡성

"질병은 존재하는가?" 이 질문이 이상하게 들릴 수도 있다. 만약 질병이라는 것이 존재하지 않는다면, 우리가 병에 걸렸다고 판단하거나, 약을 먹고 병원에 가는 등 질병으로부터 벗어나기 위해 하는 일련의 행위들은 도대체 무엇을 위한 것인가? 우리는 분명 병에 걸리고 그것을 치료하고 예방하기 위해 갖은 노력을 다하지 않는가. 질병이 없는 것이라면 우리는 왜 없는 것에 의해 고통받고, 없는 것을 피하고 제거하기 위해 노력하는가? 질병의 존재를 의심하는 것은 그 자체로 모순 아닌가?

그렇다면 질문을 조금 바꿔 보자. 질병이 존재하는 것이라면 그것은 어떤 방식으로 존재하는가? 질병은 지금 내 눈 앞에 놓여 있는 컴퓨터나 연필과 같은 방식으로, 즉 특정한 시간과 공간에 자리하고 있는 구체적인 무엇으로서 존재하는가? 아니면 자유나 평등과 같은 어떤 추상적인 개념으로서 존재하는가? 만약 질병이라는 것이 구체적인 사물과 같은 방식으로 존재하는 무엇이라면, 어떤 사람이 병들었다는 사실은 그가 건강한 상태일 때보다 자신 안에 더 많은 무언가를 지니게 되었다는 점을 의미할 것이다. "건강한 사람 A가 병에 걸렸을 때, 그는 A+B가 되고, 이때 B가 바로 질병이다."[1] 이러한 질병에 대한 이해에서 질병을 치료한다는 것은 건강한 사람 A에게 더해진 질병 B를 제거하는 일이 될 것이다. 질병은 건강에 덧붙여지는 무엇이며, 건강은 질병의 부재이다.

세균이나 바이러스, 기생충 등으로 인해 발생하는 감염성 질병들은 이러한 설명에 잘 부합하는 듯하다. 인간의 외부에 독립적으로 존재하는 이러한 감염원들은 인간 신체에 침투함으로써 통증이나 기능이상 등과 같은 특정한 현상들을 야기한다. 감염된 사람은 감염되기 이전의 건강한 상태일 때보다 세균이든 바이러스든 기생충이든 무언가를 더 많이 가지게 되고, 이때 신체에 침투한 그것이 무엇인지에 따라 감염된 신체에서 발생하는 현상들이 달라진다. 따라서 질병은 이러한 현상들을 야기한 감염원의 종류에 따라 분류될 수 있으며, 이제 질병은 시공간에서 구체적으로 특정할 수 있는 감염원과 동일시될 수 있을 것이다. 이 경우 감염원의 발견은 곧 질병의 발견을 의미할 것이다.

그러나 감염원이 곧 질병 자체일 수 있는가? 인간 신체에 아직 침투하지 않은, 따라서 인간 신체에 아무런 현상도 발생시키지 않은 세균이나 바이러스를 질병이라고 부르는 일은 사실 어색하다. 그렇다면 질병은 인간 신체를 감염시킬 수 있는 무엇이 아니라 그로 인해 발생한 신체의 특정한 현상들 자체를 가리키는 말 아닌가? 감염의 원인이 질병인가 아니면 감염의 결과가 질병인가?

---

1 Cohen, Henry(1977), "The evolution of the concept of disease", *Proceedings of the Royal Society of Medicine 48*〉, p.155.

그런데 보다 더 근본적인 문제는 질병이라고 불리는 대부분의 현상들에서 감염성 질병의 경우와 동일한 형태의 발견을 기대하기 어렵다는 점이다. 감염성 질병을 제외한 다른 질병들에서 신체의 이상 현상들을 야기하는 원인은 단 하나로 특정되지 않을뿐더러, 그 원인이 인간으로부터 독립하여 시공간에 존재하는 구체적인 무엇인 경우도 없다. 심지어 감염성 질병의 경우에도 각 개인마다 편차가 존재한다. 극단적인 경우, A라는 사람에게 감염원 B가 침투하여 A+B가 되었을 때는 아프지만, C라는 사람이 감염되어 C+B가 되었을 때 아무런 변화가 없을 수 있다. 이 경우 C에게 B는 무엇일까? 감염으로 인해 아무런 변화도 겪지 않는 C에게도 B는 여전히 특정한 현상들을 야기하는 원인으로 판단되고, 심지어 질병과 동일한 것으로 여겨질 수 있을까? 만약 그러하다면, 이때 질병이 의미하는 바는 무엇인가? C에게 덧붙여진 감염원 B를 질병과 동일시한다면, 이는 아프지 않은 C를 병들었다고 판단하는 것 아닌가?

이 마지막 문제를 조금 다른 관점에서 살펴보자. 2019년 12월 31일 중국 우한시에서 시작되어 전 세계를 괴롭히고 있는 코로나바이러스감염증-19(Coronavirus disease-2019, 이하 코로나19)는 그 이름 그대로, 2019년 신종 코로나바이러스에 의한 질병을 가리킨다. 그러나 잘 알려져 있는 바처럼 코로나19 바이러스에 감염된다고 하더라도 아무런 증상이 나타나지 않는 경우가 상당하다. 그럼에도 바이러스 검사에서 양성 판정을 받은 사람들은 물론이고, 단지 감염이 의심되는 사람들도 그들의 증상 여부와는 상관없이 모두 자가격리하도록 강제되고, 대부분의 사람들은 그러한 조치에 순순히 따른다. 또 바이러스에 감염될 경우 별다른 이상이 발생하지 않거나, 미미한 피해만이 있을 것으로 예상되는 사람들도 코로나19 백신 접종을 권고받으며, 권고받은 사람들의 대부분은 이러한 조치에 크게 반감을 가지지 않는다. 즉 사회 전체가 개인에게 발생하는 증상의 여부와는 무관하게, 바이러스에 감염되었다는 사실 그 자체로 질병으로 판단하는 데 동의하고 있으며, 당국은 이러한 판단하에서 나름의 조치를 취하고 있다. 개인이 겪는 아픔은 여기서 질병을 규정하는 절대적인 기준이 아니다. 나는 비록 아프지 않지만, 나로 인해 다른 이가 아플 수 있고, 심지어 죽음에 이를 수 있다는 사실이 사람들로 하여금 감염 자체를 질병으로 판단하도록 만든다. 질병 개념의 규정에는 타인에 대한 배려와 같은 사회적 가치들이 강력하게 작용하고 있다. 즉 질병은 다만 관찰하여 발견해야 하는 자연적 사실이 아니라, 사회적으로 규정되는 개념일 수도 있다.

2. 질병 개념의 필요성

이상의 논의는 "질병이란 무엇인가?"라는 질문이 결코 쉽게 답해질 수 있는 성격의 문제가 아니라는 점을 말해 준다. 질병은 존재하는가? 존재한다면 그것은 어떻게 존재하는가? 혹시 질병은 특정한 목적을 수행하기 위해 여러 현상들을 묶어 부르는 다만 이름에 불과한 것이고, 사실 질병들이 존재하는 것이 아니라, 아픈 사람들만이 존재하는 것은 아닌가? 그런데 이러한 성격의 문제들이 해결된다고 하더라도, 여전히 다른 문제가 남는다. 질병이 실제로 존재하는 것이라면, 그것을 질병이라고 규정하게 만드는 그 이유는 무엇인가? 혹은 질병이 실제로 존재하지 않는 것으로서 다만 이름에 불과할 뿐이라면, 그렇게 이름을 붙이는 이유와 기준은 무엇인가? 질병이라는 개념은 객관적 기준들에 의해 규정될 수 있는 개념인가? 아니면 시대와 문화에 따라 변화하는 상대적이고 가변적인 개념인가? 그리고 이러한 질병을 둘러싼 문제들에 질병과 짝을 이루는 건강에 대한 문제가 덧붙여진다. 건강은 다만 질병의 부재를 의미하는가? 질병이 없다고 해서 건강한가? 건강이 질병의 부재 이상을 의미한다면, 그것은 인접한 다른 개념들, 가령 행복과 어떻게 다른가? 등등.

실제로 20세기에 등장한 철학의 한 분과인 의철학에서 질병과 건강에 대한 논의가 활발히 진행되었고, 그 논의는 오늘날에도 계속되고 있다. 호프만은 자신의 논문에서 질병을 정의하기 위해 지금까지 의철학의 영역에서 논의되었던 다양한 관점들을 정리하여 제시하였는데, 우선 그 복잡함에 놀라게 된다.[2] 그가 제시하는 질병에 대한 여러 관점들은 학자마다 사용하는 용어가 상이하며, 각각의 관점이 서로 대립하게 되는 맥락도 다양하다는 점을 보여준다. 더구나 특정한 맥락에서는 서로 대립하던 관점들이 다른 맥락에서는 서로 일치하기도 한다. 호프만은 이러한 질병 개념을 둘러싼 논쟁의 복잡함이 이 개념을 떠받치는 이론적 틀과 철학적 문제들이 복잡하기 때문이라는 것을 강조하며, 다음과 같이 결론을 내렸다. "질병을 정의할 수 있다면, 그 질병을 정의할 때 질병 개념이 포함하는 다양성과 복잡함을 고려해야만 한다. 질병 개념은 단순하게 정의할 수 없다."[3]

이와 같은 이유로 헤슬로우와 같은 연구자들은 질병을 정의하려는 시도

2 Hofmann, Bjørn(2001), "Complexity of the concept of disease as shown through rival theoretical frameworks", *Theoretical Medicine 22*, pp.211-236.
3 *ibid.*, p.230.

자체를 회의적으로 평가하기도 한다.[4] 그에 따르면 의료는 무엇보다 치료를 필요로 하는 사람들을 돕는 실천적 활동이다. 자동차 정비공과 정원사가 자동차가 무엇인지, 풀이 무엇인지 정확하게 알지 못하더라도 고객의 요구 사항을 훌륭하게 만족시킬 수 있는 것과 마찬가지로, 의료 종사자들도 "질병이 무엇인가?" 혹은 "건강이 무엇인가?"에 대해 정확히 답을 하지 못하더라도 도움을 필요로 하는 사람들의 요구를 충분히 충족시킬 수 있다. 그에 따르면 '(건강, 질병, 질환 등과 같은) 개념들을 지나치게 강조하면 부차적인 문제들에 주의를 집중시키고 실제로 중요한 문제들을 혼란스럽게[5] 만들 뿐이다.

그러나 헤슬로우는 의료 행위를 너무 단순하게 생각했다. 그는 치료를 필요로 하는 사람을 도울 수 있으면 그만이라고 얘기하지만, 여기서 '치료를 필요로 하는 사람'과 '치료가 필요하지 않은 사람'을 도대체 어떤 기준으로 구분할 것인가? 그가 예로 들고 있는 바대로, 자동차의 배기량을 늘리고 싶어 하는 고객에게 정비공은 그가 그렇게 할 수 있는 능력이 있고, 만족할 만한 보수를 받는다면 원하는 서비스를 제공할 수 있다. 그러나 의사들도 이와 동일한 방식으로 행동할 수 있는가? 혹은 해도 되는가? 의사와 환자의 관계는 정비공과 고객 혹은 정원사와 고객의 관계와는 다르다. 의사가 다루는 것은 고객이 소유한 어떤 사물이 아니라 고객, 환자 자신이며, 그의 생명이다. 또 의사와 환자의 관계는 개인과 개인 사이에 성립되는 사적인 관계에만 한정되는 것도 아니다. 현대 의료가 하나의 사회적 시스템인 한, 환자와

---

4 Hesslow, Germund(1993), "Do we need a concept of disease?", *Theoretical Medicine 14*, pp.1-14.
5 *ibid.*, pp.12-13.

의사 사이에 성립되는 관계에는 필연적으로 사회가 개입한다. 즉 의사와 환자 사이에서는 정비공과 고객 사이에서는 찾아볼 수 없는 윤리적이고 사회적인 문제들이 개입되어 있다.

과잉의료의 문제, 보험의 문제, 더 나아가서는 인간 강화와 관련된 문제들에 이르기까지, 의료기술이 고도로 발전하고 그것이 포괄하는 영역이 점점 더 확대되어 갈수록 의료와 관련된 문제들은 점점 더 다양해지고 복잡해지고 있다. 이러한 상황 속에서 질병과 건강 등 의료와 관련된 개념들을 정확히 정의하는 일은 점차 더 중요해지고 있다. 의료의 사회화가 현대사회의 가장 중요한 문제 중 하나로 이미 제기되어 있는 오늘날, 헤슬로우와 같은 입장은 사실 위험하기까지 하다.

3. 질병 개념에 대한 논의의 두 갈래

물론 언급한 것처럼 질병이 무엇인지 정의하는 일은 간단한 문제가 아니다. 이미 다양한 관점 하에서 질병에 대해 서로 다른 정의가 제시되어 있으며, 관련된 많은 논쟁이 진행되었다. 또 의학과 인접 학문들이 급속하게 발전함에 따라 의료 상황이 전반적으로 변화하여 기존의 질병관 전체에 대해 새로운 성찰이 요구되기도 한다. 그러나 비록 개괄적인 수준에 머문다 할지라도, 질병과 관련된 다양한 논의를 큰 틀에서 분류해 보는 일이 불가능한 일만은 아니다.

캐나다의 의철학자 메또는 건강과 질병 개념에 관련된 논의들이 현재까지 크게 두 흐름으로 나누어져 진행되어 왔다고 말한다.[6] 하나는 질병과 건강이라는 현상의 본성을 탐구하고 그것을 다양한 모델로 표현하려는 흐름이다. 이 글의 도입부에서 제기했던 질병의 존재 방식과 관련된 질문들이 이러한 흐름에 속한다. 그리고 다른 하나는 질병과 건강 개념 자체의 인식론적 지위를 탐구의 대상으로 삼는 흐름이다. 즉 질병과 건강이라는 현상 자체의 본성이 아니라 그 현상을 규정하는 개념의 성격을 탐구하려는 흐름으로서, 이 흐름 속에서는 질병과 건강 개념이 주관적인가 아니면 객관적인가, 혹은 그 개념들이 가치함축적인가 아니면 가치독립적인가에 대해 논의가 이루어진다. 이 글의 도입부 후반부에서 언급한 내용이 이 흐름에 속하며, 다음 장에서 다루어질 질병에 대한 자연주의적 관점과 규범주의적 관점의 대립은 이 두 번째 연구 흐름의 대표적인 논쟁이다.

그러나 질병과 건강 개념에 대한 이 두 연구의 흐름이 서로 별개로 존재하는 것은 아니다. 그것들은 서로 포개지기도 하는데, 질병의 본성을 무엇으로 판단하느냐에 따라 질병 개념의 성격이 달리 규정될 수 있기 때문이다. 가령 앞서 언급한 것처럼 질병을 시공간에 위치한 사물과 같은 것이라고 판단할 때, 이러한 질병 현상의 본성에 대한 판단은 질병 개념을 객관적인 성격의 것으로 규정하는 데 유리한 조건을 마련해 준다. 또 반대로 질병이 다만 현상들에 붙여진 이름에 불과하며, 이 현상들 간에는 공통된 요소가 없다고 판단한다면, 이는 질병 개념을 주관적이며 상대적인 것으로 판단하는 데 유리한 조건을 마련해 줄 것이다. 그러나 질병 현상의 본성에 대한

---

6 Méthot, Pierre-Olivier(2016), "Introduction: Les concepts de santé et de maladie en histoire et en philosophie de la médecine", *Revue Phares 16*, pp.9-41.

판단과 질병 개념의 성격에 대한 판단 사이에 단일하고 필연적인 연관 관계가 있다고 생각하는 것은 오류이다. 질병이 어떤 사물과 같은 것이라고 판단한다고 하더라도, 그러한 사물을 질병이라고 규정하는 판단 자체에 사회문화적 가치가 반영되어 있는 경우는 얼마든지 상상할 수 있으며, 질병이 다만 이름에 불과한 것이라고 판단한다고 할지라도, 이 이름을 부여하는 객관적인 기준이 존재할 수도 있기 때문이다.

4. 질병에 대한 존재론적 관점

의학사 혹은 의철학사에서 질병 현상의 본성에 대한 논의는 흔히 존재론적 관점과 생리학적(혹은 기능주의적) 관점의 대립으로 묘사되어 왔으며, 이 두 관점은 각각 질병을 독립적으로 존재하는 무엇으로 여기는가, 아니면 신체를 구성하는 요소들이 서로 간에 맺는 관계의 산물로 여기는가의 여부로 구분된다. 이 질병에 대한 존재론적 관점과 생리학적 관점의 대립은 당대의 주도적인 질병이 무엇인가에 따라, 또 당대 학계의 관심과 선도적인 학문이 무엇인가에 따라 역사 속에서 계속해서 다르게 평가되어 왔다. 가령 감염성 질병이 당대의 주도적인 질병이었을 경우 존재론적 관점이 우위를 점했던 반면, 내분비계 질환이나 다른 기질성 질병(organic disease)이 당대의 주도적인 질병일 경우에는 생리학적 관점이 우위를 점하게 된다.[7] 또 질병분류학에 대한 관심이 높았던 근대 초기나 미생물학이 독자적인 학문으로 등장하

---

7   *ibid.*, pp.11-12.

여 발전을 거듭하던 시기에는 질병에 대한 존재론적 관점이 선호되었던 반면, 생리학이 발전하고 그것이 포괄하는 범위가 점점 확장되어 갈수록, 혹은 의학의 관심이 질병 자체로부터 인간의 건강한 삶으로 옮겨 갈수록, 질병에 대한 생리학적 관점이 선호된다.

질병에 대한 존재론적 관점과 생리학적 관점의 대립의 역사는 기원전으로까지 거슬러 올라간다. 앞서 질병에 대한 존재론적 관점을 바이러스나 세균 등으로 인해 야기되는 감염성 질병의 경우를 통해 제시했지만, 바이러스나 세균의 존재를 알기 이전부터 사람들은 악령이나 독 등을 인간의 정신적·신체적 이상을 야기하는 원인으로 지목함으로써 질병에 대한 존재론적 관점을 채택해 왔다. 따라서 의료 행위와 관련된 고대 희랍어 이아트리코스(iatrikos, ιατρικήσ)는 오늘날의 의료와는 달리 제의 등과 같은 종교 행위를 포함하는 포괄적인 용어였으며, 인간에게 침투한 악령이나 독과 같은 외부적인 존재를 제거하는 것이 치료 행위의 목적이었다. 반면 히포크라테스는 인간의 질병이 외부로부터 인간 신체에 침투한 무엇이거나 그로 인해 야기되는 현상이 아니라, 인간 신체를 구성하는 생리학적 요소들인 4가지 체액들의 불균형을 의미한다고 생각했다. 이러한 체액설(humorism)에 따르면, 건강이란 신체를 구성하는 체액들이 서로 간에 균형을 이루고 있는 상태이며, "질병은 이 체액들 가운데 하나가, 너무 많거나 너무 적어서, 신체 속에서 다른 체액들과 섞이는 것이 아니라 고립된 채로 남을 때 발생한다."[8] 따라서 여기서 치료란 신체를 구성하는 생리학적 요소들이 유지하고 있던 이

---

8 Grmek, Mirko D.(1995), "Le concept de maladie", *Histoire de la pensée médicale en occident. Antiquité et Moyen-Âge*, ed. Mirko. D. Grmek, Paris: Seuil, p.218에서 재인용.

전의 균형을 회복시키는 일을 의미한다.

그런데 질병의 원인을 악령으로 여기든, 바이러스나 세균으로 여기든, 질병에 대한 이런 존재론적 관점이 공유하는 바는 인간의 신체 혹은 정신에 이상을 불러일으키는 원인을 인간의 외부에 실제로 존재하는 구체적인 무엇, 즉 실체라고 생각한다는 점이다. 그리고 이러한 관점하에서 경험이 반복됨으로써, 그리고 무엇보다 미생물학이 발전함으로써, 인간에게 발생하는 여러 이상 현상들은 그것을 야기하는 특정한 실체들, 가령 감염원들과 연결되어 설명되고, 이렇게 확립된 인과관계를 통해 각각의 이상 현상에 대해 적합한 치료법이 제시될 수 있었다. 원인과 그로 인해 야기되는 증상과 징후 그리고 치료법에 이르기까지, 질병에 대한 존재론적 관점은 의료적 행위를 위한 모든 요건들을 훌륭하게 제시해 준다.

그러나 앞서 언급한 것처럼 여기에는 두 가지 문제가 존재하며, 이 문제들에 대해 어떻게 답하는가에 따라 존재론적 관점은 그 내부에서 몇 가지 입장으로 구분된다. 먼저 신체에 이상을 발생시키는 원인, 즉 감염원 자체를 질병으로 볼 것인가 아니면 이 감염원으로부터 발생하는 이상 현상 자체를 질병으로 볼 것인가 하는 문제가 있다. 가령 폐결핵은 그것을 야기하는 결핵균과 흔히 동일시되지만, 비르코프(Rudolf Virchow)는 이러한 상황 속에서 존재와 원인에 대한 자의적 혼동, 질병 자체와 질병의 원인에 대한 혼동만을 발견할 뿐이다. 그렇다고 해서 비르코프가 질병에 대한 존재론적 관점 자체를 거부한 것은 아니다. 그 역시 질병을 시공간에 존재하는 구체적인 무엇으로 여겼으며, 다만 그것을 인간 외부에 존재하는 무엇이 아니라, 인간에게 발생한 현상들 자체라고 생각했다는 차이가 있었을 뿐이다. 즉 비르코프에게 질병은 '특정한 세포들에 일어난 특정한 병리적 변화'를

의미한다.[9]

그런데 질병이 신체 내부에 나타나는 특정한 병리적 변화를 의미한다면, 이는 질병이 매우 개별적인 것이라는 점을 의미하지 않는가? 나의 몸에 발생한 이러저러한 병리적 변화들은 오직 나에게만 귀속되는 유일한 것이기 때문이다. 나는 타인이 아니고, 따라서 나의 신체에 나타난 세포의 병리적 변화는 타인의 신체에 나타난 세포의 병리적 변화와 다른 존재이다. 그렇다면 질병이라는 것은 사실 존재하지 않으며, 아픈 사람들만이 존재하는 것이라고 말해야 하지 않는가? 질병은 아픈 사람들에게 나타나는 개별적인 현상들을 하나로 묶어 부르기 위한 이름에 불과한 것 아닌가?

이러한 의문은 앞서 언급한 감염성 질병과 관련된 다른 문제, 즉 질병이라고 불리는 대부분의 현상들에서 감염성 질병의 경우와 동일한 형태의 발견을 기대하기 어렵다는 사실과도 관련될 수 있다. 실제로 감염성 질병을 제외한 다른 질병들에서 그것들을 발생시키는 원인을 인간으로부터 독립하여 존재하는 구체적인 무엇으로 특정할 수 없다면, 이때 사람들이 주목하게 될 유일한 것은 아파하는 각각의 개인과 그들의 개별적인 삶의 방식일 뿐이기 때문이다. 따라서 병리적 변화를 일으키는 원인이 질병인 것이 아니라 이 병리적 변화 자체가 질병이라고 말하거나, 시공간에 존재하는 것으로 특정할 수 있는 구체적인 원인 자체가 없다고 말하거나, 두 경우 모두에서 제기될 수 있는 질문은 동일하다. 질병은 존재하지 않고, 아픈 사람들만이

---

9 Engelhardt, H.T.(1975), "The concepts of Health and Disease", *Evaluation and Explanation in the Biomedical Sciences*, ed. H.T. Engelhardt Jr. & S.F. Spicker, D., REIDEL PUBLISHING COMPANY, p.129.

존재하는 것 아닌가?

질병을 시공간에 존재하는 구체적인 무엇이 아니라, 어떤 추상적이고 관념적인 무엇이라고 주장하는 다른 유형의 존재론적 관점은 이 질문에 나름의 답을 제공해 주는 듯하다. 흔히 플라톤적 관점이라고 불리는 존재론적 관점에 따르면 질병은 시공간에 구체적인 무엇으로서 존재하는 것이 아니라, 하나의 전형, 플라톤적 의미의 이데아로서 시공간의 밖에 존재한다. 가령 수많은 연필이 존재하지만 그 모든 연필의 전형, 연필의 이데아가 존재하는 것과 마찬가지로, 수많은 심장병이 존재하지만 이 심장병의 전형, 이데아가 존재한다는 것이다. 각각의 개인이 겪는 질병들은 이 전형이 감각 세계에서 구체적으로 실현되는 다양한 양태들이며, 그것들이 이 전형에 얼마나 부합하는가의 여부에 따라 각각의 개인이 실제로 겪는 질병들 간에 차이가 발생한다. 그러나 각각의 개인이 경험하는 질병들은 그것들 사이의 차이에도 불구하고 하나의 동일한 전형의 개별적인 구현으로서 하나의 동일한 질병으로 분류될 수 있다.

5. 질병에 대한 생리학적 관점

앞서 말했듯이 존재론적 관점에 대립하는 생리학적 관점의 원형은 히포크라테스의 질병관이다. 고도로 발달한 오늘날의 생의학적 관점에서 바라본다면 히포크라테스의 체액설은 터무니없는 오류이지만, 히포크라테스의 이론에서 주목할 점은 그 이론이 내포하고 있는 질병의 본성에 대한 이해이다. 히포크라테스에 따르면, 질병은 인간의 신체와 별도로 존재하는 무엇도 아니며, 따라서 인간 신체에 덧붙여지는 무엇도 아니다. 인간 신체를 이루고 있는 생리학적 요소들 사이의 균형이 무너져 있는 상태가 질병이며, 반대로 그 균형이 계속 유지되고 있는 상태가 건강이다. 인간 신체를 구성하는 생리학적 요소들을 체액으로 보았다는 점만 수정한다면, 히포크라테스의 질병의 본성에 대한 이해는 오늘날에도 여전히 의미가 있다. 가령 특정 호르몬의 과다 분비로 인해 신체의 항상성이 무너질 때 다양한 질병이 발생하고, 위산이 과다하게 분비되어 위 점막이 보호할 수 있는 수준을 넘어설 때 위궤양이 발생한다. 오늘날 신체를 구성하는 요소들 간의 균형은 건강을 판단하는 주요한 기준이다.

엥겔하르트는 질병에 대한 생리학적 관점에 드러나 있는 세 가지 특징을 말했는데,[10] 각각 일반성 · 개인성 · 관계성으로 정리해 볼 수 있다. 먼저 일반성은 생리학적 관점을 따르는 질병분류학자들이 질병만을 위한 특별한 법칙이 아니라 생리학의 일반 법칙을 가지고 질병을 설명하려고 한다는 점을 말한다. 생리학의 일반 법칙은 신체를 구성하는 요소들이 서로 간에 맺고 있는 관계와 기능을 설명하는데, 질병에 대한 생리학적 관점에 따르면 이 법칙으로부터 벗어난 개체의 상태가 질병이다. 따라서 이러한 관점에서는 질병을 설명하기 위해 생리학의 일반 법칙과 다른 질병만을 위한 특별한 법칙이 필요하지 않다. 건강한 상태의 심장을 설명할 수 있는 생리학의 일반 법칙은 이상이 발생한 심장에 그대로 적용되어 그것의 질병 상태를 설명할 수 있다.

이러한 생리학적 관점의 일반성이라는 특징은 이 관점을 따르는 질병분

---

10 *ibid.*, p.131.

류학자들이 건강과 질병을 각각 독립적으로 존재하는 무엇으로 고려하는 것이 아니라, 서로 연속되어 있는 것으로 판단하고 있다는 점을 말해 준다. 실제로 질병에 대한 존재론적 관점에서 질병과 건강의 관계는 있고 없고의 관계이며, 따라서 그것들 사이에는 공백이 존재한다. 그러나 생리학적 관점에서 질병과 건강 사이에는 정도가 존재한다. 어떤 개체가 생리학의 일반 법칙을 잘 따르고 있다면 건강한 상태에 있는 것이며, 이로부터의 벗어나면 벗어날수록 더 심각한 질병 상태에 있다는 것을 의미한다. 그리고 그 벗어남의 정도가 미미할 경우 경증의 질병 상태에 있다는 것을 의미할 것이며, 아주 미세한 벗어남의 경우 건강한 상태와 질병 상태를 명확히 판단하기 어려울 것이다.

그런데 이러한 생리학의 일반 법칙으로부터의 벗어남은 각 개인마다 고유하다. 즉 각각의 개인이 겪는 질병은 고유한 개인성이 있으며, 이는 개인의 신체에는 저마다의 특징과 성향이 있기 때문이다. 가령 감기에 걸려 40도의 열이 난다고 할 때, 모든 사람에게 이 40도라는 열이 동일한 의미가 있지는 않을 것이다. 평소에도 쉽게 40도의 열이 나는 사람에게는 이 상황이 크게 심각한 상황이 아니겠지만, 다른 이에게는 심각한 상황일 수 있다. 질병에 대한 생리학적 관점은 생리학의 일반 법칙에 따라 질병을 설명하려고 하지만, 이런 개인적인 차이에 주목한다. 이것이 생리학적 관점의 개인성이라는 특징이며, 이 개인성이라는 특징은 다시 한 번 질병의 존재 여부에 대한 문제를 소환한다. 생리학의 일반 법칙으로부터의 벗어남이 개인적인 것이라면, 이는 질병이 개인적이라는 것을 의미하며, 결국 존재하는 것은 질병이 아니라 아픈 사람들이라는 결론에 이를 것이기 때문이다.

마지막으로 질병에 대한 생리학적 관점이 지니는 관계성이라는 특징은 말 그대로 이러한 관점이 질병을 어떤 실체적인 것이라기보다는 관계적이고 맥락적인 것으로 본다는 점을 가리킨다. 질병은 시공간에서 특정할 수 있는 구체적인 무엇도 아니며, 추상적이고 관념적인 어떤 전형도 아니다. 그것은 구체적이든 추상적이든 독자적으로 존재하는 무엇이 아니라, 신체를 구성하는 요소들이 서로 간에 맺고 있는 관계의 산물이다. 그런데 질병을 산출하는 이러한 관계가 꼭 신체를 구성하는 내적인 요소들 간의 관계로만 이해될 필요는 없다. 한 개체가 살아가는 외적 환경이나 그가 처해 있는 현재 상황 등도 질병을 야기하는 요소가 될 수 있다. 사실 질병에 대한 생리학적 관점의 관계성이라는 특징은 이 관점이 지닌 개방성을 보여준다. 그리고 이 개방성이 발휘될수록, 질병은 한 개체의 삶을 구성하는 내적이고 외적인 모든 요소들, 그리고 신체적이고 정신적인 모든 요소들의 관계를 통해 귀결되는 결과로 여겨질 수 있을 것이다. 즉 질병은 한 개체의 삶 자체와 역사의 산물일 수 있다.

결국 질병에 대한 생리학적 관점이 지니는 세 가지 특징, 일반성·개인성·관계성은 이 관점이 질병 자체보다는 질병으로 아파하는 인간 개인에 관심을 둔다는 점을 말해 주는 듯하다. 실제로 생리학적 관점의 일반성은 이 관점이 인간이 살아가기 위해 유지해야 하는 항상성을 고려하고, 개인성은 각각의 인간 개인의 고유함을, 관계성은 인간 개인의 총체적인 삶 자체를 관심의 대상으로 삼는다는 점을 말한다. 따라서 이러한 관점하에서 의학은 더 이상 질병에 대한 학문이나 실천으로만 머물러 있을 수 없다. 의학은 총체적인 인간 자체에 대한, 즉 인간 개인에 대한 학문이며 실천이다.

6. 다시, 질병 개념의 복잡함

의학과 생리학을 비롯한 인접 학문들이 발전함에 따라 질병의 발생 요인들이 다양한 측면에서 새롭게 밝혀지고 연구되고 있는 오늘날, 현대 의학이 취하고 있는 질병에 대한 주도적인 관점은 존재론적인 것이기보다는 생리학적인 것이다. 또한 의학의 관심이 질병의 치료라는 좁은 영역에서 벗어나 점점 인간의 건강한 삶 자체를 목표로 한다는 사실도 질병에 대한 생리학적 관점이 존재론적 관점보다 우위에 있게 된 이유일 것이며, '질병으로부터 환자의 소외', '의료의 비인간화' 등과 같은 현대 의학에 가해진 비판 역시 질병 자체보다는 총체적인 인간에 대한 관심을 촉구하는 생리학적 관점을 중시하게 만든 이유일 것이다.

그러나 존재론적 관점이 완전히 배제된 것은 아니다. 앞서 말했던 것처럼 질병에 대한 존재론적 관점은 환자들에게 나타나는 병리적 현상들을 특정한 하나의 질병으로 규정하고, 그것의 원인과 증상과 징후들 그리고 치료법에 이르기까지 의료적 행위를 위한 요건들 전체를 정확하게 제시해 준다. 실제로 극단적인 생리학적 관점만을 배타적으로 고집하면서 질병의 개인성과 관계성만을 강조할 경우, 진단을 통해 환자에게서 관찰되는 개별적인 현상들은 하나의 질병으로 분류되지 못하고, 따라서 미리 마련된 적절한 치료법이 즉각적으로 제시되기 어려울 것이다. 하지만 환자들에게서 관찰되는 여러 현상들을 하나의 범주로 묶는 것, 즉 하나의 질병으로 규정하고 대응하는 일은 의료적 실천에서 무엇보다 중요한 일이다. 그리고 생리학적 관점이 우위를 점하고 있는 오늘날의 의학에서도 여전히 사안은 그렇게 진행되고 있다. 생리학적 관점을 주장하는 어느 누구도 의료적 실천을 고려하는 한, 질병들을 서로 다른 무엇으로 분류하는 일을 거부할 수 없다. 그 존재함의 방식은 여전히 논의의 대상이 될 수 있겠지만, 진단을 통해 일련의 현상들에 어떤 질병명을 부여할 때 질병은 하나의 존재로서 인정되며, 여기에는 이미 질병에 대한 존재론적 관점이 작동하고 있다.

결국 질병의 본성에 대한 두 대표적인 관점인 존재론적 관점과 생리학적 관점은 서로의 취약함을 보완하며 함께 기능한다고 보는 것이 옳다. 다시 한 번 인용하여 말하자면, "질병에 대한 정의가 가능하다면, 그 질병에 대한 정의는 개념이 포함하고 있는 다양성과 복잡함을 고려해야만 한다. 질병 개념에 대해 단순한 정의를 얻을 수는 없다."[11] 오늘날에도 의철학 내부에서 질병 개념을 규정하기 위한 논의가 계속되고 있는 이유이다.

그런데 질병에 대한 존재론적 관점이 오늘날에도 여전히 적용되는 이유가 단순히 그러한 관점으로 설명하기 적합한 질병들, 가령 감염성 질병들이 있기 때문만이 아니라, 의료적 실천의 측면에서 질병의 분류가 무엇보다 중요하기 때문이라는 점에 주목할 필요가 있다. 즉 존재론적 관점을 존속시키는 질병에 대한 분류는 치료를 위해 요청되는 것이다. 그렇다면 이는 질병이라는 개념이 어떤 목적을 위해 만들어진 개념이라는 점을 말하지 않는가? 질병이라는 개념은 자연 속에서 관찰되는 특정한 사실을 묘사하는 개념인가? 아니면 특정한 목적을 위해 인위적으로 만들어 낸 개념인가? 이제 논의는 질병의 본성에 대한 논의로부터 질병 개념의 성격에 대한 논의로 넘어간다.

11 *ibid.*, p.230.

질병은 어떤 성격의 개념인가?[*]

— 자연주의적 관점과 규범주의적 관점

조태구_ 경희대학교 인문학연구원 HK연구교수

* 이 글은 『인문학연구』 46호(2021)에 게재한 논문 「질병과 건강: 자연주의와 규범주의 — 부어스와 엥겔하르트를 중심으로」를 저서 형식에 맞게 수정한 것이다.

1. 머리말

앞선 글에서 질병과 건강이라는 현상의 본성에 대한 의철학의 논의를 질병에 대한 존재론적 관점과 생리학적 관점의 대립을 통해 살펴보았다면, 이 글에서는 이제 질병과 건강 개념의 성격에 대한 의철학의 논의를 살펴볼 것이다. 질병과 건강, 의학에 핵심적인 이 두 개념을 어떻게 이해해야 하는가? 이 두 개념은 아름다움이나 올바름 등과 같은 인간적 가치가 반영된 가치함축적 개념인가? 아니면 빗방울이나 돌멩이처럼 단지 객관적으로 존재하는 자연적 사실을 담담하게 기술하는 가치독립적 개념인가?

1975년 부어스가 자신의 논문에서 질병과 건강 개념을 구성할 때 가치판단이 필수적으로 포함된다고 보는 철학적 입장을 규범주의(normativism)라고 명명하고,[1] 그것에 대립하여 오직 생물학적 기능과 통계만을 이용하여 질병과 건강을 규정하는 자신의 입장을 제시한 이래, 질병과 건강 개념을 둘러싼 규범주의적 관점과 자연주의적 관점의 대립은 의철학의 중심 문

---

1   Boorse, Christopher(1975), "On the distinction between disease and illness", *Philosophy and Public Affairs* 5, p.50.

제 중 하나가 되었다. 그러나 부어스가 밝힌 바처럼, 규범주의는 그 자체로 매우 다양한 변이를 포함하는 포괄적인 규정이다.[2] 사실 건강과 질병 개념과 관련된 국내외의 많은 연구에서 자연주의적 관점은 부어스의 이론을 통해 비교적 구체적으로 소개되는 반면, 규범주의는 상대적으로 모호하게 소개되는 이유가 바로 여기에 있다. 그렇다고 대안이 없는 것은 아니다. 부어스가 규범주의라는 기존의 질병과 건강에 대한 보편적 관점에 대항하여 자신의 생물학적 통계이론을 네 편의 연작 논문[3]을 통해 제시하는 동안, 엥겔하르트는 일련의 논문을 통해 규범주의적 관점에서 부어스의 이론을 비판했으며, 부어스는 다시 이에 응답했다.[4] 따라서 1974년부터 1981년 사이에 다수의 논문을 통해 이루어진 부어스와 엥겔하르트 간의 논쟁은 자연주의적 관점과 규범주의적 관점의 대립의 한 전형을 제시해 준다. 이 글에서는 1974년과 1981년 사이에 발표된 부어스와 엥겔하르트의 논문들을 중심으로 건강과 질병 개념을 둘러싼 자연주의적 관점과 규범주의적 관점 간의 대

---

2 *ibid.*, p.51.

3 Boorse, Christopher, "On the distinction between disease and illness", *Philosophy and Public Affairs* 5(1975), pp.49-68; "What a theory of mental health should be", *Journal for the Theory of Social Behaviour* 6(1976a), pp.61-84; "Wright on functions", Philosophical Review 85(1976b), pp.70-86; "Health as a theoretical concept", *Philosophy of Science* 44(1977), pp.542-573.

4 부어스가 자신의 이론에 제기된 다양한 비판에 대해 적극적으로 반론을 제시한 것은 이론이 제시된 뒤 20년이 지난 1997년이 되어서이다(Boorse, Christopher(1997), "A rebuttal on health", *What Is Disease?*, eds. J.M. Humber & R.F. Almeder, Totowa: Humana Press, pp.1-134). 20년간 제기된 비판에 가능한 한 모두 응답하겠다는 이 전면적인 대응에 엥겔하르트가 제기한 비판에 대한 반박 역시 포함되어 있다. 그러나 부어스는 4연작의 마지막 논문인 1977년 논문에서 이미 엥겔하르트의 반론을 비교적 상세히 분석하고 재반박한 바 있다.

립을 재구성할 것이다.

2. 부어스의 자연주의

　1975년부터 1977년까지 일련의 논문을 통해 완성된 부어스의 질병-건강 설명 모델의 가장 큰 특징은 유기적으로 연결된 이론의 '기계적' 아름다움이다. 실제로 부어스는 자신이 말하는 '이론적 건강(theoretical health)'이 "인공물의 완벽한 기계적 상태와 절대적으로 유사하다."라고 말하고, 그것을 1965년형 폭스바겐에 비유하기도 했다.[5] 그에게 건강하다는 것은 폭스바겐이 잘 구동하는 것과 같으며, 폭스바겐의 완벽한 기계적 상태가 가치독립적인 것처럼, 그가 말하는 '이론적 건강'도 가치독립적이다.

　그런데 이러한 부어스의 이론적 모델이 의학의 두 가지 전통적 직관, "건강은 질병의 부재다."와 "정상적인 것은 자연적인 것이다."라는 생각에 의존하고 있다는 점은 역설적이다. 이런 전통적 개념들로부터 출발해서 가치중립적인 기계론적 모델을 구성하기 위해 부어스는 다음의 두 가지 문제를 해결해야 하기 때문이다. 우선 부어스는 1)'건강은 질병의 부재'라는 건강에 대한 소극적 정의를 순환논리의 오류에 빠지지 않도록 해야 한다. 그리고 2)'자연적'이라는 말에 담겨 있는 모든 가치함축적 의미, 가령 아리스토텔레스의 목적론적 함의와 신학적 의미를 완전히 제거해야 한다. 그런데 이 두 문제는 사실 하나의 문제이다. 1)의 문제가 2)의 문제로 귀착되기 때문

5　Boorse(1975), p.59.

이다. 실제로 1)의 문제는 질병이나 건강이 그 자체로 정의될 수 있을 때 해결되며, 부어스는 이미 이 정의를 그가 받아들인 두 번째 전통적 직관을 통해 제시했다. 즉 건강하다는 것은 정상적인 것을 의미하며, 이때 정상적이라는 것은 자연적인 것을 말한다. 다시 말해, 질병은 비정상을 말하며, 이때 비정상은 종적 자연 혹은 본성(nature)에서 벗어났음을 의미한다. 결국 관건은 자연 혹은 본성이라는 용어에 내포되어 있는 모든 가치론적 함의를 걷어내는 것이며, 부어스는 생물학의 '기능' 개념을 이용하여 그가 '종적 디자인(species design)'이라고 부르는 통계적으로 전형적인 기능들의 체계를 만들어 냄으로써 문제를 성공적으로 해결했다.

1) 종적 디자인: 가치의 탈색

부어스에 따르면, 생물학에서 기능은 '유기체가 현재 추구하고 있는 목표에 대한 표준적이고 인과적인 기여[6]를 의미한다. 기능이란 유기체가 추구하는 바를 달성할 수 있도록 하는 것이며, 그것도 '표준적이고 인과적인' 방식으로 달성할 수 있도록 하는 것이다. 우선 여기서 '인과적'이라는 것은 이러한 목표에 대한 기여, 즉 기능이 중층적임을 의미한다. 유기체는 환경 변화에 맞춰 자신의 행동을 조정하여 목표를 달성하려고 하는 '목표지향적 존재'이고, 유기체의 구조는 모든 수준에서 목표지향성을 가진 '수단-목표 위계(means-end hierarchy)[7]를 제시하고 있다. 가령, 어떤 복합물을 만드는 개

---

6 *ibid.*, p.57.
7 Boorse(1977), p.556.

별적 세포는 복합물을 만드는 목표를 수행하면서 근육을 수축시키는 상위의 목표에 기여하고, 다시 근육을 수축시키는 목표에 기여하면서 어떤 행동을 하는 데 기여하며, 이러한 행동이라는 목표에 기여하면서 마침내 개체와 종의 생존과 생식이라는 더 상위의 목표에 기여하게 된다. 유기체의 기능은 이런 인과관계를 통해 위계의 최정상에 위치한 어떤 목표를 달성하도록하는, 최종 목표에 대한 궁극적 기여를 말한다. 물론 최종적 목표를 무엇으로 잡을 것인가는 열려 있는 문제이고, 부어스도 이 점을 지적했다.[8] 우리는 개체와 종의 생존과 생식이라는 목표를 넘어 생태계의 유지, 우주평화 등을 상상할 수도 있을 것이다. 그러나 현재 다루고 있는 문제가 건강인 한, 유기체의 최상위 목표는 개체의 생존과 생식이 되어야 할 것이다. 이런 맥락에서 우리는 심장의 기능이 소리를 내는 것이 아니라, 피를 펌프질하는 것이라고 올바르게 판단할 수 있다.

그러나 생존과 생식이라는 목표에 대한 모든 인과적 기여가 '기능'으로 평가될 수 있는 것은 아니다. 생물학에서 기능은 단순히 어떤 개체의 생존과 생식에 대한 기여를 의미하는 것이 아니라, 특정한 모집단, 즉 종 안에서 이루어지는 개체의 생존과 생식을 위한 '표준적인' 기여를 의미한다. 가령 수정체의 기능이 망막에 빛을 모으는 것이라고 판단하는 이유는, 그러한 특성이 개체의 생존에 기여할 뿐 아니라, 종의 대다수 구성원들에게 공유되는 특성이기 때문이다. 수정체를 가지고 있지 않은 소수의 사람들이 존재한다거나, 수정체로 망막에 빛을 모으는 것이 아닌 다른 목표를 달성함으로써 생존에 도움을 받은 몇몇 특수한 경우가 있다고 할지라도, 수정체의 기능에

---

8 *ibid.*, p.556.

대한 판단은 변하지 않는다. 무엇이 생물학적 기능인가에 대한 판단은 해당 유기체가 속한 종에서 그것이 표준적인가 아닌가, 즉 구성원 대다수에게 공유되는 전형적인 것인가 아닌가의 여부에 달려 있다. 따라서 벌통을 공격하는 적에게 침을 날리고 장렬히 전사하는 대신(자살하는 대신), 벌통을 버리고 생존한 벌은, 적어도 이러한 측면에서만큼은 기능적이지 않다.[9] 동료들의 죽음 앞에서 비겁하게 도망쳤기 때문이 아니다. 아주 단순히 종을 구성하는 대다수의 벌들과 다르게 행동했기 때문이다.

결국 생물학적 기능은 개체의 생존과 생식에 기여하는 것이자, 해당 개체가 속한 종 내에서 수적으로 다수를 차지하는 것을 말한다. 그리고 이런 생물학적 기능의 두 조건이 모두 경험적으로 확인될 수 있는 것들이라는 점이 특히 중요하다. 신체 기관의 어떤 특성이 기능인지, 즉 개체의 생존과 생식

---

9 벌통을 지키기 위해 침을 쏘고 죽는 대신, 다른 선택을 하는 벌의 예는 엥겔하르트가 제안한 것이다(Engelhardt, H.T. Jr.(1976a), "Ideology and Etiology", *Journal of Medicine and Philosophy 1*, p.265). 엥겔하르트는 자살하지 않는 이 벌을 부어스가 '아픈 것은 아니지만, 병든 것'으로 판단할 것이라고 주장했다. 그러나 이러한 엥겔하르트의 주장은 부어스의 '기능' 개념에 대한 잘못된 이해로부터 비롯된 것으로 보인다. 부어스가 제시한 생물학적 기능은 두 가지 조건을 모두 충족해야 한다. 즉 기능은 목표에 대한 기여이자, 통계적으로 전형적인 것이어야 한다. 따라서 개체의 생존과 생식에 기여하는 모든 것이 기능은 아니지만, 마찬가지로, 통계적으로 전형적인 모든 종적인 특성이 기능인 것도 아니다. 벌통을 지키기 위해 침을 쏘고 죽는 벌의 특성은 통계적으로 전형적인 종적 특성이지만, 개체의 존속과 번식이라는 목표에는 기여하지 않는다. 따라서 그것은 기능이 아니며, 건강과 질병을 판단하기 위한 기준이 될 수 없다. 아마도 엥겔하르트의 근본적인 의심은 부어스가 개체 차원의 논의를 종적 차원으로 부당하게 이동시키려는 것이 아닌가 하는 점일 것이다. 그러나 부어스에게 분명 이러한 혼동의 여지가 있다고 할지라도, 그가 개체의 생존과 생식을 종의 생존과 생식에 종속시켰다고 보는 것은 지나친 해석이다. 부어스에게 종의 생존과 생식은 성공한 개체의 생존과 생식의 결과일 뿐이다. 즉 기능은 결과적으로 종의 생존과 생식에 기여할 뿐이지, 종의 생존과 생식에 기여해야만 기능으로 규정될 수 있는 것은 아니다.

에 인과적 기여를 하는지는 관찰과 실험을 통해 경험적으로 확인할 수 있는 사실이며, 그것이 전형적인 것인지의 여부 역시 경험과 관찰을 통해 도출되는 통계적 수치에 의해 판단할 수 있다. 여기 어디에도 윤리적이거나 미학적인 가치가 개입할 자리는 없다. 자동차 엔진의 기능을 알기 위해 윤리적이거나 미학적 가치를 알 필요 없는 것처럼, 심장의 기능을 알기 위해 '당신'이라는 말을 알 필요는 없다. 생물학적 기능은 경험적 사안이며 가치독립적이다.

그런데 이런 가치독립적인 기능은 홀로 존재하지 않는다. 생물학적 기능들은 인과적으로 연결되어 위계를 형성할 뿐 아니라, 동일 층위에서도 서로 복잡하게 얽혀 있다. 따라서 생물학적 기능들이 '서로 맞물리는 기능적 체계들의 전형적인 위계'[10]를 그려 볼 수 있다. 그리고 이것이 바로 부어스가 '종적 디자인'이라고 부르는 것이다. 이런 위계를 그리는 작업은 동일 모델의 폭스바겐을 다수 조사하여 그것들의 각 부분의 기능을 파악하고, 기능들 간의 연결과 위계를 확인한 후, 통계적으로 표준적인 폭스바겐의 설계도를 그려 보는 과정과 동일하다. 이러한 과정 속에서 기능의 전형적인 효율성도 통계적으로 도출할 수 있을 것이다. 비록 이렇게 만들어진 폭스바겐의 설계도에 완벽하게 일치하는 폭스바겐은 세상 어디에도 없을 테지만, 그것은 세상에 존재하는 모든 폭스바겐의 통계적인 표준이다. 말하자면, 경험적으로 도출되는 폭스바겐의 이데아다. 마찬가지로 경험적으로 주어지는 통계적 자료들을 근거로 만들어진 종적 디자인은 하나의 표준으로서, 세계에 실재하는 종의 어떤 구성원도 이 종적 디자인에 적확히 일치하지는 않지만,

10 Boorse(1977), p.557.

그것이 제시하는 각각의 세부 사항은 모두 통계적으로 전형적이다. 그것은 해당 종에 속하는 모든 구성원의 표준적인 삶의 모습을 제시한다. 그것은 하나의 기준이며, 종의 본성, 경험적으로 주어지는 가치독립적인 자연이다. 따라서 "종적 디자인은 … 어느 종에서나 건강을 판단하기 위한 기초로 기능하는 경험적 이상이다."[11]

2) 종적 디자인의 의미와 문제들

이제 부어스가 출발했던 지점으로 돌아가 보자. "정상적인 것은 자연적인 것이다."라는 건강에 대한 전통적인 직관에는 더 이상 어떠한 가치론적 함의도 남아 있지 않다. 부어스에게 '자연적인 것'은 종적 디자인을 가리키며, 이 종적 디자인은 기능적 체계가 형성하는 통계적으로 전형적인 위계로서 관찰과 실험을 통해 밝혀낼 수 있는 객관적 사실이다. 따라서 '정상적이라는 것'은 이러한 사실에 부합한다는 것, 즉 어떤 유기체의 기능적 체계들의 위계가 종적 디자인이 제시하는 위계에 부합한다는 사실을 의미할 뿐이며, 반대로 '비정상적이라는 것'은 어떤 유기체가 이 제시된 통계적인 전형에서 벗어났다는 사실을 의미할 뿐이다. 정상과 비정상의 구분, 건강과 질병의 구분에는 어떤 가치판단도 개입하지 않는다. 그것은 가치판단의 문제가 아니라 사실 확인의 문제이다. 질병은 종적 디자인에서 벗어남이며, 건강은 이러한 벗어남 없이 종적 디자인에 부합함, 즉 '질병의 부재'이다.

이렇게 건강에 대한 전통적인 직관에서 출발하여, 부어스는 생물학적 기

---

11 *ibid.*, p.557.

능 개념을 이용하여 자신의 독창적인 가치독립적인 건강-질병 설명 모델을 구축했다. 부어스는 1977년의 논문 이후부터 최근까지 꾸준히 이 모델을 보완했으며, 1977년 논문 내에서도 최초로 모델의 얼개를 제시한 뒤 몇 가지 추가적 사안을 언급하며 모델을 수정했다. 대표적인 수정은 '기능'을 '기능 능력'으로 대체한 것과, 환경적 요인으로부터 직접적으로 발생하는 부상을 질병에 포함시킨 것이다. 실제로 지금까지의 설명은 '기능'을 중심으로 이루어졌지만, 모든 유기체의 기능이 항상 작동하고 있는 것은 아니다. '기능'을 '기능을 할 수 있는 능력'으로 대체할 때 설명의 폭이 훨씬 더 커질 것이다. 또 부어스가 제시한 종적 디자인은 기능적 체계들이 형성하는 위계로서 유기체의 내적 부분들의 관계에 의한 모델이다. 따라서 외적 요인으로부터 직접적으로 발생하는 질병을 따로 포함시키지 않는다면, 각종 의학 관련 자료에서 질병으로 분류되는 많은 것들이 누락되거나 다른 질병으로 기록될 것이다. 가령, 광견병은 급성 뇌척수염 등으로 기록될 것이다. 1977년 논문이 제시한 최종 모델은 다음과 같다.

1. 준거집단은 균일한 기능적 디자인을 가진 유기체의 자연적 그룹이다. 구체적으로 종의 특정 성별의 특정 연령층이다.

2. 준거집단의 구성원들 안에서 어떤 부분 혹은 과정의 정상적 기능은 구성원들 개인의 생존과 생식에 대한 그것의 통계적으로 전형적인 기여이다.

3. 질병은 정상 기능 능력의 장애, 즉 전형적인 효율성 아래로 하나 이상의 기능 능력을 감소시키는 내적 상태의 유형이거나, 외적인 요인들에 의해 야기된 기능 능력의 제한이다.

4. 건강은 질병의 부재이다.[12]

이러한 부어스의 가치독립적 질병-건강 설명 모델과 관련하여 몇 가지 주목할 점이 있다. 우선 건강과 질병의 구분이 가치판단의 문제가 아니라 사실 확인의 문제라면, 그것은 건강과 질병을 추구하거나 피해야 할 가치가 아니라 확인해야 할 사실로 이해한다는 것을 말한다. 그리고 이는 다시 건강과 질병을 판단하는 이론의 문제와 건강을 추구하거나 질병을 치료하려는 실천의 문제가 서로 분리된다는 것을 의미한다. 실제로 부어스는 1975년 논문에서 "종의 전형적인 기능적 조합을 가지는 것(즉 건강하다는 것)에는 아마 아무런 내재적 가치가 없을 것이다."[13]라고 말했다. 사람들이 건강을 바람직한 것으로, 가치 있는 것으로 여기는 이유는 건강 자체가 가치 있는 것이기 때문이 아니라, 사람들이 가치 있다고 판단하고 욕구하는 다른 여러 행위들을 할 수 있는 조건이 건강에 의해 마련되기 때문이다.

부어스의 이러한 주장은 적어도 그의 이론적 틀 안에서는 정합적이다. 사실 그의 이론에서 문제가 되는 것은 전체로서의 개체가 아니라 전체를 구성하는 각각의 부분과 그 과정이다. 종적 디자인은 인간의 심장과 수정체, 늑대의 신장과 각막이 어떠해야 하는가를 말하는 것이지, 인간이나 늑대가 어떠해야 하는가를 말하지 않는다. 따라서 건강을 원한다거나 기원한다는 말은 부어스의 이론적 틀 속에서는 심장이 펌프질을 잘하기를 원한다거나 기원한다, 혹은 수정체가 빛을 각막에 잘 모으기를 바란다는 말이며, 이는 상

---

12 부어스에 의한 강조. *ibid.*, p.562, 567.
13 Boorse(1975), p.61.

당히 이상하다. 누구도 "2020년 새해에는 심장이 잘 뛰기를 바랍니다."라거나, "수정체로 빛을 각막에 잘 모으시길 바랍니다."라고 덕담을 건네지 않는다. 건강은 유기체를 구성하는 각각의 부분 혹은 각각의 과정이 통계적으로 정상적인 효율성의 수준에서 자신의 기능을 수행할 수 있는 능력을 가진 상태를 말하는 것이지, 어떤 가치를 말하는 것이 아니다.

부어스가 "건강은 질병의 부재다."라는 건강에 대한 고전적 정의를 고수하는 이유도 같은 맥락이다. 1975년 논문에서 짧게 언급한 WHO의 적극적 건강 개념에 대한 비판과 1977년 논문의 마지막에 길게 전개한 적극적 건강 개념에 대한 논의의 핵심은 적극적 건강 개념은 가치함축적 개념으로서 사실의 문제인 건강을 가치의 문제로 전환시켜 버린다는 점이다. 그리고 이러한 전환에 의해 건강은 모호한 개념, 사실상 의미 없는 개념이 되어 버린다. 실제로 WHO가 건강을 '단지 질병의 부재나 허약하지 않은 상태가 아니라, 신체적·정신적·사회적으로 완전한 안녕(well-being) 상태'라고 정의했을 때, 건강은 어떤 탁월함이며, 추구해야 할 가치이다. 그러나 '완전한 안녕'의 상태란 어떤 상태인지 알 수 없으며, 도달할 수 있는 무엇 같아 보이지도 않는다. 부어스가 말한 것처럼 이런 적극적 건강 개념에서 "완벽한 건강은 더 이상 아무런 의미도 갖지 못하는 개념 같다."[14] 물론 부어스가 제시하는 건강 설명 모델에서도 완벽한 건강은 하나의 이상으로서 실제로 도달할 수 있는 것은 아니다. 그러나 그것은 종적 디자인으로서 구체적으로 기술될 수 있으며, 규정될 수 있다. 그리고 이것이 가능한 이유는 부어스가 건강을 개체라는 전체의 함수가 아니라, 전체를 구성하는 각각의 부분과 그 과정의

14 Boorse(1977), p.570.

함수로 이해했기 때문이다.

그런데 문제는 건강이 아닌 질병의 측면에서 이 이론과 실천의 구분을 바라보았을 때이다. 질병을 가치독립적인 하나의 사실로 보는 부어스에게 '인간의 질병은, 기아와 같이, 자연적 혹은 신체적 사악함의 상태, 즉 가능하다면 치유되어야 하는 상태'[15]라는 엥겔하르트의 선언은 단적으로 오류일 것이다. 그는 가치와 사실을 혼동하는 것이거나, 질환과 질병을 구분하지 못하고 있다.[16] 부어스의 관점에서, 정기 종합건강검진에서 우연히 발견된 암세포는 그 자체로는 아무런 실천적 요구를 하지 않는다. 암세포를 발견하는

---

15 Engelhardt, H.T. Jr.(1976b), "Is there a philosophy of medicine?", *Proceedings of the Biennial Meeting of the Philosophy of Science Association 2*, pp.102-103.

16 부어스에게 질환(illness)은 질병(disease)의 하위개념으로서, 심각한 수준에 이른 기능장애 상태, 즉 심각한 질병 상태를 의미한다. 이러한 상태에서 질병은 그것의 소유자에게 원치 않는 것이 되며, 임상적 치료의 이름이 되고, 일상적인 상태에서는 비난받을 수 있는 행위에 대한 유효한 변명이 된다. 즉 가치독립적 개념이었던 질병에 가치가 부여될 때, 질병 개념은 질환 개념이 된다. 그러나 부어스는 1987년 논문에서 자신이 용어 사용에 오류가 있었음을 밝혔다. 자신이 질환이라는 용어를 선택했던 이유는 그것이 동물과 식물에 사용되지 않기 때문이었지만, 이 질환이라는 말은 사실 동물과 식물에게 사용되는 sick이라는 말과 의미상 차이가 없다. 또 질병이라는 말과 질환이라는 말은 그 심각함에서 차이가 있다고 주장했지만, '실명'과 '하지마비'처럼 심각한 질병이지만 질환이라 불리지 않는 것들도 있다. 따라서 부어스는 1987년 논문에서부터 질병과 질환 모두를 가치독립적 개념으로 규정하고 질환/질병의 단순한 대립 대신, 임상적으로 명백한 병리적 상태를 의미하는 '진료적 비정상'과 치료받을 만한 진료적 비정상을 의미하는 '치료적 비정상'을 질병에 대립하는 가치함축적 개념으로 도입했다.(Boorse, Christopher(1987), "Concepts of health", *Health Care Ethics: An introduction*, ed, D.VanDeVeer & T.Regan, Philadelphia: Temple University Press, p.376). 그러나 우리는 이 논문에서 논의 전개의 단순화를 위해, 그리고 무엇보다 용어만 바뀌었을 뿐 부어스가 '가치독립적 개념'과 '가치함축적 개념'이라는 대립을 그대로 유지하고 있기 때문에, 노르덴펠트나 펄폴드 등 관련 논의를 전개한 다른 학자들이 그랬던 것처럼, 질환/질병이라는 부어스의 기존 대립을 그대로 사용할 것이다.

것과 그것을 치료하는 것은 서로 별개의 문제이며, 치료를 위해서는 추가적인 다른 논거가 필요하다. 몸속에 퍼져 있는 암세포는 가치중립적이다. 다만 하나 이상의 기능적 능력이 통계적으로 전형적인 효율성 이하로 떨어졌다는 담백한 사실만이 있을 뿐이다. 따라서 부어스가 인간의 질병을 다루는 방식은 인간이 동물의 질병을 다루는 방식과 동일하다. 엥겔하르트가 말한 것처럼, "(애완동물이나 가축을 제외한) 동물이 병들었을 때, 그것의 상태는 대개 치료적 문제와 관련하여 중립적이다."[17]

마지막으로 부어스가 말하는 자신의 설명 모델의 한계를 살펴보자. 부어스에 따르면 그의 설명 모델은 의학 문헌들에서 질병으로 분류하는 다음의 두 그룹을 포함하지 못한다. 먼저 1)코나 귀의 사소한 기형처럼 기능적 이상을 동반하지 않는 순수하게 구조적인 장애를 포함하지 못한다. 또 2)특정한 나이 이후 발생되는 동맥 약화처럼 신체의 특정한 장소에서 발생하는 모집단에 고르게 분포하는 보편적 질병을 포함하지 못한다. 부어스의 이론적 모델이 왜 이 두 그룹을 포함하지 못하는지는 자명하다. 그의 이론적 모델을 구성하는 핵심적인 두 요소는 생물학적 기능과 통계다. 1)의 경우 기능 이상이 발생하지 않기 때문에 질병으로 분류할 수 없고, 2)의 경우는 정규 분포가 형성되지 않기 때문에, 즉 모두가 병들었기 때문에 질병으로 분류할 수 없다. 그런데 우리는 의학 문헌들에서 이것들이 질병으로 분류되는 이유를 안다. 1)은 미적 가치 때문이며, 2)는 고통 때문이다.

부어스는 자신의 설명 모델의 장점이 실제 의료 현장에서 전문가들이 행하는 질병 분류에 잘 부합한다는 점에 있다고 주장함에도 불구하고, 적어도

---

17 Engelhardt(1976b), p.103.

이 시기에는, 명시적으로 언급하고 있지는 않지만 1)과 2)를 질병으로 분류하는 것은 오류라고 주장하는 듯 보인다. 특히 2)와 관련하여 그는 동일한 능력의 제한이 노년기에는 질병으로 분류되지 않는 반면 유년기에는 그렇지 않다는 점을 언급하고, 대부분의 노쇠는 단지 성장의 초기 단계로의 퇴행일 뿐이라고 말한다. 그리고 묻는다. "왜 노년은 항상 건강한 기능에 대한 고유한 통계적 기준을 가진 단계로 고려되지 못하는가?"[18]

3. 엥겔하르트의 규범주의

이제 부어스의 제안에 따라 노인들에게만 적용되는 특정한 통계 기준을 마련하여 의료 현장에 적용해 보자. 의사들은 주어진 통계 기준에 따라 병원을 찾은 대다수 노인들에게 그들이 정상적인 효율성 수준에서 자신들의 기능을 수행할 수 있는 능력을 가진 상태라고, 즉 건강하다고 말할 것이다. 병원까지 노인들을 힘들게 이끌고 온 그들의 고통과 불편함은 통계적으로 계산되어 제시되는 객관적 사실 앞에서 아무것도 아닌 것이 되어 버린다. 노인들은 분명 아프고 불편하지만, 그들은 병들지 않았다고 진단된다. 그들의 건강은 객관적으로 입증된 사실이며, 그들의 질병은 객관적으로 밝혀진 거짓이다.

그러나 엥겔하르트에 따르면, 실제 의료 현장에서 이러한 일은 발생하지 않는다. 의사들이 자신들의 개인적 탐욕에 빠져 건강한 노인들을 병들었다

---

18 Boorse(1977), p.567.

고 거짓으로 진단하기 때문이 아니다. 의사들이 노인들을 병들었다고 진단하고 치료하는 이유는 인간의 질병 개념에는 평균적 기능을 수행하고자 하는 인간적 기대뿐만 아니라, '아픔과 기형으로부터 자유롭고자 하는 인간적 기대' 역시 반영되어 있기 때문이다.[19] 인간의 질병은, 부어스가 생각했던 것과는 달리, 생물학적 기능의 통계적 정상성을 기준으로 객관적으로 규정되는 가치독립적인 개념이 아니다. 그것은 '인간이 합리적으로 희망할 수 있는 육체적이고 정신적인 안녕에 대한 판단'[20]에 따라, '인간 조건의 차원들을 설명하고 예측하고 조정하기 위한 일반 도식' 혹은 '진단하고 예후하고 치료하기 위해 현상들을 조직하는 방법'[21]으로서 지극히 가치함축적인 개념이다. 따라서 엥겔하르트의 관점에서 부어스의 질병 개념은 실제 의료 현장에서 통용되는 질병 개념이 아닌 이론적 구성물일 뿐이다. 즉 "부어스는 임상의학에 무관한 질병의 의미를 재구성했다."[22] 어린아이와 노인에게 발생하는 동일한 능력 제한이 의사에 의해, 혹은 일반 사람들에 의해 서로 다르게 판단된다면, 그것은 노년에게 적용할 고유한 통계적 기준이 마련되어 있지 않기 때문이 아니라, 노인과 어린아이의 능력에 대한 우리의 기대가 다르고, 이러한 기대의 차이로 인해 우리가 그들에게 나타나는 동일한 능력 제한에 대해 서로 다른 가치평가를 내리기 때문이다.

19 Engelhardt(1976b), p.100.
20 ibid., p.101.
21 Engelhardt, H.T. Jr.(1975), "The concepts of Health and Disease", Evaluation and Explanation in the Biomedical Sciences, eds. H.T. Engelhardt Jr. & S.F. Spicker, D. REIDEL PUBLISHING COMPANY, pp. 126, 136.
22 Engelhardt, H.T. Jr.(1981), "Clinical Judgment", Metamedicine 2, p.311.

1) 설명 도식으로의 질병: 자위(masturbation)라는 질병

엥겔하르트는 18세기, 특히 19세기 미국에서 '자위'가 심각한 신체적 질병으로 여겨졌던 역사적 사실을 예로 삼아, 인간의 질병에 대한 개념이 전혀 가치독립적인 개념이 아니라, 지극히 가치함축적인 개념이라는 점을 설명했다.[23] 먼저 엥겔하르트가 제시하는 19세기 자료들은 자위가 당시 매우 다양한 질병 혹은 증상과 징후들의 원인으로 고려되었다는 사실을 보여준다. 자위가 포괄하는 범위는 매우 넓어서, 그것은 소화불량·요도수축·간질·빈혈·현기증·발기불능·결막염 등의 원인으로 여겨졌을 뿐만 아니라, 성기의 축소나 비대화 같은 외부 생식기의 변화를 가져오고, 만성 자위의 경우 손과 발의 얇은 정맥의 확장이나, 축축한 손, 누런 얼굴과 다크서클, 구부정한 어깨나 여드름과 같은 특정한 형태로 몸을 변형시키는 원인으로 생각되었다. 또 자위는 이런 신체적 영역에서 발생하는 이상의 원인으로 지목되었을 뿐만 아니라, 정신병의 원인으로도 고려되었으며, 심지어 폐결핵을 일으키기 쉬운 유전적 소질을 갖게 만드는 원인으로 생각되기도 하였다. 그러나 무엇보다 자위는 전신 쇠약의 원인으로 고려되었는데, 이 경우는 상황이 자못 심각해서 자위는 죽음에까지 이를 수 있는 치명적인 질병으로 여겨졌다. 실제로 뉴올리언스의 루이지애나 자선 병원의 보고서는 1872년에 2명의 자위 환자가 입원해서 1명이 사망했으며, 1887년에는 5명의 자위 환

---

23 Engelhardt, H.T. Jr.(1974), "The Disease of Masturbation: Values and the Concept of Disease", *Bulletin of the History of Medicine 48-2*, pp.234-248.

자가 입원해서 그중 1명이 사망했다고 기록했다.[24]

그러나 오늘날 누구도 자위를 질병으로, 그것도 사망에까지 이를 수 있는 치명적 질병으로 생각하지 않는다. 또 과도한 자위로 인해 죽음에까지 이르는 극단적이고 비극적인 사건이 발생한다고 할지라도, 그때 사망 원인을 자위로 기록할 의사가 있을 것이라고 기대하기는 어렵다. 이미 루이지애나 자선 병원의 1888년 보고서는 자위로 인해 발생한 빈혈로 입원했다가 끝내 사망에 이른 환자의 사망 원인을 '자위'가 아닌 '빈혈'로 기록했다.[25] 그런데 엥겔하르트에 따르면, 이런 기록의 변화를 단순히 기록자가 환자를 배려했다거나 의학적 지식이 발전했기 때문이라고 생각할 수만은 없다. 이러한 기록의 변화는 우선 환자에게 발생한 이상에 대해 의학적 설명 방식이 변화한 것으로 이해해야 하며, 설명 방식이 이렇게 변화한 이유는 다시 사회문화적 환경이 변화함에 따라 사람들이 자위에 부여하는 가치가 변화했다는 점에서 찾아야 할 것이다.

실제로 1888년 '빈혈'로 사망한 환자의 증상과 징후들이 1887년 '자위'로 사망한 환자의 그것과 크게 달랐을 것이라고 생각할 수는 없다. 자위로 인한 빈혈 때문에 입원한 1888년의 환자는 쇠약함과 어지럼증, 피로감이나 피부의 창백함 등 다른 '자위' 환자들이 보이는 전형적인 증상과 징후를 보였을 것으로 추정되며, 다만 1887년 환자와의 차이는 이러한 증상과 징후들의

---

24 이 단락의 모든 기록은 *ibid.*, pp.236-238. 루이지애나 자선 병원의 사망 기록은 다음에서 확인할 수 있다. https://digitallibrary.tulane.edu/islandora/object/tulane%3A46740#page/25/mode/2up https://digitallibrary.tulane.edu/islandora/object/tulane%3A31157#page/53/mode/2up

25 *ibid.*, p.238.

원인으로 '자위' 대신 '빈혈'이 선택되었다는 점일 것이다. 따라서 1887년 환자는 자위를 '원인'으로 한 쇠약함·어지럼증·피로감이 악화된 '결과'로 사망에 이르렀다고 설명된다면, 1888년 환자는 빈혈을 '원인'으로 한 쇠약함·어지럼증·피로감이 악화된 '결과'로 사망에 이르렀다고 설명된다. 1887년 환자와 1888년 환자의 차이는 환자들에게 관찰되는 여러 증상들과 징후들을 하나로 묶는 이름이 각각 '자위'와 '빈혈'로 서로 달랐다는 점이며, 그 이름을 매개로 그것들에 부여되는 인과적 설명 방식이 달랐다는 점이다.

이제 이러한 맥락에서, 자위가 오늘날의 질병분류학이 서로 다른 범주들로 분류하는 각종 질환들과 증상들 그리고 징후들의 원인으로 고려되었다는 역사적 사실이 의미하는 바는 명백하다. 19세기 미국에서 자위는 병인학적 설명을 하기 위한 도식으로 기능했다. 자위는 다양한 증상들과 징후들을 하나로 모으는 이름이었으며, 그것들의 원인으로 위치함으로써 이 증상과 징후들의 무리에 인과적 메커니즘을 부여했다. 그리고 이렇게 하나의 인과적 메커니즘이 부여될 때, 증상과 징후는 단순히 관찰되고 묘사될 수 있는 대상에서 인과적으로 설명될 수 있는 대상이 되며, 엥겔하르트에 따르면 이것이 바로 질병 개념의 주요한 역할이다. "질병 개념은 우리가 불편하거나 불쾌한 것으로 여기는 현상들의 패턴을 일반화하면서, 생리학적 그리고 심리학적(행동학적) 이상을 설명하기 위해 사용된다."[26] 19세기 미국에서 자위는 이러한 역할을 수행하는 하나의 질병체(disease entity, 질병명)였다.

그러나 19세기 죽음에 이르는 병으로 여겨졌던 자위는 오늘날 설명 도식으로서의 질병 기능을 완전히 상실했으며, 이미 20세기 초에 불감증과 같은

---

26 Engelhardt(1975), p.126.

성기능장애 치료법으로 고려되기도 하였다.[27] 따라서 19세기 미국에서 자위가 병인학적 설명을 하기 위한 도식으로 기능할 수 있었던 데에는 특별한 사회문화적 배경이 있었을 것이라고 추정할 수 있다. 엥겔하르트는 이러한 배경으로 1)영혼에게 좋은 것이 건강에도 좋은 것이라는 유사성(parallelism)에 대한 암묵적 가정과, 2)도덕적 문제를 의학적 용어로 번역함으로써 도덕적 비난을 경감해 주려던 시대적 경향, 그리고 3)질병을 과대 과소 자극으로 인해 발생하는 안정 상태로부터의 이탈로 이해하던 당시의 이론 체계라는 세 가지 요소를 말했다.[28] 이 세 가지 요소는 각기 다르지만 모두 질병 개념이 결코 관찰과 실험을 통해 경험적으로 확인할 수 있는 사실만을 기반으로 규정되는 가치독립적인 개념일 수 없다는 점을 보여준다.

먼저 1)영혼에게 좋은 것이 건강에도 좋은 것이라는 유사성에 대한 암묵적 가정은 성적 행위가 사람을 쇠약하게 만든다는 당대의 보편적 믿음과 홀로 하는 성적 행위는 정상적이지 않으며 따라서 부도덕하다는 '정상'에 대한 당대의 사회문화적 가치판단을 배경으로 자위를 질병으로 규정한다. 즉 홀로 하는 성적 행위인 자위는 비정상적인 것이라서 부도덕하며, 부도덕한 것은 영혼에 해로운 것이므로 자위는 정상적인 성적 행위보다 훨씬 더 건강에 좋지 않은 것, 심지어 사람을 죽음에 이르게 할 정도로 쇠약하게 만들 수 있는 치명적 질병으로 판단된다. 또 2)도덕적 문제를 의학적 용어로 번역함으로써 도덕적 비난을 경감해 주려던 시대적 경향은 그 자체로 특정한 가치를 추구하는 목적지향적 경향성으로서, 당시 알코올중독에 대해 그러했던 것

27 Engelhardt(1974), p.247.
28 *ibid.*, p.239.

처럼, 부도덕한 행위로 규정된 자위를 가혹한 도덕적 비난으로부터 벗어나게 만들겠다는 뚜렷한 목적하에서 자위를 질병으로 규정한다. 마지막으로 3)질병을 과대 과소 자극으로 인해 발생하는 안정 상태로부터의 이탈로 이해하던 당시의 이론 체계는 쿤(Thomas Khun, 1922-1996)이 말한 패러다임과 같은 것으로서,[29] 자위가 결코 실험과 관찰에 의해 얻어진 객관적 사실에 의해 질병으로 규정된 것이 아니라는 점을, 더 정확히 말한다면, 이러한 실험과 관찰이 이미 특정한 이론 체계 속에서 행해진 것으로서 순수하게 객관적인 것일 수 없다는 점을 말해 준다.

결국 19세기 미국에서 자위가 하나의 질병으로 여겨졌다는 역사적 사실은 질병 개념이 실험과 관찰을 통해 파악되는 생물학적 기능의 통계적 정상성을 기준으로 객관적으로 규정되는 가치독립적인 개념이 전혀 아니라, 인간이 고통스럽고 불편하게 느끼는 여러 신체적 현상들을 하나로 모으고 그것들을 설명하기 위해 제안된 병인론적 설명 도식으로서, 가치판단과 목적, 특정한 이론적 배경 등 다양한 사회문화적인 요소들을 반영하여 만들어진 지극히 가치함축적인 개념이라는 점을 보여준다.

2) 실용적 개념으로서의 질병과 규제적 이념으로서의 건강

그러나 엥겔하르트가 질병 개념을 가치함축적인 개념이라고 주장했을 때, 그의 의도는 더 근본적인 지점에 있다. 즉 질병 개념은 그것이 규정되는 과정 속에서 반영하게 되는 다양한 사회문화적인 요소들 때문에만 가치함축

---

29 토마스 쿤(2006), 『과학혁명의 구조』, 조형 역, 이화여자대학교출판문화원.

적인 것은 아니다. 더 본질적으로, 질병 개념은 인간의 신체적 혹은 정신적 이상, 즉 고통과 불편에 관련되거나 관련될 수 있는 현상들을 질병으로 규정하려는 그 동기에서부터 가치함축적이다.[30] 실제로 엥겔하르트는 질병과 관련된 문제들이, 적어도 인간과 관련해서는, 단순히 '학적 호기심'[31]으로부터 제기되는 것일 수 없음을 강조했다. 질병과 관련된 문제들은 이론적 동기가 아니라, 개인이 가진 고통과 불편을 치료하겠다는 실천적 동기로부터 제기되며, 이러한 관점에서 질병 개념에 의해 다양한 증상들과 징후들이 하나의 이름 아래 모이고 공통된 구조 속에서 인과적으로 설명될 때, 이 설명은 다만 설명을 위한 설명일 수 없다. "질병 개념은 다만 묘사하고 설명할 뿐 아니라, 행동과 결합한다."[32] 질병 개념은 주어진 현상들을 '바람직하지 않은 것'으로 혹은 '극복되어야 할 것'으로 지시하는 동시에, 그에 맞는 행동을 요구하는 규범적 개념이다. 다시 말해, 질병 개념은 인간 개인의 정신적 혹은 신체적 이상을 설명하고 예측하고 조정하기 위한 병인론적 설명 도식으로서, 현상을 진단하고 예후하고 치료하기 위한 실용적(pragmatic) 개념이다.

이제 질병에 대한 이런 실용주의적 관점 아래서, 우리는 왜 하나의 질병, 가령 치매가 가정의학과·내과·신경과·정신건강의학과 등 다양한 분과

---

30 엥겔하르트는 인간의 신체적 혹은 정신적 고통과 불편에 관련된 현상들을 '질환(illness)'이라고 부르고 이러한 질환이 어떤 인과적 메커니즘으로 설명될 수 있을 때 '질병(disease)'이라고 부른다고 주장함으로써 질환과 질병을 서로 구분했다. 질병은 질환의 하위개념이다. 그러나 이러한 구분은 질환에 이르는 과정에 있거나 그럴 수 있는 가능성이 있는 현상들을 적절하게 포함하지 못한다. 따라서 엥겔하르트는 1981년 논문에서 이러한 현상들까지 포함한 '이상(disorder)'이라는 용어를 제시함으로써 '질병/질환'의 구분을 '질병/이상'의 구분으로 대체했다[Engelhardt(1981), p.311].

31 ibid., p.310.

32 Engelhardt(1975), p.127.

에서 진단되는지 이해할 수 있다. 하나의 질병은 다양한 증상과 징후들의 집합으로서 많은 경우 단 하나의 원인만을 갖지 않는다. 또 이러한 원인들은 심리학적인 것일 수도 있고 병리생리학적인 것일 수도 있으며, 심지어 특정한 환경적 요인에 의해 작용하거나 작용하지 않을 수 있다는 점에서 사회학적인 것일 수도 있다. 따라서 이렇게 다원적일 뿐만 아니라 다차원적인 질병은 무엇을 주요한 원인으로 취하는가에 따라 심리학적 · 해부학적 · 유전적 · 사회적 질병으로 고려될 수 있으며, 이때 무엇을 주요 원인으로 볼 것인가에 대한 선택은 주어진 현상들에 어떤 방식으로 접근하는 것이 치료에 더 효과적인가라는 지극히 실용적 동기에 따라 결정된다. "임상의들은 직접적으로 개입하기 위해 실재에 이름을 붙인다."[33]

그러나 질병 개념에 대한 이런 실용주의적 관점이 질병 개념을 온전히 상대적이라고 주장하는 것은 아니다. 오히려 실용주의적 관점은 질병 개념의 절대적 상대성을 부정한다. 질병 개념을 실용적 개념으로 이해할 때, '치료'라는 궁극적 목표가 모든 의료적 행위에 공통된 것으로서 주어지고, 그와 동시에 치료가 대상으로 삼는 '인간의 신체적 혹은 정신적 이상'이 치료의 상관 개념으로서 함께 주어지기 때문이다. 이때 무엇을 '이상'으로 볼 것인가, 즉 인간을 고통스럽고 불편하게 만드는 신체적 혹은 정신적 아픔이 무엇인가에 대한 판단은 분명 시대에 따라, 사회와 문화, 심지어 개인에 따라 다를 것이다. 그러나 인간이 문제인 한, 모든 시대와 문화, 개인 간의 차이를 가로지르는 공통된 지점, 공통된 아픔은 있기 마련이다. 모든 차이에도 불구하고 우리 모두가 인간인 것처럼, 모든 차이에도 불구하고 아픔인 것이

33 Engelhardt(1981), p.309.

있다. 엥겔하르트는 인간을 자유롭고 합리적인 행위자로 살 수 없도록 만드는 심리적 혹은 생리적 제약, 통제할 수 없는 힘에 의한 방해가 이러한 아픔이라고 말한다.[34] 이러한 아픔의 구체적인 모습이 무엇인지는 상대적이지만, 시대와 세대, 개인 간의 차이를 관통하는 이러한 아픔, 즉 인간을 자유롭고 합리적인 행위자로 살 수 없도록 만드는 심리적 혹은 생리적 제약이 있다는 사실만은 절대적이다. 엥겔하르트가 "질병에 대한 기초적 의미가 있다."는 것을 인정하면서, '그것은 단지 가장 일반적인 종류의 지침만을 제공할 뿐'[35]이라 말하는 이유이다.

   그런데 질병 개념이 치료를 위해 마련된 실용적 개념이고, 치료가 대상으로 삼는 것이 인간 개인을 자유롭고 합리적인 행위자로 살 수 없도록 만드는 심리적 혹은 생리적 제약이라면, 우리는 질병 개념에 대한 이런 실용주의적 관점 아래서 "건강은 질병의 부재다."라는 건강에 대한 고전적 정의를 넘어 WHO가 제시하는 적극적 건강 개념과 만나게 된다. 어떠한 고통이나 불편도 없는 상태, 어떠한 심리적 혹은 생리적 제약도 받지 않는 완전히 자유롭고 완전히 합리적인 인간 개인의 상태는 분명, '단지 질병의 부재나 허약하지 않은 상태가 아니라, 신체적 · 정신적 · 사회적으로 완전한 안녕 상태'를 의미할 것이기 때문이다. 앞서 보았던 것처럼, 부어스는 이러한 적극적 건강 개념을 '아무런 의미도 갖지 못하는 개념'[36]이라고 비판했다. 실제로 우리는 어떠한 고통이나 불편도 없는 지복의 상태가 어떤 상태인지 명확히 그

---

34 Engelhardt(1976a), p.266과 Engelhardt(1975), p.139를 보라.
35 Engelhardt(1976a), p.257.
36 Boorse(1977), p.570.

려 볼 수 없으며, 또 이러한 상태가 이 험한 세상에서 가능하기는 한 것인지 조차 의심스럽다. 어떠한 심리학적 혹은 정신적 방해로부터도 자유로운 인간 개인을 세우려는 목표는 명백히 신에 도달하려는 꿈이다.

그러나 그러한 꿈을 꾸는 것이 헛되기만 한 것도 아니며, 이런 꿈이 쓸 모없는 것도 아니다. 이러한 꿈은 어떤 지향점으로 작용하면서 질병 개념의 규정을 돕고, 이제 이러한 규정에 따라 의료 현장에서 인간들은 한 인간을 치료한다. 엥겔하르트는 건강 개념을 '규제적 이념(regulative ideal)'으로 규정하면서 이러한 상황을 명확히 했다. 질병 개념이 여러 가치를 함축하는 진단과 예후, 치료를 목적으로 하는 설명적 도식으로서 실용적 개념이라면, 건강 개념은 그 자체로는 아무런 의미를 갖지 못하더라도, 의학적 실천에 어떤 '목적(telos)'을 제공함으로써 이러한 실용적 개념의 정의를 돕고, 그것을 매개로 의학과 관련된 모든 활동과 관심을 통제하는 규제적 이념이다. 건강 개념은 '질환으로 고통받는 자', 즉 환자라는 한 인격에게로 의사를 이끌고 가는 꿈, 추구해야 할 가치, 규제적 이념이다.[37]

4. 맺음말

지금까지 우리는 질병과 건강 개념에 대한 자연주의적 관점과 규범주의적 관점의 대립을 부어스와 엥겔하르트의 이론을 중심으로 살펴보았다. 부어스에 따르면, 질병은 '물'이나 '비' 등과 같은 가치독립적 개념이며, 실험과

---

37 Engelhardt(1975), p. 139.

관찰을 통해 객관적으로 확인할 수 있는 자연적 사실이다. 질병을 갖고 있다는 것, 즉 병들었다는 것은 유기체가 가진 생물학적 기능 중 적어도 하나 이상의 기능이 통계적으로 규정되는 전형적인 효율성 이하의 능력을 보인다는 것, 즉 잘 작동하지 않거나 작동할 수 없다는 것과 다른 그 무엇도 의미하지 않으며, 건강하다는 것은 이러한 사실의 부재 이상 그 무엇도 아니다. 따라서 '물'이나 '비'라는 개념으로부터 '마시라'거나, '피하라' 등의 실천적 요청이 필연적으로 도출되는 것은 아닌 것처럼, 이러한 질병 개념으로부터 치료에 대한 요청이 필연적으로 도출되는 것은 아니다. 질병이라는 사실 앞에서 우리는 중립적이다. 마치 잘 작동하지 않는 컴퓨터를 수리하거나, 그냥 참고 쓰거나, 버리고 새로 살 수 있는 것처럼, 그리고 이러한 선택이 '컴퓨터의 고장'이라는 개념 외부에서 이루어지는 가치판단, 가령 경제적 판단에 의해 결정되는 것처럼, 고장난 몸, 질병을 치료하겠다는 결정도 질병이라는 개념 자체가 아니라 그것의 외부에서 이루어지는 가치판단에 의해 결정된다. 결국 부어스의 질병과 건강 개념 규정에 따를 때, 의학은 질병이라는 사실을 탐구하는 이론적 영역과 그것을 발견하고 치료하는 실천적 영역으로 엄격히 구분된다. 그것들 사이에 남은 관계가 있다면, 그것은 이론적 영역에 의한 실천적 영역에 대한 통제, 즉 이론적 영역에서의 탐구를 통해 치료라는 의학적 실천이 정당하게 혹은 정직하게 수행될 수 있는 영역을 객관적으로 규정하는 것뿐이다. 부어스의 관점에서, 의학은 무엇보다 먼저 자연적 사실에 대한 탐구, 자연과학, 특히 생물학이며, 의학은 그것의 실천적 영역에서 응용생물학의 영역을 벗어나지 않을 때, 정의로운 것은 아닐지라도, 적어도 정직한 것일 수 있다.

반면, 엥겔하르트의 관점에서 의학의 이론적 영역과 실천적 영역은 불가분적으로 연결되어 있으며, 둘은 상호적인 영향을 주고받지만, 둘 중 더 본질적인 영역이 있다면 그것은 실천적 영역이다. 엥겔하르트의 질병과 건강 개념하에서, 의학은 자연적 사실에 대한 탐구이기 이전에 인간을 가능한 모든 고통이나 불편으로부터 해방된 상태, 즉 건강한 상태로 만들겠다는 목적을 가진 실천적 행위이며, 이론적 탐구는 이러한 실천적 행위를 더 효과적으로 만들기 위해 요청된 것에 불과하기 때문이다. 따라서 의학은 결코 생물학으로 환원되지도 않으며, 그것에 종속되지도 않는다. 의학은 다만 생물학을 이용할 뿐이다. 이제 이러한 관점에서 질병은 결코 실험과 관찰을 통해 확인되는 자연적 사실일 수 없으며, 가치독립적인 개념일 수도 없다. 실험과 관찰을 통해 일련의 현상들을 질병으로 규정하는 행위 자체에 이미 인간의 고통과 불편을 치료하겠다는 실천적 의도가 담겨 있다. 질병 개념은 아픔과 불편이라는 인간적 현상을 설명하고 예측하고 조정하기 위해, 다시 말해, 진단하고 예후하고 치료하기 위해 마련된 설명 도식으로서, 그 발생 자체에서부터 가치함축적이다. 요컨대, 우리는 질병 앞에서 중립적일 수 없다. 치료에 대한 요청은 질병 개념 자체로부터 필연적으로 도출된다. 물론 이 경우에도 질병 개념의 외부에서 이루어지는 가치판단에 의해 치료가 유보될 수는 있다. 그러나 부어스의 경우와 달리, 여기서 문제는 치료를 할 것인가 말 것인가가 아니라, 치료에 대한 요구를 따를 것인가 말 것인가에 있다.

결국 질병과 건강 개념에 대한 부어스와 엥겔하르트의 대립, 자연주의적 관점과 규범주의적 관점의 대립은 서로 다른 모습의 의학을 의학의 전형으로 제시했다. 부어스에게 의학은 무엇보다 자연과학이며, 의사는 무엇보다 광활한 자연의 신비를 탐구하는 자이다. 그러나 광활한 자연의 신비를 탐구한다는 웅장함을 선택하면서, 부어스는 인간의 아픔을, 인간 개인을 치료한다는 의학의 숭고함을 희생시키고 있는 것은 아닐까? 사실 그가 말하는 질병은 어떤 의미에서 기계의 고장과 구분될 수 있는가? 폭스바겐에 대한 그의 비유는 과연 우연에 불과한 것일까? 그는 인간을 기계로 환원하고 있는 것은 아닌가? 그런데 과연 이런 환원이 잘못된 것일까? 우리는 사실 기계에 불과한 것인지도 모른다. 그리고 오랜 문명의 발전 끝에 마침내 생명체로서의 자기 자신마저 의심하게 된 우리는 이미 오래전에 고장나 버린 것인지도 모른다.

건강 개념의 변화

─ 상태에서 능력으로

김준혁_ 연세대학교 치과대학 치의학교육학교실 조교수

1. 서론

우리는 모두 건강하길 원한다. 2020년 코로나바이러스감염증-19 범유행 이후 "건강하세요!"가 안녕을 바라는 인사를 빠르게 대체하여 사용되고 있는 것은 한동안 잊혔던 건강 추구의 중요성을 보여주는 작은 사례다. 동양에서는 『서경』「주서」〈홍범〉이 강녕(康寧)을 오복 중 하나로 꼽았다.[1] 서양에서는 소피스트인 프로타고라스가 자족(自足)을 강조하여 타인에게 의존하지 않는 삶에 큰 가치를 부여했는데, 이것은 고대 그리스에서부터 건강을 중시하는 태도가 나타났다는 것을 보여준다.[2]

하지만 건강 개념은 시대와 문화에 따라 계속 변화해 왔다. 건강 개념 정의는 개념적인 논쟁에 국한되지 않는데, 개인과 사회가 건강을 어떻게 바라보느냐에 따라 보건의료의 실천과 정책적 접근이 변하기 때문이다. 예컨대, 보건의료 정책을 결정하기 위해 비교 지표로 활용하는 질보정생명년

---

1 이상호(2009), 「五福 개념을 통해 본 유교의 행복론」, 『동양철학연구』 60집, 136쪽.
2 Tountas, Yannis(2009), The historical origins of the basic concepts of health promotion and education: the role of ancient Greek philosophy and medicine, *Health Promotion International,* Vol. 24, No. 2, p.187.

수(Quality-Adjusted Life-Year)는 완벽한 건강 상태에 1을, 죽은 상태에 0을 가치 값(value score)으로 부여하고 이를 통해 보건의료적 개입이 필요한 사람의 상태를 수치화한다.[3] 예를 들어, 신부전으로 투석을 받아야 하는 경우 질보정생명년수 값은 0.39~0.56이며, 부분 시력 상실의 경우 값은 0.73~0.81이다. 보건의료 정책을 선택하기 위해선 특정 개입의 건강 결과(health outcome), 즉 개입을 통해 얻어 낼 수 있는 긍정적인 변화의 수치를 계산해야 하는데 이때 질보정생명년수 값의 변화와 지속 기간을 곱하여 건강 결과를 계산한다.

질보정생명년수에서 건강을 어떻게 정의하느냐에 따라 특정 질병에 부여되는 가치 값이 변한다. 일반적으로 질보정생명년수 값을 결정할 때 전문가 집단이 표준도박법(standard gamble)[4]이나 시간교환법(time trade-off)[5]을 적용하여 결정하게 되므로, 전문가 집단의 건강 인식에 따라서 그 값이 변한다. 이를테면 365일 미세먼지가 뒤덮여 태어날 때부터 가벼운 상기도감염

---

3 Weinstein, Milton C., Torrance, George, McGuire, Alistair(2009), QALYs: The Basics, *Value In Health*, Vol. 12, Suppl. 1, p.S5.
4 표준도박법이란 어떤 질병 상태로 사망할 때까지 계속 사는 선택지와 같은 기간을 최고의 건강 상태로 살거나 바로 죽는 선택지를 설정하여 제시한다. 이때, 응답자가 후자의 가능성을 어떻게 설정하느냐에 따라(즉, 후자를 선택했을 때 최고의 건강 상태로 살 확률) 해당 건강 상태에 가중치를 부여하는 방법이다. 예, 어떤 질병의 경우, 후자를 선택하면 90%의 확률로 최고의 건강 상태로 살게 될 때 두 선택지가 동등하게 여겨진다면, 해당 질병의 질보정생명년수 가중치는 0.9이다.
5 시간교환법이란 어떤 건강 상태로 특정 기간(예, 10년) 사는 선택지와 최고의 건강 상태로 그보다 짧은 기간 사는 선택지를 제시하고 응답자가 설정하는 기간에 따라 가중치를 부여하는 방법이다. 예, 어떤 질병의 경우, 2년 동안 최고의 건강 상태로 사는 것이 그 질병 상태로 10년 동안 사는 것과 비슷하다면, 해당 질병의 질보정생명년수 가중치는 0.2이다.

을 벗어날 수 없는 사회가 있다면, 여기에서 상기도감염이 없는 상태를 건강으로 정의하는 것은 무의미하다. 따라서, 이런 사회에서 가벼운 상기도감염의 질보정생명년수 값은 1이 된다.

반대로 접근해 볼 수도 있다. 앞서 보건의료적 개입을 결정할 때 질보정생명년수 값의 변화를 참조한다고 했는데, 예컨대 A정책이 10,000명의 질보정생명년수를 0.6에서 0.65로 개선하고 B정책이 8,000명의 질보정생명년수를 0.6에서 0.7로 개선한다면, A정책은 500의 질보정생명년수를 획득하고 B정책은 800의 질보정생명년수를 획득하게 된다. 두 정책의 집행 비용이 비슷하다면 B정책을 선택하는 근거가 되는 것이다. 그러나 건강의 정의가 변하면 질보정생명년수 개선의 정도도 바뀔 수 있다. A정책은 급성질환의 치료이며 B정책은 만성질환의 치료인데, 기존에는 모든 질병의 부재 상태를 건강으로 정의했다가 이후 개인이 적응하여 유지할 수 있는 상태로 건강 정의를 바꾸었다고 해 보자. 전자의 경우 B정책의 결과로 질보정생명년수가 0.7로 개선되는 것이 전문가적 견지에서 질병의 부재 상태를 달성하는 것이지만, 후자의 경우 B정책의 결과로 질보정생명년수 개선이 0.65로 바뀐다고 해 보자.[6] 그렇다면, 이제 A정책을 선택하는 것이 타당하다(이제 B정책을 도입했을 때 400의 질보정생명년수를 획득하게 되기 때문이다).

여기에서는 1980년대 이전의 건강 정의는 간략히 설명하고 넘어가고자

---

6 예로 청각장애를 들 수 있는데, 농인은 청인(聽人)보다 농인 문화(deaf culture)에서 깊은 친밀감을 느껴 자녀 또한 농인이기를 기대하는 때도 있다. 질보정생명년수의 경우 널리 받아들여지는 선호도에 관한 평가이며, 건강의 정의가 바뀌면 선호에 따른 점수 설정도 바뀌게 된다. 농인의 예는 Sandel, Michael J.(2007), *The Case against Perfection*, Cambridge: The Belknap Press, pp.1-2를 참조하라.

한다.[7] 국제보건기구(World Health Organization)는 1946년 7월 의결한 헌장에서 건강을 질병이나 허약의 부재뿐만 아니라 완전한 신체적·정신적·사회적 웰빙 상태로 정의한 이후 이를 고집하고 있다.[8] 이 정의의 이론적·기술적 한계를 지적한 사람이 크리스토퍼 부어스(Christopher Boorse)였으며, 그는 1970년대부터 발표하기 시작한 네 편의 논문에서 건강의 생물통계적 이론(Biostatistical Theory of Health)을 정리했다.[9] 그의 기획은 가치중립적이며 과학적인 건강의 정의를 내리겠다는 데에서 출발하여 기능의 종적 평균이라는 개념을 도출하였으나, 여러 비판의 대상이 되었다.

부어스의 개념이 지닌 문제를 세부적으로 분석하는 것은 이 글의 범위를 벗어난다.[10] 단, 그의 '건강'은 엄밀히 말해 '생물통계적' 건강이지, 우리가 건강이라는 표현을 통해 의미하는 것과 다르다는 점을 지적하는 것으로 충분

---

7 철학적 체계에 따라 건강 개념을 정리한 작업으로 강신익(2006), 질병·건강·치유의 역사와 철학, 『의철학연구』 Vol 1, pp.17-39가 있으며, 세계보건기구의 정의, 부어스의 정의, 에런 안토노브스키(Aaron Antonovsky)의 정의를 비교하고 있다.

8 World Health Organization(2020), *Basic Documents* 49th, Ed. Geneva: World Health Organization, p.1.

9 Boorse, Christopher(1975), On the distinction between disease and illness, Philosophy and Public Affairs, Vol. 5, pp.49-68; Boorse, Christopher(1977), Health as a theoretical concept, *Philosophy of Science*, Vol 44, pp.542-573; Boorse, Christopher(1987), Concepts of health. In VanDeVeer, Donald, Regan, Tom, eds., *Health Care Ethics: An Introduction*, Philadelphia: Temple University Press, pp.359-393; Boorse, Christopher(1997), A rebuttal on health. In Humber, James M., Almeder, Robert F., eds, *What Is Disease?* Totowa, NJ: Humana Press, pp.1-134.

10 부어스 본인이 최근에 발표한 반박문을 살펴보는 것이 이 문제에 접근하는 가장 빠른 길이다. 부어스는 자신의 이론이 오해받았다고 여기고 있으며, 여러 논자의 비판을 하나씩 반박하여 문제를 해결하려 한다. Boorse, Christopher(2014), A Second Rebuttal On Health. *Journal of Medicine and Philosophy: A Forum for Bioethics and Philosophy of Medicine*, Vol. 39, No. 6, pp.683-724.

하다. 의학은 생물통계학이 아니며, 삶 또한 그러하다. 의료인이 "건강하세요!"라고 환자에게 말할 때, 그것은 환자의 신체 조건과 수치가 종적 평균에 들어가길 바라는 것이 아니다. 그것은 신체적·정신적인 면에서 행복을 추구하기 위한 조건이 환자에게 주어지길, 그리고 이를 위한 실천을 습관화하길 바라는 마음의 표명이다. 이 조건은 종적 평균과 거리가 있는 데다가, 종적 평균은 실천을 다루지 못한다. '이론적 건강의 정의'만을 고집하는 부어스의 견해를 무조건 비난하는 것도 문제는 있다.[11] 하지만, 여러 논자가 많은 지면에서 부어스의 견해를 비판해 왔고, 이제 그의 논의는 주류에서 점차 벗어나고 있는 것으로 보인다.

　여기에서 살피고자 하는 것은 이후의 대표적인 건강 정의이다.[12] 구체적으로 레나르트 노르덴펠트(Lennart Nordenfelt)의 행복을 중심으로 한 행동-이론적 접근(Action-Theoretic Approach)과 마크텔드 후버(Machteld Huber) 등의 적응·자기관리 능력(ability to adapt and self manage)을 살피는 것을 목표로 한다. 전자는 앞서 언급한 보건경제학의 삶의 질 개념(예, 질보정생명년수)을 다시 고찰하는 작업으로 확장되었고, 최근 대두한 가치 중심 보건의료(value-based healthcare)에 영향을 미쳤다.[13] 후자는 최근에 제시된 개념으로 노년의학 등에서 구체적인 실천으로 이어지고 있다.

　이 작업은 의료정의론에서 제기된 건강 정의, 즉 노먼 대니얼스(Norman Daniels)의 롤스 이론에 입각한 '공정한 건강(just health)'과 스리다 벤카타푸

11 후반부에서 부어스의 것을 포함한 건강 정의의 의의를 다시 살필 것이다.
12 이 논문의 일부 내용은 학술 지면에서 정리하여 발표한 바 있다. 김준혁(2020), 능력으로서의 건강 개념과 그 의료정의론적 적용, 『의철학연구』 Vol 30, pp.101-133.
13 Nordenfelt, Lennart(1993), *Quality of Life, Health and Happiness*. Aldershot: Avebury.

람(Sridhar Venkatapuram)의 역량접근법(capabilities approach)[14]에 기반을 둔 메타역량으로서의 건강(health as metacapability)을 살펴보기 위한 기초 작업의 역할을 겸한다.

또한 이 작업은 현재 학술, 사회 담론에서 활용되고 있는 건강 정의가 의학과 보건의료 정책에서 기능하는 방식을 탐구한다. 이는 이론적 작업과 실천을 연결하기 위한 모색의 일부이다.

2. 노르덴펠트: 최소 행복을 위한 목표 실현의 능력

노르덴펠트는 1987년 발표한 『건강의 본성에 관하여: 행동-이론적 접근』에서 부어스의 생물통계적 이론을 비판하고, 대안으로 건강의 복지 개념(welfare notion of health)을 제시했다.[15] 그가 건강 개념을 분석하기 위해 세운 것이 행동-이론적 접근인데, 부어스가 의과학을 기반으로 건강 개념을 세우려고 한 것과 달리 노르덴펠트는 심리학과 사회학에서 출발하고자 했다.[16]

---

14 역량접근법이란 경제학자 아마르티아 센(Amartya Sen)과 철학자 마사 누스바움(Martha Nussbaum)이 발전시킨 정의에 관한 이론을 가리킨다. 점차 많은 연구자가 여기에 참여하여 그 외연이 능동적으로 변하고 있는 분야이므로, 여기에서는 벤카타푸람이 저서에서 정리한 것을 제시한다. "역량접근법의 지지자는 개인의 웰빙이 자신의 인생 계획을 추구하는 데 특정 위치에 처하고 특정한 것을 수행하는 역량에서 가장 잘 반영되며 촉진된다는 중심 개념을 옹호한다." Venkatapuram, Sridhar(2011), 3. The Capabilities Approach. *Health Justice*. Cambridge: Polity Press.
15 Nordenfelt, Lennart(1995), *On The Nature of Health: An Action-Theoretic Approach* 2nd, Ed. Dordrecht: Springer Science+Business Media.
16 *ibid.*, p.35.

그렇다면 건강 인식은 어떤 사람이 해당 사회에서 처한 맥락에 따라 결정된다. 노르덴펠트는 이것을 '전체론적 관점'이라고 부르며, 갈레노스, 조르주 캉길렘(George Canguilhem), 탈콧 파슨스(Talcott Parsons)를 인용해 이런 인식이 오랜 역사를 지니고 있으며, 최근의 이론가들 또한 공유하는 생각이라고 말했다.

그는 출발점을 능력(ability)으로 잡았다. 건강과 질환이라는 주관적 현상은 구분되며, 건강은 편안함 또는 웰빙으로, 질환은 통증(pain)과 고통(suffering)으로 특징지어진다. 여기에서 노르덴펠트는 건강은 능력을, 질환은 무능력(disability)을 가져온다는 점에 주목했다. 통증이나 고통이 있는 경우 무능력이 발생하지만, 역은 성립하지 않는다(즉, 더 확장적이다). 더하여, 실용적 측면에서 능력과 무능력을 통해 접근하는 것이 유의미한데, 통증·고통은 객관화하기 어려우나 능력은 상호 주관적으로 평가할 수 있기 때문이다.[17]

능력을 정의하면서 노르덴펠트는 일차 능력(first-order ability)과 이차 능력(second-order ability)을 구분했다.[18] 일차 능력이 일반적으로 능력이라는 용어가 가리키는 것이라면, 이차 능력이란 어떤 일차 능력을 갖추기 위해 훈련 과정을 거친 뒤, 해당하는 일차 능력을 지닐 수 있는 능력을 의미한다. 이를테면, 아직 100kg의 역기를 들지 못하는 사람은 해당 역기를 들 수 있는 일차 능력을 지니지 못한 것이다. 그러나 충분히 시간을 들이고 적절한 프로그램을 통해 훈련하면 이 사람은 해당 일차 능력을 소유하게 될 것이

17 *ibid*., p.36.
18 *ibid*., pp.49-53.

며, 그는 100kg의 역기를 들기 위한 이차 능력을 갖추고 있다고 말할 수 있다. 그러나 근무력증 환자의 경우, 아무리 노력해도 100kg의 역기를 들기는 어렵다. 따라서 이 환자는 해당 이차 능력을 지니고 있지 않은 것이다.

이 구분을 통해 노르덴펠트는 건강을 이차 능력으로 설정한 뒤, 이것이 필수적 목적(vital goals)을 이루기 위한 것이라고 보았다. 이것은 능력을 출발점으로 삼은 것의 당연한 귀결인데, 어떤 능력은 어떤 행위를 하기 위한 것이며, 행위는 결국 어떤 목표를 달성하기 위한 것이기 때문이다. 그렇다면 건강이라는 이차 능력은 어떤 목적을 위한 것인가? 노르덴펠트는 인간적 필요(human needs)와 행위자 자신이 설정한 목표를 토대로 필수적 목적의 일반 개념을 수립하고자 했다.

그는 기초적 필요를 인간의 필수적 목적으로 보는 것을 필요 이론(need theory)이라고 하고, 개인이 설정한 목표를 필수적 목적으로 보는 것을 주관적 목표 이론(subjective-goal theory)이라고 불렀다.[19] 필요 이론은 보편적으로 적용 가능하다는 장점이 있지만, 정의상 생물학적 생존에 국한된다는 한계가 있다. 주관적 목표 이론은 개인 각자의 목표 설정에서 다양성이 나타날 수 있음을 적극적으로 수용한다는 장점이 있으나, 건강 개념을 수립하기 위해 동물이나 식물에 적용할 수 없으며, 개인이 자신에게 해를 입히는 것을 목표로 삼는 경우도 건강이라고 말해야 한다는 역설이 생긴다.

노르덴펠트는 필요 이론과 주관적 목표 이론의 교차점을 복지라고 생각하며, 인간 복지를 행복과 동의어로 설정했다. 여기에서 행복이란 일반적

---

19 *ibid.*, pp.76-79.

표현이 아닌 기술적 개념으로, 감정의 측면에서 정의된다.[20] 행복은 질과 양의 측면을 모두 고려하여 접근하며, 완전성(completeness)·강도와 빈도(intensity and frequency)·풍부함(richness)·지속(duration)의 네 가지의 차원으로 이루어진 것으로 정의된다.[21]

우선 완전성의 차원을 보자. 어떤 사람이 모든 생활 측면에서 모두 다 행복하다면 그는 완전히 행복한 것이다. 한편, 부분적으로 행복할 수도 있는데, 이는 생활 일부분에서만 행복한 것이다. 다음, 강도와 빈도의 차원은 행복의 경험적 차원인 쾌락과 관련되며, 쾌락은 강도적 크기와 시간적 길이를 지닌다. 풍부함의 차원은 쾌락 또는 목적의 다양성으로 해석되며, 다수 목적의 실현 또는 그 전망과 관련된다. 마지막으로 지속의 차원은 행복이 이어지는 시간이 다르다는 것이다. 노르덴펠트는 이 부분에 관해서 자세히 설명하고 있지 않으나, 쾌락의 시간적 길이와 행복의 지속은 명확한 차이가 있다. 전자는 쾌락을 주는 자극이 외부적으로 얼마나 주어지는가에 관한 것이며, 후자는 행복한 상태가 그 자체로 특정 기간 이어지는 성질이 있다는 것을 의미한다.

그가 이런 분석을 내놓는 것은 불행이 아닌 상태, 즉 최소의 행복(the lowest degree of happiness or minimal happiness)을 정의하기 위해서이다. 부분적이며, 강도와 길이에 한계가 있으며, 그다지 풍부하지 않고, 얼마 지속하지 않아도 개인은 행복할 수 있다. 그러나 이런 차원에서 어느 한계 이하로 내려가거나, 고통 또는 괴로움이 이를 상쇄하는 경우 개인은 불행하다.

---

20 노르덴펠트가 사회학과 함께 심리학을 기반으로 삼고 있음을 상기할 필요가 있다.
21 *ibid.*, pp.86-88.

그렇다면 목표 성취와 행복은 어떤 관계가 있는가? 목표를 성취했을 때 개인은 행복을 경험한다. 다음, 필수적 목적은 개인이 최소의 행복을 얻는 데 필요한 목적의 집합이라고 볼 수 있다.[22] 이는 '필수적'이라는 표현의 분석에 기초하는데, 이는 목적의 일부이자 다른 목적을 이루기 위한 목적으로 정의할 수 있다. 개인은 행복의 여러 단계를 느낄 수 있으나, 이는 여러 목표를 성취할 때 이루어진다. 그렇다면, 이런 목표를 성취하기 위한 최소 조건인 필수적 목적을 달성한다면, 그는 행복의 최소한을 경험한 것이 된다. 그리고 건강은 이차 능력으로 필수적 목적을 이루기 위한 것이다. 따라서, 건강은 최소한의 행복을 위한 조건이 된다.

여기에서 노르덴펠트가 정식화한 건강의 개념을 살펴보자.

> A는 표준적인 상황에서 자신의 필수적 목적을 실현할 능력이 있을 때만 건강하다. 여기에서 필수적 목적이란 최소한의 행복을 위해 필수조건이며, 그 전체 집합은 충분조건을 이룬다.[23]

여기에서 아직 확인되지 않은 것은 표준적인 상황이다. 이는 부어스의 통계적 평균과는 달리 문화적 규범을 따른다.[24] 그렇다면 노르덴펠트의 전체론적 이론은 부어스의 생물통계적 이론과 어떻게 다른가? 노르덴펠트가 논

---

22 *ibid.*, p.89.
23 *ibid.*, p.90.
24 Nordenfelt, Lennart(2007), The concepts of health and illness revisited, *Medicine, Health Care and Philosophy*, Vol. 10, p.7.

문에서 정리한 부분을 다시 옮겨 보자.[25]

1. 생물통계적 이론에서 건강은 신체나 정신의 내적 과정으로 인한 기능에 배타적이다. 전체론적 이론에서 건강은 의도적 행동을 수행하고 목적을 달성하기 위한 능력의 기능이다.

2. 생물통계적 이론에서 건강 개념은 생물학적·통계적 용어로만 정의된다. 전체론적 이론에서 건강 개념은 '사람'·'의도적 행위'·'문화적 표준'과 같은 생물학 외적 개념을 전제한다.

3. 생물통계적 이론에서 건강은 질병의 부재와 같다. 전체론적 이론에서 건강은 질병의 존재와 양립 가능하다. 그러나 전체론적 이론에서 질병의 개념은 나쁜 건강(또는 질환) 개념과 논리적으로 연관된다. 병은 그 소지자의 건강을 감소시키는 경향이 있는 상태나 과정으로 정의된다.

추가적인 논의를 위해 생물통계적 이론에서 건강이 질병의 부재와 같다는 언급에 오류가 있음을 지적하고 넘어가자. 생물통계적 이론에서 건강과 질병을 기관의 기능으로 정의하고 이를 종적 평균에 비교하는 한, 문제가 되는 것은 참조 집단(reference class)이다.[26] 참조 집단을 어떻게 정의하느냐에 따라 대상은 질병이 있을 수도, 없을 수도 있다. 예컨대 50세 남성의 폐 기능을 평가하기 위한 참조 집단을 50세 남성으로 설정할 것인지, 더 세부적으로 들어갈 것인지에 따라서 해당 남성의 질병 여부는 바뀐다. 예컨대 그가

25 ibid., p.9.
26 Kingma, Elselijn(2007), What is it to be healthy? Analysis, Vol. 67, No. 294, pp.128-133.

애연가라면, 참조 집단을 애연가로 설정할 것인가? 그의 폐 기능이 50세 남성 전체의 평균에는 못 미치며 50세 남성 애연가 집단에서는 평균이라고 한다면, 그는 어떤 의미에서는 건강하고 어떤 의미에서는 건강하지 않다.

여기에서 살펴봐야 할 점은, 생물통계적 이론이 사회와 독립적일 수 없다는 것이다. 부어스 본인은 이 점을 부정하려 하나,[27] 그의 반박은 그저 자신의 이론은 옳다는 고집으로 끝나 버린다.[28] 오히려, 이런 논의를 통해 우리는 부어스의 이론이든 노르덴펠트의 이론이든 무엇을 참조점으로 할 것인가라는 질문이 중요하게 제기된다는 것을 확인할 수 있다. 여기에서 노르덴펠트는 삶의 질을 분석하기 위한 개념 정립으로 이론을 확장한다.

도입에서 잠시 언급한 것과 같이, 보건의료적 개입의 인구 수준 평가는 보건의료 정책을 결정하는 데 필수적이다. 정책은 제한된 예산 아래서 시행하기 위해 여러 안을 놓고 어느 쪽을 우선할지 결정할 수밖에 없으며, 따라서 어느 안이 최소한의 비용으로 최대한의 효과를 내는지를 비교하기 위한 지표가 필요하게 된다. 이때 삶의 양과 질을 수치화할 필요가 생긴다. 왜냐하면, 보건의료적 개입의 효과란 결국 개입을 통해 삶의 양과 질을 얼마나 확보할 수 있는가로 나타나기 때문이다. 삶의 양은 생명년수를 통해 수치화할 수 있다. 즉, 몇 년(또는 몇 달이나 며칠) 더 살 것인가를 계산하면 된다. 그러나 삶의 질은 어떤가?

---

27 Boorse, Christopher(2014), A Second Rebuttal On Health, *Journal of Medicine and Philosophy: A Forum for Bioethics and Philosophy of Medicine*, Vol. 39, No. 6., p.695.
28 *ibid.*, p.696. "내가 분석한 건강의 의학적 개념은 이미 목표로 존재한다. 그러나 다른 '후보 개념들'은 철학자의 마음속에 존재할 뿐이다." 그러나 2014년은 이미 많은 의학자와 보건학자도 부어스가 정의한 개념이 이미 구식이라고 생각하던 시점이다.

삶의 질이 무엇인가에 관한 철학적 논의와는 별개로, 질을 측정하기 위한 도구는 1960년대부터 이미 개발되고 있었다.[29] 초기에는 건강 상태(health status)를 질병의 빈도 · 기간 · 위중도로 계산하는 모형이 제시되었으나, 이후 특정 건강 상태를 '사회가 인지한 해당 상태의 유용성(utility of that state as perceived by society)'으로 지표화하는 것으로 발전했다.[30] 이것이 이후 질보정생명년수라는 이름을 얻게 되었다.

물론, 삶의 질이 건강과 질병 상태만으로 결정되는 것은 아니다. 개인 삶의 질은 경제 · 주거 · 직업 · 대인관계, 신체적 · 정신적 상태 등으로 결정된다고 볼 수 있다. 하지만, 의학적 접근에서 주로 문제가 되는 것은 마지막 항인 신체적 · 정신적 상태이며, 이것은 앞의 여러 항을 누리기 위한 기초가 된다고 볼 수 있다. 물론, 경제적 궁핍이나 직업의 상실은 건강에 심대한 영향을 미치는 것이 사실이다. 하지만 건강이 없다면 경제적 궁핍을 해소하거나 다시 직업을 찾기 위해 노력할 수 없다.

그런데 이런 영향을 평가하는 것은 누구인가? 평가 주체는 사회인가, 아니면 개인인가? 삶의 질을 개발하고 활용하던 보건경제학 분야는 이를 객관적으로 평가할 수 있다고 생각했다. 반면, 노르덴펠트는 주관적 건강(subjective health) 개념을 도입했다.[31] 그는 기존 의학 문헌에 사용되던 삶의

29 Chiang, Chin L.(1965), *An Index of Health: Mathematical Models*, Washington, D.C.: National Center for Health Statistics.
30 Torrance, George W., Thomas, Warren H., Sackett, David L.(1972), A Utility Maximization Model for Evaluation of Health Care Programs, *Health Services Research*, Vol. 7, No. 2, p.120.
31 Nordenfelt, Lennart(1993), *Quality of Life, Health and Happiness*, Aldershot: Avebury, pp.8-10.

질 개념(예컨대, 앞서 언급한 질보정생명년수)이 보편적인 것으로 인식되던 것과 달리, 주관적 건강 개념은 개인의 건강 인식이 지닌 차이를 보여주며, 이것이 삶의 질 평가에 있어 훨씬 중요하다고 주장했다.

주관적 건강이란 자신이 건강하다는 믿음 또는 특정한 정신 상태로 정의된다. 여기에 기초하여 노르덴펠트는 삶의 질 개념을 개정할 것을 요청했는데, 건강 또는 삶의 질을 외적으로 측정할 수 있다는 기존의 개념은 한계가 있으며, 결국 판단은 개인의 평가에 의해 내려져야 한다는 것이다. 그렇다면, 건강은 의학적 판단 또는 평가에 더하여 개인을 대상으로 한 조사 도구를 조합하여 결정해야 한다는 결론으로 이어진다.[32]

3. 후버: 긍정적 건강과 도전에의 적응

한편, 앞에서 살핀 것처럼 2020년에 들어서도 세계보건기구는 여전히 기존의 건강 정의를 유지하고 있으며, 이 상황은 보건의료 정책을 수립하는 데 문제가 된다. 미국에서 유방암 검진을 예로 들어 보자.

유방암은 여성에게 흔하게 나타나는 암이며 암 중에서 두 번째로 흔하게 발생한다. 이를 예방하기 위해서 여러 국가는 여성을 대상으로 주기적 검진을 시행하고 있으며, 이때 유방촬영술(mammogram)이 적극적으로 활용된다. 미국의 경우 2008년, 50~74세 여성의 69.8%가 2년마다 유방촬영술을 받았다. 미국 질병예방및건강증진국(Office of Disease Prevention and Health

---

32 ibid., pp.170-171.

Promotion)이 세운 「헬시피플 2020(HealthyPeople 2020)」은 이 비율을 76.8%로 끌어올리려는 목표를 세웠다.[33] 이것은 2년에 한 번씩 유방촬영술을 시행하는 것이 유방암의 적절한 진단과 치료에 연결이 되어 있다는 보고에 기초하고 있으며, 미국 예방서비스대책위원회(Preventive Service Task Force) 또한 해당 나이의 여성을 대상으로 2년마다 유방촬영술을 하는 것을 권고하고 있다.[34]

문제는 이렇게 되면 과진단(overdetection)의 가능성이 커진다는 데에 있다. 과진단이란 임상적 증상을 나타내지 않았을 암이 영상 또는 다른 검사 방법에 의해 진단되는 것을 가리키며, 이것은 과치료(overtreatment)로 이어진다. 영국의 보고에 의하면, 20년 동안 2년 주기로 유방암 검진을 할 때 과진단율은 19%로 추정된다.[35]

이것은 기술을 향한 맹신이라고 생각할 수도 있으나, 세계보건기구의 건강 정의가 지닌 한계를 보여주는 지점으로 해석할 수도 있다. 신체적·정신적·사회적 완전성을 건강으로 정의할 때, 조금이라도 문제가 되는 또는 문제가 될 수 있는 상태는 모두 이상으로 치부되어 개입의 대상이 되기 때문이다. 유방암 검사의 경우, 임상적으로 증상을 나타내지 않고 따라서 치료하지 않아도 문제가 되지 않을 유방 조직의 변화를 치료하기 위해 유방절제술을 받는 것이 오히려 환자에게 위해가 될 수 있음에도 건강을 위해서라는

33 Office of Disease Prevention and Health Promotion. *Cancer*. Undated. Retrieved from: https://www.healthypeople.gov/node/3513/objectives.
34 Siu, Albert L.(2016), Screening for Breast Cancer: U.S. Preventive Services Task Force Recommendation Statement, *Annals of Internal Medicine*, Vol. 164, pp.279-296.
35 Independent UK Panel on Breast Cancer Screening(2012), The benefits and harms of breast cancer screening: an independent review, *Lancet*, Vol. 380, pp.1778-1786.

평계로 용인될 수 있다는 것이다.

더불어 인구구조와 유병률의 변화를 고려해야 하는데, 고령화사회(노인 비중 7% 이상)에서 고령사회(노인 비중 14% 이상)로, 다시 초고령사회(노인 비중 20% 이상)로 인구구조가 변화하고 있는 상황에서 환자들은 여러 만성질환을 관리하면서 살아가고 있다. 문제는, 이들이 의료 자원의 상당 부분을 사용하게 된다는 것이다. 물론, 무조건 노인의 의료서비스를 줄여야 하는 것은 아니다. 그러나 특정 연령에서 비교적 만족스러운 생활을 누리고 있는 노인에게 약간의 보건의료적 개선을 가져오기 위한 개입 때문에 아동의 희귀질환 치료가 희생된다면 이는 문제가 될 수 있다.

마찬가지로, 이는 건강을 어떻게 볼 것인가의 문제다. 세계보건기구의 건강 정의에 따르면 노인은 건강하지 못하다. 어느 한 곳이라도 이상이 없는 노인은 많지 않다. 한편, 부어스의 생물통계적 이론에 따르면 노인의 건강을 기술하기 어렵다. 이는 노인이 다중 질병에 시달리고 있기 때문인데, 노인의 경우 한 기관이나 부분이 단일 질병으로 인해 심각한 이상이나 기능 제한을 보이는 대신, 여러 질병이 겹치면서 그 누적 효과로 이상 또는 기능 제한을 보인다. 기관에 기능 제한이 있다는 의미에서 노인은 질병이 있으나, 수치가 종적 평균과 비교해 떨어진다고 보기 어렵기에 노인은 건강하다고 볼 수 있다. 그렇다면 노인은 건강한가, 건강하지 않은가?

위의 논의 선상에서 후버 등은 부어스의 정의를 직접 비판하지는 않으나(후술하겠지만, 간접적인 비판으로 볼 수 있다), 세계보건기구가 건강 정의를 바꾸지 않는 것을 문제 삼았다. 세계보건기구의 건강 정의가 문제가 되는 것은 세 가지 이유에서이다.[36] 첫째, 의도치 않게 사회의 의료화(medicalization)를 심화시킨다. 그 정의에 의하면 거의 모든 사람이 건강하지 않기에, 사람들은 항상 의료서비스에 의존할 수밖에 없다. 둘째, 1946년 이후 인구구조와 질병 분포가 상당히 변화하면서, 노인 인구가 증가하고 만성질환이 늘어나고 있는 시점에서 이들을 모두 질병 상태로만 정의하는 것은 오히려 사회적 부담을 증가시킨다. 셋째, 개념의 조작적 정의에 문제가 있는데, 신체적·정신적·사회적 완전성은 조작화할 수도 없으며 측정할 수도 없다.

네덜란드 건강자문위원회(Health Council of Netherlands)는 2010년 「건강은 상태인가 능력인가? 건강의 역동적 개념을 향해」라는 제목의 콘퍼런스를 개최했다.[37] 국제 전문가를 초청하여 진행된 이 콘퍼런스는 건강의 역동적 정의를 내릴 필요가 있다는 합의에 도달했으며, 그 정의가 붕괴/분열 상태의 적응·회복탄력성(resilience)·균형 유지 및 되찾기에 기반을 두어야 한다고 보았다. 이를 정리한 것이 건강이란 '사회적·신체적·감정적 도전 앞에서 적응하고 자기 관리할 수 있는 능력(the ability to adapt and to self manage)'이라는 정의이다.[38] 이 정의는 긍정적 건강(positive health)이라고 불리게 되었다.

36 Huber, Machteld, Knottnerus, J. André, Green, Lawrence, et al.(2011), How should we define health? *BMJ*, Vol. 343, d4163.
37 Health Council of the Netherlands, Report Invitational Conference 'Is health a state or an ability? Towards a dynamic concept of health'. Publication no. A10/04E. Jul 13, 2010, Retrieved from: https://www.healthcouncil.nl/documents/advisory-reports/2010/07/13/invitational-conference-is-health-a-state-or-an-ability-towards-a-dynamic-concept-of-health.
38 Huber, Machteld, Knottnerus, J. André, Green, Lawrence, et al.(2011), How should we define health? *BMJ*, Vol. 343, d4163.

여기에서 세계보건기구 정의에 등장한 완전한 신체적 · 정신적 · 사회적 웰빙은 세 가지 건강—신체적 건강 · 정신적 건강 · 사회적 건강—으로 나뉘어 기술된다. 신체적 건강이란 생체 적응(allostasis), 즉 변화하는 환경에서 생리적 항상성을 유지할 수 있는 능력이다. 생리적 극복 전략이 실패하여 피해가 누적되면 질병으로 이어진다. 정신적 건강은 안토노브스키[39]가 주장한 일관성의 감각(sense of coherence)으로 기술되는데, 이는 극복 능력 · 강한 심리적 스트레스에서 회복 · 외상후스트레스증후군 예방에 이바지하는 요소이다. 이 감각은 또한 어려운 상황의 이해력 · 관리 능력 · 유의미성(meaningfulness)을 증진한다. 마지막으로 사회적 건강은 잠재력과 의무의 실현 능력 · 의학적 조건을 넘어 어느 정도의 독립성 아래에서 삶을 관리할 능력 · 직업을 포함한 사회 활동에 참여할 능력으로 구성된다.

이렇게 바라본 건강은 기존의 여러 개념이 다루던 것과는 사뭇 다른 모습을 보여준다. 건강은 개인의 노력 여하에 따라서 끊임없이 달라지는 유동적인 것이 된다. 여기에서 건강권, 즉 건강을 누릴 수 있는 개인의 권리 보장은 정태적인 건강 개념과는 다른 방식으로 해석된다. 정태적인 건강 개념 하에서 건강권이란, 특정 상태를 만들기 위한 국가의 노력이 된다. 즉, 국가는 국민의 혈압을 특정 범위 내로 조절해야 하고, 체질량 지수가 특정 값이 되도록 노력해야 한다. 반면, 유동적인 건강에서 건강권의 보장은 개인의

---

39 회복탄력성과 건강 개념의 관련성을 이해하기 위해서는 안토노브스키가 제시한 건강생성(salutogenesis) 개념을 탐구할 필요가 있으나, 논의를 벗어나므로 다루지 않았다. 관련하여 Antonovsky, Aaron(1987), Unravelling the mystery of health: How People Manage Stress and Stay Well. In: Marks, David, editor(2002). *The Health Psychology Reader*, London: Sage Publications, pp.127-139를 참조하라.

노력을 국가가 어떻게 지원할 것인가가 된다. 기능 제한과 불편을 줄이기 위한 개인의 노력을 지역사회가 지원하고, 회복탄력성을 높이기 위한 개인의 노력을 기관이 정책적으로 돕는 식이다.[40]

그렇다면 후버의 정의는 조작 가능한가? 즉, 이를 측정하기 위해선 어떤 도구를 활용해야 하는가? 후버 등은 2016년 건강의 새로운 개념과 연관된 여러 이해 당사자 1,938명을 대상으로 한 개인 · 초점 집단 면담을 시행하여 새 개념의 긍정적 · 부정적 측면을 조사하고 건강 지표를 설정하였다.[41] 선정된 32개의 지표는 여섯 개의 차원으로 나뉜다〈표 1〉.

〈표 1〉 후버 등의 건강 지표[42]

차원	신체 기능	정신 기능과 인지	영적 · 실존적 차원	삶의 질	사회적 · 구조적 참여	일상 기능
지표	의학적 사실 의학적 관찰 신체 기능 불편과 고통 에너지	인지 기능 정서 상태 자존심 책임감, 관리 능력의 경험 회복탄력성 일관성의 감각	의미 / 유의미성 목적 / 이상을 향한 분투 미래 전망 수용	삶의 질/웰빙 행복 경험 즐거움 건강 인지 번창 삶의 열정 균형	사회 · 소통 기술 의미 있는 관계 사회적 접촉 인정 경험 지역사회 참여 의미 있는 직업	기본 일상생활 능력 도구적 일상생활능력 직업 능력 건강정보 이해능력

프린센(Cecilia A. C. Prinsen)과 터위(Caroline B. Terwee)는 위 지표를 측정할 수 있는 기존의 설문지를 결합, 46개의 항목으로 구성된 설문을 설계하였

---

40 이런 접근은 기존의 가부장적 보건의료를 벗어나면서도 개인의 건강을 지원할 수 있는 방향을 보여주나, 이에 관해서는 추가적인 개념 정리와 설명이 필요하므로 다른 지면에서 다루고자 한다.

41 Huber, M., van Vliet, M., Giezenberg, M., et al., Towards a 'patient-centred' operationalisation of the new dynamic concept of health: a mixed methods study, *BMJ open*, Vol. 6, e010091.

42 *ibid.*, Table 2.

다.[43] 전문가를 대상으로 해당 설문지 항목의 관련성·포괄성·이해 가능성을 조사한 결과, 이를 통해 통합된 설문을 구성하는 데는 아직 한계가 있다는 의견이 제시되었다. 즉, 후버 등이 설문을 통해 내놓은 항목이 긍정적 건강을 조작화하는 데 한계가 있으며, 측정 도구를 개발하기 위해선 더 많은 연구가 필요하다는 것이 현재까지의 결론이다.

그렇다면, 개념적 측면에서 후버 등의 긍정적 건강은 기존의 건강 정의가 지니고 있는 한계를 극복하고 있는가? 레오나디(Fabio Leonardi)의 문헌 고찰에 따르면, 과학적으로 지속 가능한 건강 정의는 다음 9개의 측면을 지니고 있어야 한다.[44]

1. 건강은 기존에 확립된 의학의 환원주의를 피하기 위해 질병이나 병약함의 부재, 생물·물리적 변수를 넘어서야만 한다.

2. 건강은 능력으로 개념화되어야 하는데, 개념으로서 건강은 능력, 또는 더 정확히 능력의 집합으로 사고할 때 일관성을 얻기 때문이다.

3. 건강은 현상의 복잡성을 사로잡기 위해 달성할 수 있는 상태가 아닌 지속적·반복적·역동적 과정으로 여겨져야 한다.

4. 건강은 실제 삶에서, 모든 상황에서, 모든 연령에서, 문화적·사회경제적 조건, 인종, 종교와 관련 없이 모두가 달성 가능해야 하며 이상향이 되는 것을 피해야 한다.

43 Prinsen, Cecilia A. C., Terwee, Caroline B.(2019), Measuring positive health: for now, a bridge too far, *Public Health*, Vol. 170, pp.70-77.

44 Leonardi, Fabio(2018), The Definition of Health: Towards New Perspectives, *International Journal of Health Services*, Vol. 48, No. 4, pp.740-741.

5. 건강은 불쾌감과 웰빙 모두를 포함해야 하는데, 대부분 사람은 일상에서 부정적 사건을 극복하는 과정에서 건강의 상실 없이 불편함과 슬픔을 느끼기 때문이다. 건강 정의에서 불쾌감을 포함하는 것은 사회의 의료화와 대조를 이루고 건강을 이상적 조건으로 여기는 문화적 편견을 줄이기 위한 전략이다. 이를 통해 개인은 건강에 관해 현실적 기대를 하며 부정적 사건을 극복하는 과정에서도 건강하다고 여길 수 있다. 노인이나 만성질환에 걸린 사람에게, 건강은 제한 속에서 살고, 신체적 결핍을 수용하며, 이런 것들과 화해하는 방식을 찾는 능력으로 이해될 수 있다.

6. 건강은 개인주의적 접근을 극복해야 하는데, 건강이 삶의 맥락에서 독립적인 추상적 개인의 특성으로 여겨질 수 없으며, 사회적 결정 요인의 결과로만 환원될 수도 없기 때문이다.

7. 건강은 도덕적·윤리적 담론에 독립적이어야 하는데, 이는 건강의 정의가 특정한 사회문화적 규범의 암묵적 표현이라서 피할 수 없다 해도 그러하다. 이 측면이 중요한 이유는 도덕을 과학적 평가와 결합하는 문제를 피할 수 있기 때문이지만, 건강의 여러 양상에 가치판단적 진술이 포함되어 있어 그 구체적 적용은 어렵다.

8. 건강은 한 사람의 우선 사항·가치·필요·열망·목표에 기초하여 환자의 개인적 경험을 의료 행위에 통합하고 개인의 건강에 중요한 역할을 하는 주관적 요소를 고려할 수 있어야 한다(이것이 측정 가능성과 표준화를 감소시킬 수 있으나, 구성적 타당성을 증가시킬 것이다). 이것은 개별기술적 관점을 수용하는 것을 함의하는데, 구체적 개인과 그의 관점에 기초하며 모든 개인의 건강 현상을 설명하는 일반 법칙을 찾으려는 법칙정립적 관점을 거부한다.

9. 건강은 명확하고, 구체적이며, 확실한 과정을 통해 조작화되고, 측정 가

능하여 실제 상황에서 유용한 개념이 되어야 한다. 물론, 모든 추상적 개념처럼 건강은 직접 측정할 수 없고 단지 건강의 정의에 기초하여 구성된 지표에 의해서만 측정된다.

위에서 살핀 것처럼 긍정적 건강은 아홉 번째, 조작화와 측정 가능성을 아직 달성하지 못했다. 그러나 이 개념은 레오나디가 제기한 건강 정의의 여덟 가지 측면을 만족시키고 있으며, 따라서 지금까지 이루어진 건강에 관한 논의를 종합적으로 수용한 정의라고 볼 수 있다.

이런 긍정적 건강 정의는 점차 의학 담론에 흡수되고 있으며, 최근 노년의학 연구에서 그 영향을 찾아볼 수 있다. 인지 장애에 관한 연구,[45] 노인가정방문간호,[46] 건강관리,[47] 자기 관리 및 추적[48] 등의 연구가 긍정적 건강 정

45 de Vugt, Marjolein, Dröes, Rose-Marie(2017), Social health in dementia, Towards a positive dementia discourse, *Aging & Mental Health*, Vol. 21, No. 1, pp.1-3; Sturge, Jodi, Klaassens, Mirjam, Lager, Debbie, et al.(2020), Using the concept of activity space to understand the social health of older adults living with memory problems and dementia at home. *Social Science & Medicine*, Available online Jul 12, 2020, https://doi.org/10.1016/j.socscimed.2020.113208

46 Hupkens, Susan, Goumans, Marleen, Derkx, Peter, et al.(2019), Meaning in life of older adults in daily care: A qualitative analysis of paricipant observations of home nursing visits, *Journal of Advanced Nursing*, Vol. 75, pp.1732-1740; Nivestam, Anna, Westergren, Albert, Petersson, et al.(2020), Factors associated with good health among older persons who received a preventive home visit: a cross-sectional study, *BMC Public Health*, Vol. 20. 688, https://doi.org/10.1186/s12889-020-08775-6

47 Tkatch, Rifky, Musich, Shirley, MacLeod, Stephanie, et al.(2016), Population Health Management for Older Adults: Review of Interventions for Promoting Successful Aging Across the Health Continuum. *Gerontology & Geriatric Medicine*, Vol. 2, pp.1-13.

48 van Riel, Piet L. C. M., Zuidema, Rixt M., Vogel, Carine, et al.(2019), Patient Self-Management and Tracking. A European Experience., *Rheumatic Disease Clinics*, Vol. 45,

의를 수용하고 있다.

4. 건강은 어디로 가고 있는가?

개괄적으로 살핀 세계보건기구의 건강 정의, 부어스의 생물통계적 이론에 더하여 노르덴펠트의 전체론적 이론과 후버 등의 긍정적 건강을 살펴보았다. 노르덴펠트의 개념이 삶의 질 측정과 연관되어 있음을 확인하였고, 후버 등의 정의가 최근 측정 항목을 설정하기 위해 노력하고 있는 것도 보았다. 자, 이제 물어야 한다. 이런 건강 정의의 변화는 무엇을 의미하는가?

이런 이론의 변화를 정반합에 의한 점진적 발전이라고 생각할 수도 있다. 세계보건기구의 이상적 개념에 맞선 부어스의 생물학적 개념과, 이를 종합한 노르덴펠트의 전체론적 개념이 후버 등의 적응 개념에 의해 정교화되고 있다고 보는 것이다. 그러나 앞선 개념이 내포한 문제를 이후에 해결하고자 새로운 개념이 제시된 것은 사실이라 해도 이를 개념상의 진보라고 보기는 어려운데, 각각의 개념이 해결하고자 하는 문제가 다르기 때문이다.

즉, 세계보건기구의 정의가 내세워졌던 시기와 부어스의 이론이 제기되었던 시점, 노르덴펠트의 주장이 제기된 시점과 후버 등의 정의가 나오는 시점에는 각각 10년에서 20년의 시간 차이가 있다. 그동안 사회의 변화와 의학의 발전으로 인해 보건의료적 문제도 변화하였다. 세계보건기구는 세계대전 이후 전 세계적 궁핍과 감염성 질병의 위기를 해결해야 했다. 1960

pp.187-195.

년대 말, 항생제와 의학 기술의 발전은 여러 성공을 가져왔고, 이는 의학적 문제에 의학적 해결책을 내놓는 것을 정당화하는 근거로 작용하였다. 더불어 당시 불어오던 대안 문화나 반과학주의 등의 운동은, 의학적 접근에 다른 논의가 개입하여 혼란을 가져오는 것을 막아야 할 필요성으로 작용했다. 부어스의 개념은 그런 지점에 주효했다.

그러나 의학이 주도하면서 의료화의 문제가 점차 나타나기 시작했고, 질병의 사회적 차원을 끌어들여 문제에 접근할 필요성이 나타나면서 전체론적 접근이 대두한 것이다. 적응 개념은? 후버 등이 밝힌 것처럼, 이제 우리가 당면한 의학적 문제는 노인 인구의 증가와 만성질환의 범발이며, 기존 건강 개념은 이런 문제에 접근할 때 잘 작동하지 않는다.

즉, 각 건강 이론은 그 강점과 약점이 있으며, 이들은 우리가 어떤 문제를 풀고자 하느냐에 따라 다르게 작동한다. 예컨대, 이제 막 개발을 시작한 신흥국의 보건의료 문제를 해결하는 데에 후버 등의 개념을 가져오는 것은 어울리지 않을 수 있다. 오히려 이런 지역에서는 세계보건기구의 개념을 통해 이상적인 건강을 제시하고 교육하며 홍보할 필요가 있는 것이다.[49]

더불어 위의 건강 개념 변화는 객관적인 측정에서 점차 개인적인 평가로 건강을 가장 적절히 기술할 수 있다는 인식이 점차 확대되어 가는 과정이라고 볼 수 있다. 세계보건기구의 정의는 인구적 차원에서만 건강을 정의한

---

49 예컨대, 후버 등의 2011년 논문에 응답을 쓴 크레이그 베커(Craig M. Becker)는 세계보건기구의 개념과 달리 후버 등의 개념이 사회적 요인에 수동적 반응을 내놓는 데에 그친다는 점을 문제로 삼았다. Becker, Craig M. (2012), Re: How should we define health? *BMJ*, Vol. 343, d4163, https://www.bmj.com/content/343/bmj.d4163/rr/620371

것이라고 볼 수 있는 반면,[50] 부어스에서 노르덴펠트로, 다시 후버 등의 정의로 넘어가면서 건강 정의는 점차 주관적이며 개별적인 것으로 변해 갔다. 하나 더 고려해야 할 것은, 건강에 관하여 개인의 책임을 중요시하는 담론 또한 함께 확장되고 있다는 것이다.

구체적인 사례를 들기 위해 의료정의론에서 대니얼스의 공정한 건강을 향한 슐로미 시갈(Shlomi Segall)의 비판을 살펴보자.[51] 대표적인 의료정의학자인 대니얼스는 존 롤스(John Rawls)의 정의론을 의학 자원 분배에 적용한 것으로 유명하다. 그는 1985년 발표한 『공정한 보건의료(Just Health Care)』에서 보건의료는 다른 자원과 구별되는 특별한 문제이며, 따라서 이를 더 공정하게 분배해야 한다는 주장을 폈다.[52] 보건의료 서비스의 분배에서 나타나는 상당한 불평등은 기본권의 침해이다. 따라서 그는 자유와 같이 가장 기본이 되는 권리와 보건의료를 같은 수준에 놓으며 여기에 권리를 주장할 수 있다고 주장했다.

2007년 대니얼스는 이런 주장을 확대한 『공정한 건강(Just Health)』을 발표했는데, 그는 이전 저작에서 인구적 관점이 잘 드러나지 않았음을 안타까워

---

50 세계보건기구 건강 정의에 등장하는 '완전성'이란 개인 차원이 아닌 인구 수준에서 생각해야 제대로 해석할 수 있으며, 이를 개인 수준의 건강 정의로 받아들이면서 이후의 비판이 나왔다고 볼 수 있다. 즉, 세계보건기구는 완전한 신체적·사회적·정신적 웰빙을 개인이 누리기 위한 사회적 준비를 요청한 것인데 이후 이 개념을 이런 웰빙을 누리는 개인의 측면에서 건강을 바라보려는 시도가 이어지고 있다는 것이다. 이런 적용 수준 차이에서 보면 왜 세계보건기구가 여전히 건강 정의를 고집하고 있는지를 이해할 수 있다.

51 Segall, Shlomi(2010), Is Health (Really) Special? Health Policy between Rawlsian and Luck Egalitarian Justice, *Journal of Applied Philosophy*, Vol. 27, No. 4, p.344

52 Daniels, Norman(1985), *Just Health Care*, Cambridge: Cambridge University Press.

하며 이 부분을 더 강조한 것이 새 책이라고 말했다.[53] 『공정한 보건의료』는 제목처럼 주로 보건의료의 문제만을 다루었으나 이제 예시를 바꾸어야 할 때인데, 그 이유는 보건의료 시스템 개혁과 건강의 사회적 결정 요인을 충분히 다루어야 하기 때문이라는 것이다. 두 저작의 차이에서 뚜렷한 변화는 '건강'을 해석하는 방식인데, 『공정한 보건의료』에서는 건강(health)을 보건의료(health care)의 축약어로 사용한다고 명시하며 권리의 대상이 될 수 없다고 말했다.[54] 이후에서 밝히고 있지만, 대니얼스는 건강에 관한 부어스의 생물통계적 이론이 설득력이 있다고 생각했다.[55]

『공정한 건강』에서 대니얼스는 기존의 입장을 좀 더 확장하고자 했으며, 건강을 정상 기능(normal functioning)과 이에 상응하는 정신적·신체적 병리의 부재로 정의했다.[56] 질보정생명년수, 장애보정생명년수(disability-adjusted life-year)가 이를 측정하기 위해 적당한 값이라는 부연이 따라붙는다.[57] 정리하면, 대니얼스는 부어스의 이론이 지닌 궤적을 따라 건강을 정의했다. 부어스의 이론은 건강과 질병에 있어 사회적 영향을 부정하지 않았다. 다만 부어스는 사회적 가치가 건강 정의에 개입하는 것을 부정한 것이다. 다시 말해, 사회적·경제적·문화적 환경은 단지 그 표현이 생리적 표준으로 이루어져야 한다고 보았을 뿐이다.[58]

53 Daniels, Norman(2007), *Just Health*, Cambridge: Cambridge University Press.
54 Daniels, Norman(1985), *Just Health Care*, Cambridge: Cambridge University Press, pp.5-6.
55 Daniels, Norman(2007), *Just Health*, Cambridge: Cambridge University Press, p.380.
56 *ibid.*, p.2.
57 *ibid.*, pp.37-38.
58 Boorse, Christopher(1997), A Rubuttal on Health. In Humber, James M., Almeder, Robert F., editors, *What Is Disease?* New York: Springer Science+ Business Media, p.98.

한편, 시갈은 대니얼스의 이런 논의에 문제가 있다고 주장했다.[59] 대니얼스는 보건의료에 부여한 특별성을 건강에도 그대로 부여했으나, 대니얼스의 주장과 달리 건강 자체가 다른 것에 비해 특별성을 띤다고 주장할 수 없다. 첫째, 소득의 차이에 따라 보건의료 서비스를 차등적으로 제공하는 것에 문제가 있다고 말하는 것은 직관적이나, 소득의 차이에 따라 건강에 차이가 있는 것은 문제라고 말하는 것은 직관에 반한다(이것은 현대 사회에서 당연한 일로 여겨진다). 둘째, 지불 능력이 보건의료 접근성에 차이를 만드는 것은 부정의하나, 사회가 건강(개인적으로 휴식과 노동을 선택함으로써 상당 부분 결정되는)을 재분배해야 한다고 말할 수 있는지는 명확하지 않다(건강을 재분배한다면, 많은 건강을 가진 사람에게서 적은 건강을 가진 사람에게 건강을 옮기거나, 사회 집합적인 건강 자원을 개인에게 분배할 방법이 있어야 하는데 이런 논의는 상당히 모호하다). 셋째, 대니얼스는 보건의료 서비스가 공정하다면 개인의 건강 차이는 자연적 재능(즉, 유전)에 의해서만 결정된다고 주장하였으나, 건강으로 범위를 넓히면 자연적 재능의 차이 또한 공평을 요구하는 대상이 되는데 이를 정당화하기는 어렵다(유전 또한 건강의 요소이므로, 유전 요인 또한 공평해져야 하는데 이는 불가능하다).

롤스의 견해를 따르는 대니얼스와 운 평등주의자(luck egalitarian)[60]인 시갈의 견해에서 위와 같은 차이가 난다고 생각하는 것은 당연하나, 여기에는

59 Segall, Shlomi(2010), Is Health (Really) Special? Health Policy between Rawlsian and Luck Egalitarian Justice, *Journal of Applied Philosophy*, Vol. 27, No. 4, pp.345-348.
60 운 평등주의란 분배 정의 이론 중 하나로, 개인의 책임이 아닌 불리함을 교정해야 한다고 주장한다. 롤스가 최소수혜자의 최대이득을 주장한 것에 문제를 제기하여 최소수혜자가 자신의 선택으로 그런 상황에 처했을 때도 최대이득을 주어야 하는지를 묻는 데에서 출발하였으며, 최근 여러 연구자의 참여로 다양한 형태로 발전하고 있다.

건강 개념의 차이도 상당한 영향을 미친다. 시갈은 사회적 재화(social good)인 보건의료와 달리 건강은 자연적 재화(natural good)로 건강에 다양한 수준이 있다는 견해를 취했다.[61] 대니얼스와 마찬가지로, 시갈은 질보정생명년수와 장애보정생명년수를 통한 '건강 기대 수명(healthy life expectancy)'을 개인 건강의 대리 값으로 사용했다. 이 지점에서는 대니얼스와 시갈의 건강개념에서 별다른 차이가 나타나지 않는 것처럼 보일 수 있으나, 시갈은 '정상 기능' 관점에 문제가 있음을 강조했다.

시갈이 인간 향상에 관한 논의에서 예로 드는 사례를 살펴보자. 소아마비백신은 면역 시스템을 증대시키는 것으로 정상 기능 상태에서는 취약한 질병에서 사람을 보호한다. 그렇다면, 백신 주사로 소아마비 면역을 얻는 것은 종적 정상 기능을 벗어나는 일이다. 그렇다면, 정상 기능으로서의 건강을 기반으로 공정한 보건의료 정책을 논할 때, 사회가 성원에게 백신을 제공하는 것은 논의 대상이 될 수 없다(주지하다시피, 백신 분배를 논의하지 않는 것은 잘못이다). 한편, 시갈은 이런 정상 기능에 매이지 않고, 건강이 복지의기저를 이루며, 삶을 잘 사는 것이 건강 상태에 의존한다는 점을 중시하여접근했다. 즉, 시갈에게는 복지에서의 정의가 중요한 것이지, 건강을 독립적으로 구분하여 건강에서만의 정의가 중요한 것이 아니다.[62]

즉, 대니얼스가 부어스의 이론을 기반으로 사고하면서 건강에 특별한 위치를 부여하는 것과 달리, 시갈은 이런 생물학적 건강 정의에 매이지 않고

61 Segall, Shlomi(2010), *Health, Luck, and Justice*, New Jersey: Princeton University Press, pp.96-97.
62 *ibid.*, pp.94-95.

삶에서 건강이 부여하는 기회나 지위를 더 중시했다. 이는 노르덴펠트가 건강을 목적을 실현하기 위한 능력으로 정의한 뒤 삶의 질에 관한 논의를 이어 나간 것이나, 후버의 역동적 건강 개념이 개인의 적응에 집중한 것과 연결된다.

어떤 의미에서는, 대니얼스와 시갈이 다루려는 문제의 초점이 다르다고 할 수도 있다. 대니얼스는 의료 서비스 공급의 분배를 중심으로 사고했다면, 시갈은 건강을 포함한 개인의 삶 전체에 접근하려 했다(따라서, 시갈은 질환에 책임이 덜할수록 개인의 건강에 우선순위를 두는 방식으로 건강을 재분배해야 한다고 주장하며, 롤스의 이론에 기반을 둔 입장과 달리 유전적 경향의 동등성을 건강 관련 분배 문제에서 요청하지 말아야 한다고 결론지었다).

둘을 연결하여 정리하면, 대니얼스와 시갈의 차이는(물론 정의론적 견해의 차이이기도 하다) 개인적 선택이 건강에 미치는 영향을 강조할 것인지 아닌지에 있다. 대니얼스는 이를 무시하고 건강의 결과만을 고려한 반면, 시갈은 개인적인 선택이 분배 결정에 있어 중요한 역할을 차지해야 한다고 보았다. 두 가지 이유를 생각해 볼 수 있는데, 점차 보건의료 기술과 실천이 확장되어 가고 의료 비용이 상승하면서, 점점 꼭 필요한 정책을 구분하기 위한 요청이 거세지고 있다는 것이다. 따라서, 개인의 책임이 아닌 것만을 지원하는 것이 하나의 해결책으로 나온 것이다. 다음, 기존의 개인 중심적 접근과 사회 중심적 접근이 중간의 합의점을 모색하는 와중에 나오는 귀결이기도 하다. 전후 사회 중심적 접근(예, 영국 국가의료보험)이 보건의료 전체를 보장하려 하다 여러 문제를 나타낸 것과 개인 중심적 접근(예, 미국 개인의료보험)이 개인에게 건강 책임을 모두 지워서 마찬가지로 문제를 나타낸 것에서 이제 중간 지점을 찾으려는 노력이 나타나고 있다. 건강 개념 또한 마찬가지로, 이런 사회적 필요를 반영하면서 변화하고 있다.

5. 결론

한국에서는 건강 개념의 논의가 별다른 주목을 받지 못한 채, 헌법의 건강권 논의로 빠르게 넘어가 버렸다. 이는 국가 주도 의학적 실천 확산의 역사,[63] 보건학에서 건강 개념의 무비판적 수용, 서양에서 전래한 현대 의학과 한의학이 별도의 건강 개념을 유지한 채로 각자의 실천을 고집하고 있는 상황에서 발생한 혼란 등으로 인해 빚어진 현상이라고 볼 수 있으나, 무엇보다도 건강 개념에 관한 엄밀한 논의가 이루어질 만한 공간이 없었던 것이 가장 큰 원인일 것이다.

여기에서 살핀 건강 개념 중 어떤 것도 완벽하다고 말할 수 없다. 각자는 당면한 과제에서 그 역할을 충실히 수행해 왔으며, 이는 가장 최근에 제시된 후버 등의 긍정적 건강 개념에도 마찬가지로 적용된다. 그렇다면 우리에게 필요한 것은 어떤 건강 개념을 선택할 것인가 이전에, 현재 우리 사회가 당면한 건강 관련 문제는 무엇인가를 살피고, 이 문제를 해결하기 위해서는 어떤 건강 개념에서 출발해야 할 것인가에 관한 논의가 된다.

세계보건기구의 완전한 건강, 부어스의 생물통계적 건강, 노르덴펠트의 전체론적 건강, 후버 등의 긍정적 건강으로 가면서 점점 주관성과 개인적

---

63 DiMoia, John P. (2013), *Reconstructing Bodies: Biomedicine, Health, and Nation-Building in South Korea Since 1945*, Stanford: Stanford University Press.

책임이 강조되고 있다. 전술한 것처럼 이것은 현대사회의 필요와 밀접하게 연결되어 있다. 이미 고령화사회에 진입했으며 국가 단일보험을 통해 빠르게 현대 보건의료 시스템을 완성한 한국에서도 같은 건강 관련 필요가 나타나고 있다. 즉, 노인 인구의 증가, 만성질환의 주도, 정신 질환 관리 필요성의 확대, 의료비 상승, 의료 자원의 지역적 불균형, 면역항암제와 같은 신기술에 맞춰 보험 보장 항목의 조정 필요 등을 마주하고 있는 한국 의료 시스템은 여기에 대응하여 어떤 건강 개념을 추구할 것인가를 고민해야 한다. 이것은 건강권, 즉 '성취할 수 있는 최고 수준의 신체적 · 정신적 건강을 누릴 권리[64]의 구체적 확립에 선행되어야 한다. '최고 수준의 신체적 · 정신적 건강'이 의미하는 바가 무엇이냐에 따라 건강권 실현의 논의는 상당히 달라지며, 따라서 정책 수립에서도 큰 차이가 있음은 추가로 설명할 필요가 없을 것이다.

이 글은 건강 개념 논의를 촉구하기 위한 목적으로 작성되었다. 네 가지의 건강 개념을 정리하여 제시하였으며 건강 개념의 방향성을 정리하였다. 이러한 바탕 위에서, 지금 우리가 요구해야 할 건강이 무엇인지를 같이 논의해 볼 수 있기를 바란다.

---

64 UN General Assembly(1966), International Covenant on Economic, Social and Cultural Rights, December 16. 1966, United Nations, Treaty Series. Vol. 993.

제2부 한의학의 질병관

의료인문학 질문으로서의 "질병이란 무엇인가?"*

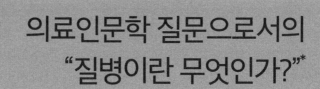

― 한의학 의서, 의료 실천, 그리고 인류학을 통한 고찰

김태우_ 경희대학교 한의과대학 교수

* 이 글은 『의사학』, 28권 2호, 2019년에 실린 「동아시아 의서와 의료실천: 동의보감학파들을 통해 읽는 텍스트와 실천 그리고 동아시아의학 지식」을 수정·보완한 것이다.

1. 들어가며

"질병이란 무엇인가?"라는 질문은 의료에 관한 질문이면서 또한 인문학에 관한 질문이기도 하다. 의료적으로는, 이 질문에 대한 해답 위에서 질병과 건강을 구분하고, 그 구분 위에서 진단과 치료가 성립한다. 인문학적으로, 무엇을 문제로 보았는가의 문제와 관련이 있으며, 이것은 형이상학의 문제다. 여기에는 문제로 삼는 무엇에 대한 존재론적 질문이 내재해 있다.

분리와 분업의 근현대를 사는 우리들에겐 생경하지만, 의료는 기본적으로 인문학적 전제 위의 지식과 실천의 체계다. 이러한 의료와 인문학의 연결성은 의료만 바라볼 때는 잘 드러나지 않는다. 서양의학이 지금의 주된 의료인 상황에서는 더욱 그러하다. 서양의학은 연결성을 분절하려는 경향성 위의 의료이기 때문에, 그 관점에서 바라보면 의료와 의료 외의 문제의 연결성이 잘 드러나지 않는다. 몸의 특정 일부를 통해 질병을 정의하고 진단하는 서양의학의 경향이 이러한 분절적 관점을 추동해 왔으며, 이러한 경향은 철학의 문제다. 개별 대상을 확실하게 파악하는 인식론의 문제와 연결되어 있다. 이것은 또한 역사적 현상이다. 서양의학은 기본적으로 서구 학문의 역사 맥락 속에 있기 때문이다. 서양의학은, 그 사적 흐름 위에서, 비근대 서양의학과 근현대 서양의학으로 크게 나뉜다. 이 분절적 변화의 길목에 과학혁명과 계몽주의가 있었다. 그 이후의 의학은 과학과 접목되면서 인문학과 유리되는 과정을 거친다. 부뤼노 라투르(Bruno Latour 2009)는 이 과정을 보어와 홉스의 과학과 정치에 관한 논쟁을 통해 논의했다. 보어와 홉스 이후, 과학과 정치는 분절되어 지금에까지 이어지고 있다. 이것은, 라투르가 통찰하고 있듯이, 넓게는 자연과 문화의 분리이다. 라투르의 지적처럼, 이러한 분절의 경향은 진리 추구 과정에서 일어나는 자연스러운 현상이 아닌, 근현대라는 시대의 증상이다. 이러한 분리가 일상화되어 있는 것이 근현대라는 시대이며 그 분절적 시대 속에서 의료와 인문학, 자연과 문화의 분리를 우리는 자연스럽게 받아들인다. 이과와 문과를 열심히 나누는 한국에서 그러한 분절은 특히 일상적이다.

그러므로 서양의학에서 글루코스를 통해 당뇨병을 진단하고 치료하는 것은 단지 의료적인 것만의 문제가 아니다. 글루코스를 문제의 대상으로 지목한 데에는 세계의 대상을 특정 존재론으로 이해하는 형이상학적 배경이 있다. 이것은 또한 근현대라는 시대의 형이상학의 문제이므로 역사적 배경이 있다. 서양의학의 고혈중글루코스와 한의학의 소갈(消渴)을 같이 살펴보면 이러한 의료적인 것과 형이상학적인 것의 연결이 드러난다. 주지하다시피 당뇨병(즉, 고혈당증)과 소갈은 같은 질병으로 간주되곤 한다.[1] 하지만, 의료와 인문학의 연결 위에서 질병이란 무엇인가를 질문하면 두 질병의 차이

---

1 고혈당증은 당뇨병의 전문 의학적 용어인 High Blood Glucose의 번역어이다. 이 글에서는 서양의학의 관점을 좀 더 명확히 하기 위해 당뇨병보다는 고혈당증이라는 명칭을 주로 사용하고자 한다.

가 드러난다.

고혈당증은 말 그대로 혈관 내 당(즉, 글루코스)의 양이 정상범위를 벗어난 질병을 말한다. 통상 126mg/dL을 기준으로 그 미만을 정상, 그 이상을 질병으로 정의한다. 소갈은 수곡(水穀)으로 섭취된 기운이 제대로 쓰이지 못한 상태에서 '소'진 되고, '갈'증을 심하게 느끼는 질병을 의미한다. 소갈에는 글루코스를 특정하고 측정하여, 질병과 건강을 구분하고 글루코스 수치를 정상범위 안에서 제한하려는 치료의 관점이 없다. 소갈은, 글루코스를 통한 질병 이해와 다른 존재론적 바탕 위에서 질병과 건강을 구분하고 거기에 개입하려 한다. 소갈과 고혈당증은 같은 병이 아니다. 존재론적 전제가 다르기 때문이다. 이것은 하나의 질병을 문화에 따라 달리 보는 것이 아니라, 다른 질병을 달리 표현하는 것이다. 다른 존재론적 전제 위의 상이한 의료적 이해이며 표현이다. 차이 나는 형이상학적 전제 위의 "질병이란 무엇인가?"라는 질문에 연결된 의료'들'의 문제다.

또한, 고혈당증과 소갈에는 질병이라는 문제를 어떻게 아는가에 관한 인식론적 질문이 포함되어 있다. 증상이 비슷하더라도[2] 글루코스를 특정하고 수치로 측정하여 질병을 아는 것과, 소(消)하고 갈(渴)하는 상황을 통해 아는 것은 다르다. 상이한 존재론적 전제 위에서 다른 인식론적 방식으로 알고, 진단하고, 치료한다. 소와 함께 갈도 빨리 사라지는 현상을 공유한다. 수분이 머무르지 못하고 쉽게 말라 버린다. 이러한 속도의 문제를 나타나게 하는 몸 전체에서의 문제가 있을 것이다. 그 문제에 주목하여 진단하고 치료

---

2 고혈당증와 소갈을 등치시키는 논변에는 주로 비슷한 증상을 기준으로 하는 시선이 깔려 있다.

한다. 『동의보감』에서는 열과 화의 문제에 주목한다. 몸의 기운 중 열과 화가 득세하여 곡식을 빨리 태우고, 수분을 마르게 하는 것이다.

형이상학적 관점 위의 질병을 바라보는 방식이기 때문에 서양의학과 한의학 사이 치료도 달라진다. 혈중 당의 양으로 정의하는 서양의학의 고혈당 중에서는 말 그대로 높은 농도의 혈중 글루코스를 낮추려 한다. 정해진 정상범위 내에 두려 한다. 글루코스의 혈중 양 조절이 치료법의 핵심이다. 소갈에서는 소와 갈을 일으키는 원인을 파악하고 그것을 발현시키는 돌출된 열과 화를 다른 기운과 조화를 이룰 수 있도록 돕는다. 이와 같이 "질병이란 무엇인가?"에는 무엇을 문제로 보는가의 존재론적 질문, 어떻게 그것을 아는가의 인식론적 질문이 내재해 있다. 그 위에서 건강과 질병을 구분하고, 진단하고 치료한다. 다른 형이상학적 전제 위에서의 서양의학과 동아시아 의학은 진단과 치료가 다를 수밖에 없다. 질병이란 무엇인가의 질문도 달리 묻고 답해야 한다. 이와 같이 "질병이란 무엇인가?"라는 질문은 단지 의료에 관한 질문이 아니다. 의학과 인문학이 함께 짚어 보아야 할, 그야말로 의료인문학에 관한 질문인 것이다.

당뇨와 소갈을 통해 앞에서 예시하였듯이, 의료적인 것과 인문학적인 것의 연결의 문제에 대한 고찰은 복수의 의료를 함께 놓고 바라볼 때 용이하게 접근할 수 있다. 하나의 의료만을 바라볼 때 드러나지 않았던 논의의 지점들이 둘 이상의 의료를 함께 바라볼 때 드러난다. 이것은 그동안 다양한 지역의 의료를 연구해 온 의료인류학의 작업이었다. 전 세계 각 지역과 문화에서 실천되고 있는 의료들에 대해, 거의 빠짐이 없다고 할 정도로, 많은 연구가 인류학자들에 의해 진행되어 왔다. 인류학이 기본적으로 전제하는 '문화' 개념은 질병과 관련된 지식과 실천의 문제를 단지 의료의 문제로만 바라보지 않게 하는, 즉 보다 포괄적 컨텍스트 속에서 바라보게 하는 원동력이 되었다. 이러한 인류학의 의료에 관한 연구의 연장선 위에서, 이 글에서는 한의학에서 바라보고 개입하는 질병에 관해 기술하고자 한다. 또한 서양의학의 경우와 연결해서 논의하고자 한다.

2. 의서와 의료 실천

질병에 접근하는 방식은, 그에 대한 문서화인 '의서'에서 훌륭하게 드러난다. 그리고 그 의서를 사용하는 실천의 방식에서 질병 응대의 실체를 관찰할 수 있다. 이 글에서는 한의학의 대표적 의서 중 하나인『동의보감』을 중심으로 몸과 질병에 접근하는 한의학의 관점을 드러내고자 한다. 또한 그 의서를 실제 의료 행위에서 실체화시키는 동의보감학파들의 실천을 통해 "질병이란 무엇인가?"라는 질문에 접근해 보고자 한다.

한의학에서 의서의 중요성은 더 이상의 강조가 필요하지 않다. 『황제내경』의 의학 원론과 『상한론』이 제시하는 처방의 실제는 한의학의 근간을 이룬다. 이들 고전이 부재했다면, 한의학 또는 넓게는 동아시아의학 자체가 존재하지 않았거나 전혀 다른 의학으로 전개되었을 것이다. 『황제내경』과 『상한론』에 대한 역대 의학자들의 해석과 그 해석들의 물화로서의 후대 의서들은 한의학 및 동아시아의학에서 의서의 중요성을 확대 심화시켜 왔다.

동아시아의학에서 의서 관련 논의가 다양하게 진행되어 왔지만, 여전히 본격적 논의를 기다리는 주제들이 남아 있다. 네이선 시빈(Nathan Sivin)은 앞으로 동아시아의학 연구가 다루어야 할 내용에 대해 논한 적이 있다(Sivin, 1998). '사회사와 지식사의 연결(The Integration of Intellectual and Social History)', '이론과 실천(Theory and Practice)', '지역연구(Local Studies)', '변화에 대한 설명(Explaining Change)', '의료다원주의(Medical Pluralism)', '젠더 · 종족그룹 · 사회계급(Gender, Ethnic Group and Social Class)', '환자의 경험(The Experience of Patients)', '진료 현장의 협상(Negotiation in Medical Encounters)', '의료 실천의 경제학(The Economics of Medical Practice)', '직능단체(Occupational Organization)' 등이 그가 열거하는 연구 주제들이다. 그중에서 이 글이 주목하는 부분은 '이론과 실천'이다. 시빈은 이론과 실천의 이슈를 거론하며, 동아시아의학에서 특히 이 주제와 관련된 본격적 연구가 거의 없었다고 지적했다. 본 연구는, 의서 텍스트의 이론적 논의와 실제 진료 실천의 관계에 대해 논의함으로써 이러한 비어 있는 연구 영역을 채워 나가는 데 일조하고자 한다. 이것은 또한 이 글의 주제인 "질병이란 무엇인가?"를 고찰하는 작업이 될 것이다.

의서에서 문자화되어 있는 이론과 실제 의료 실천(medical practice)의 관계가 동아시아의학의 흥미로운 연구 주제라는 것은, 또한 "질병은 무엇인가?"라는 질문과 연결되어 있다는 것은, 『황제내경』을 살펴보면 잘 드러난다. 『황제내경』은 동아시아의학의 근간이 되는 고전으로 알려져 있지만, 주지하다시피 임상 현장에서의 직접적 실천과는 거리가 있다. 제시하고 있는 약 처방이 거의 없다는 사실이 『황제내경』과 의료 실천의 간극을 예시한다. 구체적 실천에 대한 논의라기보다는, 관점에 따라서는 인간의 몸과 질병을 논한 철학서 같기도 하고, 혹은 기상학 서적 같기도 하다(김태우, 2019). 하지만, 의학자들과 역사학자들은, 과거에도 현재에도 이 '특이한' 텍스트를 동아시아의학에서 가장 영향력 있는 의서로 손꼽아 왔다. 『황제내경』의

텍스트와 그 텍스트를 바탕으로 한 동아시아 의료 실천은 어떠한 관계가 있는가? 그리고 그것은 동아시아의 '질병'과 어떤 관계가 있는가? 실제 실천과 거리가 있는 『황제내경』과 가장 권위 있는 『황제내경』이 병존하는 '모순적인' 상황은, 동아시아의학의 의서를 연구하는 데 실천에 대한 연구가 필수적이라는 것을 의미한다. 동아시아의학 텍스트와 의료 실천 사이에 가시적 간극이 존재한다면, 그 사이를 메우는 연구를 통해 동아시아의학에 대해 더 풍부하고 구체적인 논의를 할 수 있을 것이기 때문이다.

물론 동아시아의학에서 『황제내경』과 같은 의서만 있는 것은 아니다. 『상한론』같이 실제 처방을 제시하는 의서도 다수 존재한다. 처방을 통해 직접 질병에 대처하는 방식을 드러내는 의서들도 적지 않다. 하지만, 구체적 실천과 직접적 연관이 있는 의서라고 하더라도 텍스트와 실천의 이슈는 여전히 동아시아의학 연구에 상존한다. 이것은 동아시아의학의 고전 의서가 지속적으로 임상에서 사용되고 있는 텍스트라는 사실과 깊이 연관된다. 서양의학의 역사에서 『히포크라테스 전집』과 『파브리카』는 지금의 의료 실천과 유리된 채 역사 속에서 존재한다. 하지만, 2천 년[3] 된 『상한론』, 4백 년이 된 『동의보감』은 지금 의료 실천 속에서 여전히 존재한다. 그러므로 동아시아 의서의 역사는 진행형이며, 그 역사를 진행형이게 하는 것은 과거 의서와 당대 의료 실천 사이의 교감의 지속성 때문이다.

『동의보감』이 『역시만필』의 저자에 의해 해석되고 실천될 때, 그것은 17세기 초(1613) 발간된 『동의보감』과 18세기 초 『역시만필』의 시대 사이 100

---

3 저자로 알려진 한나라 장중경의 생몰 연대를 바탕으로 한 『상한론』의 편찬 시기 추정이다.

년을 넘어선 교감의 결과다(이기복, 2013; 전종욱, 2017a). 『경보신편』은 『동의보감』 발간 시대와 더 거리가 있는 시대 사이의 교감의 기록이다(구민석 외, 2017; 전종욱, 2017b). 동아시아 의서는 이러한 교감을 통해 해석과 재해석의 역사적 실천의 장 속에 존재한다. 그러므로 의서와 그 해석을 통한 교감, 그리고 교감의 결과물로서의 의료 실천은 한의학에서 간과할 수 없는 중요 주제이다. 이 연결성이 이 글에서 고전 의서를 주목하는 중요한 이유 중 하나다. 여전히 사용되고 있는 고전 의서를 실체화하는 방식을 통해 질병에 대응하는 동아시아의 방식이 드러날 것이며, 이것은 "질병이란 무엇인가?"에 대한 의미 있는 논의의 지점들을 제시해 줄 것이다.

이 글은 지금까지의 『동의보감』 관련 의안, 의안집에 대한 연구의 연장선 위에서, 17세기 『동의보감』과 21세기 한의학 사이의 교감을 고찰하여 그 진행형인 질병에 대한 대응을 논해 보고자 한다. 이를 위해 이 글은 문헌 조사와 함께 인류학적 방법론을 인용하였다. 본 연구가 인류학의 현지조사 방법론을 사용하는 것은, 무엇보다도 의료 실천의 실제를 드러내기 위해서이다. 의료 실천에 대한 의안과 같은 기록들은, 의서와 의료 실천에 대해 소중한 자료를 제공하지만 그 역시 문자화된 자료이다. 하지만 의료 실천에서 문서화가 쉽지 않은 영역도 분명히 존재한다. 문자로 표현되지 않는 부분이 많은 동아시아의학은 특히 그러하다.[4] 본 논문은 현지조사 방법론을 인용하여 문서화된 『동의보감』이 현장의 의료 실천에서는 어떻게 발현되는지 보다

---

4 주디스 파쿼(Judith Farquhar)는 동아시아의학에서, 특히 경지에 이른 의료 실천은 말과 문자로 전달이 용이하지 않다고 주장한다. 이와 관련해서는 (Farquhar, 1994), (Kim, 2017) 참조.

구체적으로 고찰해 보고자 한다. 이를 통해, 한의학에서 질병이란 무엇인가에 대해 보다 구체적으로 접근할 수 있을 것이다.

3. 학파 현상, 한국 한의학의 학파들, 그리고 방법론

지역과 문화를 떠나서, 지식/실천의 전달과 구체화에서 학파의 존재는 어렵지 않게 목격된다. 과학을 논하는 토마스 쿤의 『과학혁명의 구조』에서도 학파에 대한 논의는 존재한다(쿤, 2013). 하지만, 근대 이후 서구에서는 학파 현상이 불분명해지는 방향으로 지식과 실천의 역사가 전개되었다. 의학에서도 병리해부학의 탄생 시기에 프랑스의 임상의학은 파리학파라고 불리었지만, 그 병리해부학을 중심으로 근대 서양의학이 재편되면서 지금은 더 이상 학파라는 이름을 사용하지 않는다. 이와 달리, 한의학에서는 여전히 학파가 존재한다. 본 논문에서는 한의학 학파를 '의론(醫論)과 의료 실천을 공유하는 의료사회공동체'라고 정의하며, 그 의론과 의료 실천이 가시적인 차이를 보일 때 별도의 학파라고 구분한다. 통상 그 차이는, 주로 연구하는 고전 의서 · 스승 · 진단 및 치료 방식 · 각 학파에서 발간한 서적을 통해서 드러난다. 이러한 관점에서 지금 한국의 경우 황제내경학파 · 상한론학파 · 동의보감학파 · 사상의학학파 · 의학입문학파 등 다양한 학파가 존재한다. 각각의 학파 내부에도 학파'들'이 존재하여, 복수의 황제내경학파들, 복수의 상한론학파들, 복수의 동의보감학파들이 존재한다. 어떻게 하나의 텍스트를 연구하는 복수의 학파가 존재할 수 있는가? 이것은 한의학의 전근대적 성격이 아니라, 한의학의 지식과 실천의 구조에 대해 짚어 볼 수 있는 논의의 지점으로서의 의미가 있다. 학파가 나뉘는 것은 한의학, 나아가 동아시아의학의 중요한 특징이며, 이를 통해 한의학에서 문자화된 의서와 실제 의료 실천 사이의 관계를 짚어 볼 수 있는 현장을 제공한다. 이에 대한 연구를 통해 한의학에서의 질병, 그리고 그 질병 대응의 방식에 대해서 짚어 볼 수 있는 기회를 가질 수 있다.

근대 이전에 주로 사용했던 학파라는 용어를 지금 한의학에 대한 논의에 사용해야 하는가 하는 의문이 있을 수 있다. 본 글에서 학파라는 용어를 견지하고자 하는 것은, 동아시아의학 지식은 서구 기원의 (특히, 근대 이후의) 의학 지식과 다른 구조를 가지며 그러한 이유 때문에 다양한 학파가 존재한다는 것을 강조하기 위해서이다. 서구에서는 근대 서양의학이 탄생하면서 학파의 다양성이 존재하기 어려운 방식으로 지식이 재구성되었지만, (이 논문에서 앞으로의 논의를 통해 더욱 명확해지겠지만) 역사와 사유의 방식이 상이한 동아시아의학에서는 이러한 경험을 하지 않았으며, 이 차이가 동아시아의학에서 여전히 복수의 학파를 존재하게 한다. 그러므로 한의학의 학파는 전근대적 성격으로 치부될 것이 아니라, 적극적 고찰이 필요한 의료-지식-사회 현상이다. 한의학에서는 의서와 의료 실천의 관계가 학파의 다양성과 직접적으로 연결되므로, 그러한 연결을 강조하기 위해 이 글에서는 학파라는 용어를 적극적으로 사용하고자 하며, 이를 통해 연구 주제로서의 학파의 의미를 강조하고자 한다.

동아시아의학을 연구하는 인류학자들은, 현장연구를 통해 의료 실천을 연구해 왔다. 미시적 현상과 거시적 조건들의 연관을 강조하는 인류학은, 현장의 (미시적) 의료 행위에 대한 참여관찰과 인터뷰를 통해 그 의료 실천을 구성하게 하는 (거시적) 역사적 · 사회적 · 문화적 지식의 조건들에 주목한다. 즉, 인류학 연구에서는 현지의 실천에 체화된 거시적 조건들을 읽는 것이 중요한 작업의 하나이며, 의료 관련 연구에서는 이러한 관계성을 통해 역사·사회·문화·지식의 조건 위에서의 의료 행위에 대한 독법이 가능하게 된다. 이러한 가능성을 구체화하며, 주디스 파쿼(Judith Farquhar, 1994)는 중국 광저우 중의학병원에서의 장기간의 현지조사를 통해 중의학이 실제 어떻게 진단하고, 변증하고, 치료하는가를 그려냈다. 포커 샤이드(Volker Scheid, 2002)는 중의사의 진료 실천을 참여관찰 하여, 하나의 처방이 어떤 역사적·사회적 조건 속에서 만들어지는지를 보여주었다. 얀후아 쟝(Yanhua Zhang, 2007)은 중의학병원 진료실에서 진행되는 의사와 환자 사이의 대화를 집중 분석하여, 동아시아의학에서 정신/감정 관련 문제가 현재 중의학에서 어떻게 인식되고 치료되는지를 구체적으로 제시했다. 지금까지의 인류학적 연구의 성과를 바탕으로, 본 논문에서는 인류학적 현지조사 방법론을 인용하여 의서 속에 문서화된 동아시아의학의 이론과 지식이 실제 의료 실천과 어떻게 관계 맺는지를 논해 보고자 한다. 이를 통해 한의학에서 질병은 무엇이며, 그 질병 현상에 대해 동아시아에서는 어떻게 대응했는지 고찰하고자 한다.

한의학 텍스트와 의료 실천의 상호작용과 질병의 문제를 읽기 위해, 본 논문이 주목하는 것은 복수의 동의보감학파다. 현동학당·병인론학회·형상학회라는 한국 한의학의 대표적 동의보감학파들을 통해 『동의보감』이라는 400년 전 의서가 지금 실천되고 있는 방식을 드러내고자 한다. 당대 한국의 한의학에는, 이들 세 학파 외에도 『동의보감』을 통해 처방하는 한의사들이 다수 존재한다. 그럼에도 불구하고 위의 세 학파를 선택한 이유는, 이들 동의보감학파에서 한의학적 접근 방식을 견지하려는 경향성이 뚜렷하기 때문이다. 서양의학적 지식을 배제하는 것은 아니지만, 이 세 학파 소속 한의사들은 실제 진단과 치료에서『동의보감』의 논리를 통한 한의학적 접근을 적극적으로 실천하고 있다.『동의보감』을 활용하는 방식이 다양한 상황에서,[5] 이들 학파의 이러한 경향성은 동아시아 의서(여기서는『동의보감』)와 의료 실천의 관계에 대한 연구에 고무적인 현지를 제공한다.

현지조사를 위해서 필자는 현동학당, 병인론학회, 그리고 형상학회 소속 한의원에서의 참여관찰 및 한의사와의 인터뷰를 진행하였다. 각 학파가 주최하는 한의사회원 대상 강의, 한의대생 캠프 등 지식 전달의 장에서도 현지조사를 진행하였다. 필자가 진행한 동의보감학파 밖의(즉, 황제내경학파, 사상의학학파, 상한론학파, 의학입문학파, 사암침학파들에 대한) 현지조사들도, 비교의 관점으로 동의보감학파들을 바라보게 함으로써 본 논문의 논의를 위해 의미 있는 기여를 하였다.[6] 이어지는 본문에서는, 각 학파의 의료 실천의 특징에 대한 기술과 함께 현장연구를 통해 조사한 실제 진료 케이스를 제시하였다. 진료 케이스들은 각 학파의 의료 실천을 구체적으로 드러내는 데 기여할 것이다.

---

5 예를 들면, 동아시아의학의 진단과 변증의 접근법을 배제한 채,『동의보감』을 처방을 찾는 색인으로 활용하는 경우도 있다.
6 동의보감학파 외의 학파 연구와 관련해서는 (김태우, 2013; 2018), (Kim, 2016) 참조.

4. 동의보감학파들의 의료 실천과 질병에 대한 접근들

〈현동학당〉

현동학당은 한의사 김공빈을 중심으로 1993년에 시작된 동의보감독회모임에서 시작되었다. 현동 김공빈 선생은[7] 동의보감과 함께 풍수, 명리, 태극권을 포괄적으로 공부한 것으로 유명하다.[8] 1997년에 현동학당이 설립되어, 구체적 교육 프로그램을 통해 한의사 및 한의대생들과 『동의보감』의 지식과 실천을 공유하고 있다.[9] 현동학당에서 발간한 저서로는 『찬도방론맥결집성(纂圖方論脈訣集成)』(2005), 『하늘기운을 닮아가는 우리 몸: 도인(導引)으로 풀어쓴 동의보감』(2012), 『현동의감(玄同醫鑑)』(2017) 등이 있다.[10]

현동학당 진료 실천의 특징은 진단의 과정에서 잘 드러난다. 현동학당에서는 동아시아의학 진단의 사진[四診: 망진(望診, 보아서 아는 진단), 문진(聞

---

7   본 논문에서 '선생'은 경칭이라기보다는 한 학파를 이끄는 스승의 위치에 있는 사람을 지시하는 용어로 사용하였다.

8   필자와의 인터뷰에서도 현동 선생은 풍수, 명리, 태극권을 배운 다양한 경험을 언급하였다. 그러한 경험은 본인이 한의학을 이해하는 데 크게 도움이 되었다고 강조했다. 모두 음양오행과 같은 동아시아의학의 근본 개념에 기초하고 그것을 땅과 미래의 가능성과 무술에 적용시키기 때문이다.

9   현동학당의 교육 프로그램은 세 단계(초급, 중급, 고급)로 되어 있는 강의와 임상실습, 한의대생을 위한 방학특강, 전체 회원이 참여하는 회강으로 구성되어 있다. 이 중 첫 번째의 강의와 임상실습 프로그램이 주된 지식 전달 체계라고 할 수 있다. 초급, 중급, 고급의 각 단계는 1년씩 진행되어 현동학당을 수료하는 데 총 3년이 소요된다.

10 현동학당에서 발간한 서적들을 보면, 그 학파의 방향성이 드러난다. 앞으로 더욱 분명해지겠지만, 맥을 강조하는 현동학당의 경향은 허준의 맥학서(『찬도방론맥결집성』)에 대한 번역으로, 또한 『동의보감』 내용을 제대로 드러내기 위한 노력은 『하늘기운을 닮아가는 우리 몸: 도인으로 풀어쓴 동의보감』, 『현동의감』(현동 선생의 동의보감 강의)의 출간으로 표현되고 있다.

診, 들어서 아는 진단), 문진(問診, 물어서 아는 진단), 절진(切診, 촉감해서 아는 진단)] 중에서 절진 즉, 맥진을 강조한다. 맥진이 '강조'될 뿐, 맥진만 하는 것은 아니다. 망진(望診), 문진(聞診), 문진(問診)도 두루 진단을 위해서 두루 사용된다. 하지만, 그중에서 맥진에 방점이 있다. 현동 선생의 한의원이나 학파 소속 한의원의 진료 현장에서는 맥진 강조가 어렵지 않게 목격된다. 특히, 진료실 상담의 처음 순간에 잘 드러난다. 간단한 인사를 나누고, 환자가 자리를 잡으면, 한의사는 바로 "진맥 먼저 하겠습니다."라고 선언한다. 다양한 학파에서의 필자의 현장연구는 이러한 장면이 중요한 대목임을 드러내 주었다. 학파에 따라 망진을 강조하기도 하고, 묻고 답하는 문진(問診)을 강조하는 경우도 있다. 현동학당에서는 그중에서 맥진을 강조한다는 것을 이러한 '선언'이 보여주고 있는 것이다.

한의사들과의 인터뷰에서 "진맥 먼저 하겠습니다."라고 먼저 말하고 진단을 시작하는 이유를 알 수 있었다. 문진(問診)을 먼저 하게 되면, 묻고 답해서 아는 정보들을 통해 환자의 병증에 대해 생각하게 되고, 그러한 생각이 맥진에 영향을 줄 수 있기 때문이다. 즉, "진맥 먼저 하겠"다라는 선언은 정확한 맥진을 위해 선입관을 방지하는 작업이라고 할 수 있다. 맥진을 마치고 나면 문진(問診) 세션으로 이동한다. 이 과정에서 한의사는 맥진에서 알게 된 환자의 상태와 문진에서 알게 된 정보를 종합하여 진단을 하게 된다.

현동학당에서 맥진을 강조하는 이유는 다름이 아니고, 바로 『동의보감』에서 강조하고 있기 때문'이다. 『동의보감』의 맥진 강조는 그 구성에서 드러난다. 『동의보감』은 「내경편」, 「외형편」, 「잡병편」, 「탕액편」, 「침구편」의 다섯 편(篇)으로 되어 있다. 각 편은 다시 다수의 문(門)으로 나뉘어져 있다. 예를 들면, 「내경편」은 신형문, 정문, 기문, 신문, 혈문, 몽문, 성음문, 언어문, 진액문, 담음문 등으로 구성된다. 「잡병편」의 경우 천지운기문, 심병문, 변증문, 진맥문… 풍문, 한문, 서문, 습문, 조문, 화문, 내상문, 허로문, 곽란문, 구토문, 해수문, 적취문 등으로 되어 있다. 제목이 명시하는 것과 같이 각 문에서는 『동의보감』이 바라보는 몸에 대한 관점과 구체적인 의료 이슈를 다루고 있다. 각 문은 다시 논의의 흐름에 따라 다양한 소제목으로 나뉘어져 있다. 현동학당의 의료 실천 특징 측면에서 주목할 부분은, 대부분의 문에 '맥법'이라는 소제목이 있다는 것이다. 예를 들면, 「내경편」 정(精) 문의 경우 '정위신본(精爲身本, 정은 몸의 근본이 된다)', '정위지보(精爲至寶, 정은 지극한 보배다)', '오장개유정(五藏皆有精, 오장에 모두 정이 있다)'의 소제목과 그 내용이 있고, 그다음에 '맥법(脈法)'이 뒤따른다.[11] 그리고 '맥법' 뒤로 '정의비밀(精宜秘密, 정은 굳게 지켜져야 한다', '절욕저정(節慾儲精, 욕망을 줄여서 정을 모은다)' 등이 이어져 있다. 인터뷰에서 현동 선생은, 그 구조를 살펴보면 『동의보감』이 강조하는 내용을 알 수 있다고 하였다. '맥법'이라는 섹션의 배치가 그중의 하나라고 한다. 즉, 『동의보감』 각 문에서는 '맥법' 이전에는 총론, 그 이후에는 구체적 병증과 처방이 뒤따르는 구조로 되어 있다. 위 정문의 경우 '정위신본', '정위지보', '오장개유정'까지는 정에 대한 전반적 설명 부분에 해당한다. 즉, 우리 몸의 구성체로서의 정의 중요성, 오장의 정에 대한 내용으로 구성되어 있다. '맥법' 이후 '정의비밀'과 '절욕저정'에서는 정이 지켜지지 못할 때, 정이 병적으로 소모될 때의 문제점을 거론하면서 정과 관련된 질병 현상에 대한 논의를 본격적으로 시작한다.

「잡병편」의 각 질병에 대한 논의에서, '맥법'을 사이에 두고 총론이 앞에

---

11 『동의보감』 각 문의 소제목 번역은 『대역동의보감』(윤석희 외 역, 2005)을 참조하였다.

있고 각론이 뒤따르는 『동의보감』의 체계는 더욱 가시화된다. 소갈(消渴)문은 '소갈지원(消渴之源, 소갈의 원인)', '소갈형증(消渴形證, 소갈의 형증)', '맥법(脈法)', '소갈유삼(消渴有三, 소갈에는 세 가지가 있다)', '식역증(食㑊證)' 등의 섹션으로 구성되어 있다. 구토문은 '구토지인(嘔吐之因, 구토의 원인)', '맥법(脈法)', '구토치법(嘔吐治法, 구토의 치료법)', '오심건구(惡心乾嘔, 오심과 헛구역질)' 등으로 되어 있다. 내상(內傷)문의 경우 '식약료병(食藥療病, 음식과 약으로 병을 치료한다)', '수곡위양명지본(水穀爲養命之本, 수곡은 생명을 기르는 근본이다)', '수곡지정화음양행영위(水穀之精化陰陽行榮衛, 수곡의 정은 음양으로 변화되어 영위를 운행한다)', '내상유음식상노권상이인(內傷有飮食傷勞倦傷二因, 내상에는 음식상과 노권상이 있다)', '맥법(脈法)', '식상증(食傷證)', '식상치법(食傷治法, 식상의 치료법)' 등의 순서로 되어 있다. 이와 같이, '맥법'을 중심으로 그 질병에 대한 총론과 구체적 병증/치료법으로 나누어져 있는 구조가 「잡병편」에서도 드러난다. 『동의보감』의 각 문의 이러한 구조는, 진단을 통해 치료법을 정할 때 맥진의 결정적인 중요성을 의미한다고 현동학당에서는 강조한다. 이와 같이, 구조에서 파악한 『동의보감』 저자의 뜻을 받아들여 맥진을 강조하는 현동학당의 진단 체계가 갖추어진 것이다.[12]

  현동학당 회강(會講)에 대한 현지조사는, 그 학파의 맥진에 대한 강조를 분명하게 보여주었다. 일 년에 두 번 여름과 겨울에 학회 소속 한의사와 한

---

12 『동의보감』 편찬 체계가 의미하는 바를 충분히 접수하여 맥진을 강조하는 현동학당의 방식은 동의보감학파의 당연한 방식이라고 말할 수 있다. 하지만, 동아시아 의서에 대한 독법은 하나만 존재하는 것이 아니기 때문에, 당연하게 보이는 현동학당의 독법이 그 학파의 특징이 되기도 한다. 앞으로의 병인론학회와 형상학회에 대한 논의를 통해, 현동학당의 『동의보감』 독법의 '특징'은 더욱 명확해질 것이다.

의대생들이 함께 자리하는 전체 회강은 1박 2일로 진행된다. 회강의 전체 프로그램은 맥진을 위한 시간들로 구성되어 있다. 먼저, 맥에 대한 현동 선생의 강의가 진행된다. 다음, 맥을 직접 짚어 보는 실습 시간이 뒤따른다. 실습을 하는 조는 통상 4~5명으로 구성된다. 각 조는 임상 경험이 풍부한 한의사 한 명과 신참자들로 구성되며, 다음의 순서에 따라 맥을 직접 경험하는 실습을 한다. 먼저 조원 중 한 명의 맥을 조원들이 모두 짚어 본다. 그리고 그 맥이 어떻게 뛰는지를 각자 표현해 본다. 그리고 그것이 『동의보감』에서 논하는 맥상(脈象)[13] 중 어떤 맥상인지를 같이 찾아가는 과정으로 실습이 진행된다. 여기서 경험 많은 한의사의 가이드가 중요한 역할을 한다.

현동학당의 맥에 대한 강조와 맥 공부는 임상 현장에서 효력을 발휘한다. 앞에서 언급한 바와 같이 환자가 진료실에 들어서면 '진맥 먼저' 한다. 진맥을 통해 한의사는 환자의 몸이 드러내는 맥상을 인지한다. 뒤따르는 문진(問診, 묻고 답하는 진단)은 진맥과 환자의 모습에서 드러나는 망진의 결과에 따라 그 방향이 정해진다.[14] 맥진이 끝나면, 비로소 "어디가 아파서 오셨나요?" 하고 묻는다. 필자가 현장연구를 통해 현동학당 소속 한의원에서 접한 진료 케이스가 있다. 맥진 뒤 "어디가 불편해서 오셨습니까?"라는 질문에, 20대 여성 환자는 "허리요."라고 대답했다. 한의사는 이미 진행한 맥진을 바

---

13 동아시아의학에서는 부맥, 침맥, 지맥, 삭맥, 허맥, 실맥, 홍맥, 세맥 등등의 맥상이 있다. 의서에 따라 맥상의 이름과 수는 다소 차이가 있다. 『동의보감』은 27맥상을 바탕으로 한다.
14 진료실의 장면에서 잘 드러나지는 않지만 맥진과 망진은 함께 진행된다. 환자가 진료실에 들어서면, 환자를 바라보는 시선에 의해 망진은 자연스럽게 일어난다. 현동학당에서는 망진에서 특히 색(色)을 강조하는 경향이 있다. 그리하여, '색맥합참'이라고 하여, 색과 맥을 합해서 진단하는 것을 배우고 또한 실천한다.

탕으로 요통의 원인에 대해 어느 정도 방향성을 잡고 문진을 한다. 『동의보감』에서는 요통을 여러 가지로 분류하고 있는데,[15] 각각의 요통에 따라 맥의 경향이 다르게 나타나게 된다. 이 환자는 음식상(飲食傷)과 관련된 맥이 잡힌 경우다. 그래서 음식상과 관련된 질문이 문진 시간 질문의 주를 이루었다. "식습관 괜찮으세요?" "하루에 드시는 것 좀 말씀해 주세요. 아침 드세요?" "점심, 저녁은요?" 이 질문들에 대하여, 환자는 "(아침) 안 먹을 때가 더 많아요." "(점심, 저녁도) 안 먹을 때가 많아요."라고 답했다. 환자의 답변을 통해 한의사는 음식상과 관련된 요통이라는 것을 확정한다. 음식상과 관련된 맥이 잡힐 때와 신허(腎虛)와 관련된 맥이 잡힐 경우에는 문진에서 물어보는 질문이 달라지게 된다. 이와 같이, 현동학당에서는 맥이 진단과 치료의 중요한 포인트가 된다. 위 음식상과 연결된 요통 환자는 침치료를 원하였으므로, 진단 후 치료를 통해 비위의 문제를 조절할 수 있는 침치료가 진행되었다.

현동학당의 의료 실천이 드러내는 논의의 지점 중 하나는, 한의학에서 질병을 바라보는 관점과 맥의 관계이다. 맥이 흐름과 관련된 문제를 짚어 내는 데 강조점이 있다는 것을 고려한다면, 한의학에서 질병은 흐름에 관한 것이라고 말할 수 있다(김태우, 2021). 이것은 서양의학의 질병에 대한 관점과 차이 나는 부분이다. 고혈당중의 글루코스나, 고지혈증의 콜레스테롤, 또는 암의 암세포 등 특정 가능한 몸속의 물질이나 세포를 강조하여 진단하고 질병을 아는 방식과 차별화된다. 맥을 짚는 것이 흐름을 읽는 것이라면,

---

15 십종요통이라고 하여, 신허요통 · 담음요통 · 식적요통 · 좌섬요통 · 어혈요통 · 풍요통 · 한요통 · 습요통 · 습열요통 · 기요통의 열 가지 요통으로 분류하고 있다.

질병 또한 흐름에서의 드러나는 현상을 통해 고찰될 수 있는 무엇이다. 물질을 지정하고 생체의 일부분을 특정하는 방식과 차이가 난다. 이와 같이 한의학 학파들의 실천을 짚어 보면, 한의학에서 질병은 무엇인가에 관해 다측면에서 논의할 수 있는 가능성이 열린다.

다른 학파의 실천을 살펴보면 이를 통해 더 폭넓은 논의가 가능하다. 『동의보감』은 종합 의서이다. 『동의보감』 출간 시기까지의 동아시아의학의 주요 내용을 포괄하고 있어서 분량도 상당하다. 진단을 바탕으로, 『동의보감』이 제시한 수많은 치료법 중 최선의 치료법을 선택하는 것은 쉬운 일이 아니다. 현동학당의 진료는 『동의보감』이라는 의학 지식의 바다에서 치료라는 목적지로 가는 하나의 방식을 예시한다. 학파의 분류는 여기서 갈린다. 앞으로 살펴볼 병인론학회, 형상학회는 다른 방식을 가지고 있다.

〈병인론학회〉

병인론학회는 1999년에 만들어진 동의보감연구회 활동에서부터 시작된 학회이다.[16] 병인론학회를 이끈 사람은 한의사 김구영 선생이다. 그는 본인이 바라본 『동의보감』에 대한 관점을 통해, 학회 결성 이전부터 정평이 나 있는 강의를 하였고 그 관점에서 병인론(病因論)을 주창했다. 2004년 대한병인학회를 창립하여 병인론의 관점을 전파하기 위해 본격적인 활동을 했다. 2014년 김구영 선생의 갑작스런 사망 이후에 학회가 위축된 경향이 있지만,

---

16 한국의 한의학 학파들은 통상 '학파'보다는 '학회'라는 명칭을 가지고 있다. 다음에 논의할 형상학회, 황제내경학파인 소문학회, 사상의학학파인 체형사상학회, 상한론학파인 상한금궤학회 등 '학회'라는 명칭을 주로 사용하고 있다.

기존 학회 회원들과 제자들을 중심으로 활동이 지속되고 있다. 병인론학회에서 출간한 책으로『병인론(病因論)』(2001)과『화론(火論)』(2007)이 있다.[17]

병인론학회는 말 그대로 병의 원인을 중심에 둔다. 흥미로운 것은, 병인론학회에서 병인을 강조하는 것은 현동학당에서의 맥진 강조와 이유가 같다는 것이다. 즉, 병인론학회에서는『동의보감』에서 강조하고 있기 때문에 병인을 강조한다고 한다.『동의보감』의 병인 강조는 「잡병편」의 구성에서 잘 드러난다. 예를 들어 「잡병편」 적취(積聚)문의 경우, '적취지인(積聚之因, 적취의 원인)', '논오적육취(論五積六聚, 오적과 육취를 논함)', '복량유이증(伏梁有二證, 복량(병명)에는 두 가지 증이 있다)'으로 구성되어 있다. 부종(浮腫)문은 '부종지인(浮腫之因, 부종의 원인)', '부종지조(浮腫之兆, 부종의 징조)', '부종형증(浮腫形證, 부종의 형증)' 등으로, 창만(脹滿)문은 '창만지원(脹滿之源, 창만의 원인)', '창만형증(脹滿形證, 창만의 형증)', '맥법(脈法)' 등으로, 소갈문은, 앞에서 언급한 바와 같이 '소갈지원(소갈의 원인)', '소갈형증(소갈의 형증)', '맥법' 등으로 구성으로 되어 있다. 이와 같이 각각의 질병 문에 '인(因)'이나 '원(源)'을 앞에 내세워 그 원인을 논의의 시작점으로 삼고 있다. 잡병편이 아니더라도『동의보감』의 병인 강조는 두드러진다.

현동학당과 병인론학회 공히『동의보감』의 강조점을 취하여 그 학파의 방향성을 잡고 있지만, 그 구체적 방식을 짚어 보면 가시적인 차이가 드러난다. 현동학당이 맥진을 강조하는 것은 그것을 통해『동의보감』이 제시하고 있는 진단과 치료의 방식을 따라갈 수 있다는 이유 때문이다. 이와는 다

---

17 『병인론』과『화론』은 모두 김구영 선생의 강의록을 정리한 책이다. '병인론'으로 바라보는 질병 치료의 이론과 예시로 구성되어 있다.

르게, 병인론학회는『동의보감』의 방식을 그대로 쫓기보다는『동의보감』의 내용을 바탕으로 하나의 새로운 체계를 구축하고자 한다. 그리고 그것이 너무 복잡하지 않고, 한의사들이 비슷하게 진단하고 비슷하게 치료할 수 있는 체계를 추구한다.[18]

이러한 관점을 보여주는 것이, 병인론의 체계를 이루는 병인의 카테고리들이다. 병인론학회에서 주로 사용하는 질병 원인의 카테고리는 칠정(七情)·식체(食滯)·노권(勞倦)·담음(痰飮)·신허(腎虛)·어혈(瘀血) 등이다. 병인론학회는 이들 범주를 가지고『동의보감』을 재구성했다고 할 수 있다.[19] 예를 들면, 식체(혹은, 식적)와 관련된 원인을 모아서 재정렬한 구조를 가지고 있다. 그리하여『동의보감』「외형편」요문에 등장하는 식적요통, 「잡병편」해수문에 나오는 식적수(食積嗽, 식적에 의한 기침), 그리고 「내경편」기문에 있는 식적에 의한 기울(氣鬱, 기의 울체)이 식적 병인의 카테고리 아래에 모여 있는 체계를 이룬다. 그 외 칠정·노권·담음·신허의 카테고리도 이러한 방식으로 재구성되어 있다. 또한, 병인론학회 소속 한의사들과의 인터뷰에 따르면 각각의 병인에서 두드러진 증상을 제시하여 병인을 찾아갈 수 있도록 병인론은 구조화되어 있다. 예를 들면, 한열왕래(열이 오르는

---

18 김구영 선생은 한의사들의 진단이 너무 다양하고, 한의사들 간의 의사소통이 어려운 상황에 대해 문제의식을 가지고 있었다고 한다(김정원, 2017).
19 이들 범주는 병인론학회의 관점을 드러낸다. 이 병인 목록에는 한의학의 주요 질병 원인인 외감(外感)이 빠져 있다는 것을 알 수 있다. 20세기에 설립된 학파로서 현대인에게 중요한 병인을 주요 논의 대상으로 삼았고 그것이 특정 병인들에 대한 강조로 나타났기 때문이다. 병인론학회 소속 한의사와의 인터뷰에 따르면, 외감도 중요한 병인이지만, 김구영 선생은 다른 주요 병인에 비해 외감을 크게 강조하지 않았다고 한다.

것과 추워지는 것이 왔다 갔다 하는 증상)를 칠정의 주 증상으로, 아침에 일어나기 힘든 것을 신허의 주 증상으로, 가슴이 두근거리고 답답하고 숨이 차는 것을 담음의 대표적인 증상으로 본다.

병인론학회에서는 기저에 있는 원인을 찾고, 그 원인에 대해 의료적으로 개입하면 효과를 볼 수 있다고 주장한다. 문제는 그 근본 원인을 찾는 방식이다. 병인론에서는 병인을 찾기 위해서 망문문절(望問聞切)의 사진 중 문(問)진을 강조한다. 김구영 선생은 근본 원인을 찾기 위해 두 종류의 질문을 해야 한다고 하였다. 첫째는 언제부터 주 증상이 시작되었는가에 대한 질문이다. 둘째는 어떠한 경우에 그 증상이 심해지는가에 대한 질문이다. 이러한 문진들을 통해 병의 근본 원인을 찾아야 한다고 강조하였다. 김구영 선생의 저서 『병인론』(김구영, 2001)에 제시되어 있는 다양한 임상 케이스들은 원인을 찾는 것의 중요성을 보여준다. 예를 들어, 윗입술이 심하게 가려운 피부병을 앓는 여성의 케이스가 있다. 부은 부위가 빨갛고 심하게 부어 있어서 마스크를 착용하고 한의원을 내원한 중년의 환자는, 피부과에 한 달간 다녔는데 효과를 보지 못했다고 하였다. 문진 끝에 한 달여 전에 특정 음식을 먹고 주 증상이 시작되었다는 것을 알게 되어 식적 관련 약인 평위산(平胃散)을 처방하였다. 피부 질환을 식적약으로 치료하는 케이스는 기저에 있는 병인을 확인하여 치료하는 병인론의 방향성을 보여준다.

필자가 현지조사에서 접한 케이스들은 이러한 병인론학회의 방향성을 확인시켜 주었다. 병인론학회 소속한 한의사의 한의원을 72세 여성이 내원하였다. 할머니는 맞벌이하는 아들 부부를 위해 손자를 봐 주고 있었다. 환자의 주 증상은 통증이다. 필자가 현지조사 하고 있을 당시는 겨울철이었는데, 환자는 특히 추울 때 전신의 통증을 느낀다고 하였다. 그리고 가슴 아래

쪽의 통증도 있다고 하였다. 부기가 심하다는 문제도 있었다. 환자의 말로는 몸이 붓는 원인을 전혀 알 수가 없다고 한다. 특별한 원인, 특별한 시기 없이 무단히 부기가 생긴다고 하였다. 한의사는 이 환자의 문제를 습(濕)의 문제로 보았다. 습이 끼어 해결되지 않는 것이 통증의 원인으로 본 것이다. 그리고 습이 과도하게 끼는 것은 식적이 원인이 된다고 보았다. 그래서 위 피부병 질환과 같이 평위산을 처방하였다. 이와 같이 이 환자의 경우 통증의 증상을 호소하고, 위 피부과 질환 환자의 경우 입술 부위가 벌겋고 가려운 증상을 호소했지만 모두 평위산을 처방하였다. 병인이 같기 때문이다.

병인론학회 소속 한의원에서의 참여관찰을 통해 진료 시간이 환자에 따라 차이가 난다는 것을 알 수 있었다. 어떤 환자의 경우 5분 이내에 상담이 종료되기도 했지만, 또 어떤 환자의 경우 20분 이상 소요될 때도 있었다. 후자의 경우는 기저에 있는 병인이 분명히 드러나지 않을 때이다. 이러한 경우 다양한 병인을 염두에 두고 각각의 원인에 대해 문진하는 과정이 요구되기 때문에 상담 시간이 길어지게 된다.

병인론은 처방에 있어서도 각 병인에 사용할 수 있는 대표적 처방을 제시한다. 즉, 식체의 대표 처방으로는 위에서 언급한 평위산을 제시했다. 노권에는 보중익기탕(補中益氣湯), 담음에는 이진탕(二陳湯), 신허에는 육미지황환(六味地黃丸), 그리고 어혈에는 당귀수산(當歸鬚散)을 제시하였다. 이와 같이 병인론은 '병인'을 중심으로『동의보감』의 내용을 재구성한 진료의 체계를 제시한다. 이러한 체계는 김구영 선생의 다년간의 임상 경험과『동의보감』연구에 바탕을 두고 있다. 임상과 연구를 통해『동의보감』을 새롭게 꿸수 있는 방식을 목격하게 되었고, 그것을 체계화한 것이 병인론이라고 할수 있다. 이러한 병인론학회의『동의보감』독법은 앞의 현동학당의 그것과 차이가 나며, 이어지는 형상학회의 경우와도 다르다. 이러한 차이는 동아시아의학이 문서화된 의서와 실제 의료 실천의 상호 관계를 이해하는 데 중요한 단서를 제공한다. 또한, 질병이란 무엇인가의 이슈에 관해서도 의미 있는 논의거리를 제시한다.

병인론학회의 실천 또한 질병을 바라보는 한의학의 관점에 관해 시사하는 바가 작지 않다. 여기서는 두 가지 정도의 이슈에 집중하고자 하는데, 먼저 질병의 원인을 논의하는 데 물질적 토대가 강조되지 않을 때도 있다는 것을 보여준다. 이는 글루코스, 콜레스테롤, 호르몬, 신경전달물질 등의 물질적인 부분이 강조되는 서양의학의 경우와 차이가 나는 부분이다. 위 병인론학회의 병인 리스트 중 칠정이 이러한 내용을 가시화한다. 칠정은 마음과 감정의 문제에 관한 것이다. 한의원 의료 현장의 진료 상담에서는 곧잘 스트레스라고 표현되곤 한다. 서양의학에서도 마음과 감정의 문제는 중요하지만, 그러한 문제가 신경전달물질과 같은 가시적 유형체로 환원되는 경향이 뚜렷하다. 한의학에서는 이러한 유형체로 특정되기 어려운 몸의 측면들도 병인으로 중요하다.

다음으로, 병인론학회 의료 실천에서 읽을 수 있는 것은 기저의 병인에 관심이 있다는 것이다. 위 70대 여성 환자의 경우 통증의 원인으로 습이 있고, 또한 습의 원인으로 더 기저에 식적이 있었다. 이처럼 근본 원인에 관심을 갖고 대처하는 방식은 통증 자체에 대처하는 방식과 차이가 있다. 예를 들면, 통증 자체를 경감시키기 위해 진통제를 사용하는 방식과 다르다. 이두 번째의, 병인론의 의료 실천에서 드러나는 이슈는 첫 번째와 연결되어 있다. 즉, 질병의 원인으로 물질적 측면을 강조하지 않는 것이, 기저의 병인을 논할 수 있는 포괄성의 바탕이 되는 것이다. 이와 같이 각 학파의 의료 실천은, 한의학에서 질병은 무엇인가에 대해 다양한 측면에서 접근할 수 있게 한다. 이어지는 형상의학의 경우에도 이에 관련된 논의를 추가한다.

〈형상학회〉

형상학회는 지산 박인규의 의술을 배우기 위해 제자들이 그의 한의원에 모이기 시작한 1970년대가 시작점이 되었다. 그 후 '전통의학회'를 창립하여 학회가 시작되었고, 이후 '형상학회'로 이름을 바꾸어 지금에 이르고 있다. 지산 선생이 세상을 떠난(2000) 후에는 그의 한의원에서 도제식 교육을 받았던 제자들이 다시 스승의 역할을 하여 학회 활동을 계속해 나가고 있다. 형상학회는 한국의 동의보감학파 중 가장 규모가 큰 학파이다. 형상학회에서 발간한 책으로 『지산형상의안(芝山形象醫案)』(2004), 『지산선법(芝山仙法)』(2010), 『너와 나의 세계』(2000) 등이 있다.[20]

형상학회의 스승인 지산 선생은 『동의보감』에 대한 창조적 해석으로 유명하다. 그의 창의적 경향은 형상학회에서 사용하는 사람의 분류에서 잘 드러난다. 지산 선생은 사람에 대한 다양한 분류를 진단의 중요한 근간으로 삼았다. 그 분류에는 담체/방광체,[21] 정과/기과/신과/혈과,[22] 태양형/태

---

20 『지산형상의안』은 지산 선생의 진료 케이스를 통해 형상의학의 관점을 보여주는 책이다. 『지산선법』은 지산 선생이 제자들에게 가르친 도인법에 관한 책이다. 『너와 나의 세계』는 한의학의 관점으로 세계를 바라본 지산 선생의 수필집이다.
21 경락 중 각각 족소양담'경과 족태양방광'경이 발달하여, 호리호리 하거나(담체) 몸집이 있는(방광체) 체질을 가진다.
22 『동의보감』에서 강조하는 인간존재의 구성체인 정기신(精氣神)에 혈(血)을 더하여 구분한 형상학회의 체질 분류다. 뒷부분에서 좀 더 구체적으로 설명할 것이다.

음형/소양형/소음형/양명형/궐음형[23] 등의 분류에 의한 체질들이 있다. 이 외에 오장육부에 의한 분류,[24] 어(魚)류/조(鳥)류/주(走)류/갑(甲)류에[25] 의한 분류도 있다.

동의보감학파들은 각 학파마다 방향성을 잡는 데 있어 주목한 『동의보감』의 내용이 있다. 전술한 바와 같이 현동학당은 '맥법'에, 그리고 병인론학회는 '원'과 '인'에 주목하였다. 형상학회는 『동의보감』의 첫 부분에 주목한다. 『동의보감』의 첫 편인 「내경편」의 첫 문이 신형문이다. 그리고 신형문 앞에 신형장부도가 그려져 있고, 그 그림에 이어 당나라 시기 의가 손사막과 금원사대가(金元四大家) 중 한 명인 주진형의 문구가 등장한다. 형상학회는 이 섹션의 마지막 문장인 "형색기수 장부역이 외증수동 치법형별(形色旣殊 藏府亦異 外證雖同 治法逈別, 사람마다 형색이 이미 다르면 장부 역시 다르기 때문에 외증이 비록 같더라도 치료법은 매우 다르다)"에 주목한다. 바깥의 형색이 다르면, 오장육부로 대표되는 내부의 상황이 같지 않으므로 증상이 같더라도 치료가 달라져야 한다는 것이다. 형상학회는 『동의보감』에서 이 문장을 본문의 맨 앞에 내세우는 것은 그러한 관점으로 『동의보감』 전체를 읽으라는 독법의 제시라고 전제한다. 그러한 전제 위에서 형상학회의 이론과 실천을 체계화했다. 학회의 명칭인 '형상'도 그러한 맥락에서 명명되었다. 즉, 외부로 드러난 것[形]과 보이지 않는 내부의 상황[象] 사이의 관계성에 주목한다는 의미가 있다.

23 육경 경락의 발달에 따라 분류한 체질 유형이다.
24 오장육부의 발달에 따라 분류한 체질 유형이다.
25 사람의 성향을 동물에 비유한 분류 체계이다.

위 『동의보감』의 문장에서 '형색'이 강조되는 것은, 형상학회에서의 진단의 강조점과 연관된다. 현동학당에서는 맥진을 강조하고, 병인론학회에서는 문진을 강조한다면, 형상학회에서는 망진을 강조한다. 망진을 통해 형과 색을 파악하고 그것을 바탕으로 몸 내부의 상황과 병증을 알아 가는 것이 형상학회 진단의 방향성이다. 현동학당, 병인론학회와 마찬가지로 사진(四診) 중 강조하는 한 진단만을 고집하지는 않는다. 형상학회에서는 형(形), 색(色), 맥(脈), 증(證)을 살펴서, 밖으로 드러난 모양(형), 색깔(색), 맥의 상태(맥), 그리고 환자가 말하는 증상(증)을 모두 진단을 위해 사용해야 한다고 강조한다. 하지만, 여전히 망진의 강조점은 유효하다. 앞에서 언급한 형상학회의 분류가 모두 망진에 기초하고 있기 때문에, 특히 망진이 강조될 수밖에 없다.

형상학회의 분류 중 정과, 기과, 신과, 혈과를 구체적으로 살펴보면 이 학파의 방향성이 잘 드러난다. 흥미로운 부분은, 정기신혈과라는 분류가 이전의 동아시아의학에서는 존재하지 않았다는 것이다. 그것은 20세기 들어 지산 박인규에 의해 주창되었다. 지산 선생은 『동의보감』을 다 외우고 있었다고 알려졌을 정도로 『동의보감』에 깊이 천착하였다. 『동의보감』에 대한 연구와 임상에의 적용을 진행하면서 정기신혈과와 같은 분류가 탄생하게 되었다. 형상학회에서 사용하는 지산 선생의 분류는 모두 『동의보감』에 근거하지만, 정기신혈과 분류는 특히 『동의보감』의 영향이 가시적이다. 그 분류는 『동의보감』 「내경편」의 첫 부분 내용을 바탕으로 한다. 「내경편」의 첫 문인 신형문에 이어지는 문들이 바로 정, 기, 신, 그리고 혈문이다. 신형문이 인간 몸-존재에 대한 전체적 논의를 한다면, 정문부터 신문까지는 인간의 몸-존재의 근간을 이루는 구성체들을 각각 논하고 있다. 지산 선생은 여기에 혈문을 합쳐서 정기신혈과의 카테고리를 제시했다. 지산 선생의 『동의보감』을 읽는 독창성은 정기신혈이 치우쳐서 존재한다는 관점에서 드러난다. 모든 사람에게 정 · 기 · 신 · 혈이 같은 비율로 존재하는 것이 아니고, 정이 강조되는 사람 · 기가 강조되는 사람 · 신이 강조되는 사람 · 혈이 강조되는 사람이 각각 있다는 것이다. 그리고 그러한 강조점은 얼굴의 형으로 드러나서, 정과는 원형의 얼굴을, 기과는 네모난 얼굴을, 신과는 역삼각형을, 그리고 혈과는 달걀형의 얼굴을 가지게 된다고 한다. 정기신혈과의 분류가 정해지면 바로 진단과 연결된다. 정과는 정과 관련된 병을 앓는 경향이 있고, 기과는 기와, 신과는 신과 그리고 혈과는 혈과 관련된 병을 앓는 경향이 있다는 것이, 정기신혈과와 진단이 연결되는 방식이다.

필자의 현지조사는 정기신혈과를 통한 진단과 치료의 예시를 제공해 주었다. 필자가 현지조사를 진행하던 형상학회 회원의 한의원에 20대 남성이 모친과 함께 내원하였다. 환자는 며칠 전 군대를 제대하였다. 주로 호소하는 부분은 군대에서 손목뼈가 삐끗했는데 잘 낫지 않는다는 것이다. '허리가 안 좋을 것 같은데…' 손목의 통증을 호소하는 환자에게, 의사는 맥락 없는 것 같은 질문을 던졌다. 환자는 "예."라고 대답하였다. 의사의 비약 같은 질문은, 정기신혈과 중 환자를 신과로 본 것과 관련이 있다. 신과는 상부의 신(神)의 활동이 과열될 수 있는 체질이기 때문에 반대로 하부의 허리와 신장에 문제가 있을 수 있다는 것이 지산 선생의 신과에 대한 관점이다. 한의학에서 신장은 뼈를 주관하기 때문에 손목뼈 문제가 잘 낫지 않는 것과도 연결된다. 한의사는 '신과' 분류를 통해 진단에서 감을 잡고 진료를 진행했다. 환자가 침치료와 약치료를 모두 원하였기 때문에, 신을 조절하는 침치료와 함께 약으로는 신기환(腎氣丸)을 처방했다.

이와 같이 형상학회의 특징인 다양한 분류는 진단과 치료가 연결되면서 의료 실천의 체계를 이루고 있다. "질병이란 무엇인가?"와 관련해서 형상학회의 실천이 드러내는 한의학의 관점은, 몸의 어떤 경향성과 연결되어 있는 동아시아의 질병 관점이다. 정과, 기과, 신과, 혈과는 그에 해당하는 사람의 대체적 경향을 말해 준다. 정과는 정과 관련된 질병이 올 수 있고, 신과는 신(神)에 치우칠 수 있는 기운이 신장(腎臟)과 관련된 문제를 일으킬 수 있는 질병의 경향을 보여주는 것이다. 질병이 어떤 경향성 속에서 한 사람의 몸에 드러난다는 것이다. 이것은 각각의 질병을 개별적으로 바라보는 서양의학의 관점과 차이가 있다. 한의학에서는 이와 달리 몸의 어떤 경향성 속에서 질병을 바라보려는 지향이 강하다. 이러한 관점은 한의학에서 '체질'의 개념으로 곧잘 표현된다. 체질은 사상의학에서만 사용되는 개념은 아니고 몸의 경향성 속에서 질병을 바라보는 동아시아의학의 대체적 관점과 연결되어 있는 개념이다. 실제 형상학회 소속 한의원에서는 정기신혈과나 어조주갑류를 '체질'로서 설명하며 환자들의 몸과 질병에 대해 이해를 돕는다. 체질의 개념과 함께 질병을 바라보는 것은 몸과 항상 연결되어 있는 동아시아의 질병에 대한 관점을 드러낸다.

5. 동아시아의학 지식과 의료 실천, 그리고 질병이란 무엇인가?

이 글의 동의보감학파들에 관한 고찰은, 논의해 보아야 할 이슈들을 제시한다. 특히, 동아시아의학 텍스트와 의료 실천의 관계에 연결하여 동아시아의학 지식과 그 질병에 대한 관점을 짚어 보기를 촉구한다. 현동학당, 병인론학회, 형상학회는 모두『동의보감』을 바탕으로 의료 실천을 하지만 그 실천의 방식에는 차이가 있다. 이것은『동의보감』을 다양한 방식으로 읽을 가능성이 열려 있다는 것을 의미한다. 그 가능성을 따라 학파'들'의 가능성도 열린다. 지금까지 살펴본 내용을 바탕으로, 동의보감학파들을 차별화시키는 세 가지 지점을 정리해 볼 수 있다. 첫째, 강조점의 차이다. 현동학당은 맥을 강조한다. 병인론학회는 병인을 강조하고, 형상학회는 형상을 강조한다. 각 학파의 강조점은 각 학파의『동의보감』독법을 지시한다. 각 학파는 이들 강조점을 키워드 삼아 17세기까지의 동아시아의학 지식을 모아 놓은『동의보감』을 횡단한다. 둘째, 세 학파는 각각의 강조점에 접근하는 방법론이 다르다. 망문문절을 병행하지만, 현동학당은 맥진을, 병인론학회는 문진을, 그리고 형상학회는 망진을 주로 사용하는 경향이 강하다. 셋째,『동의보감』을 독해하는 경향성에서 차이가 있다. 현동학당은『동의보감』에서 본래 만들어 놓은 체계를 구현하려고 한다.『동의보감』은 17세기까지 동아시아 의학 지식을 단지 나열해 놓은 텍스트가 아니다. 체계를 가지고 있다. 그 체계는 다섯 편(篇)의 전개 방식과 문(門)들의 구조에서 드러난다. 현동학당은 그 체계가 상정하는 실천 방식을 구현하려고 한다. 이와 달리 병인론학회는 새로운 체계를 시도한다.『동의보감』이라는 방대한 지식을 재조합하여, 특정 병인들의 틀을 통해 접근성이 용이한 체계로 재구성하려는 경향이 강하다. 형상학회는『동의보감』을 창의적으로 읽으려는 경향이 두드러진다. 이러한 경향 위에서 정기신혈과나 담체·방광체와 같은 새로운 분류가 등장한다. 이 세 가지의 차별점이 현동학당, 병인론학회, 형상학회를 각각 별도의 동의보감학파로 구분하게 한다.

동의보감학파들의 상이한 강조점들은 동아시아의학의 질병관이 인간존재의 다양한 측면에 열려 있음을 보여준다. 현동학당이 맥진을 강조하는 것은, 몸에서 드러나는 진동을 촉각을 통해 접수하여 그것을 몸 이해의 틀로 사용할 수 있는 가능성이 동아시아의학에 열려 있으며, 현동학당은 그 가능성을 강조한다는 것을 의미한다. 병인론학회에서 환자와의 문답이 드러내는 병인을 강조하는 것은, 언어적 커뮤니케이션 또한 몸 이해의 틀로 기능할 수 있는 가능성이 동아시아의학에 열려 있다는 것이다. 병인론학회는 이 가능성을 십분 활용한다. 형상학회에서는 형상(形象)을 통해 기 흐름의 변화와 치우침을 알아 간다. 이는 외부에 드러난 모습[形]을 인지하는 것이 내부의 현상[象]을 아는 것으로 연결되는 가능성이 또한 동아시아의학에 열려 있다는 것을 의미하며, 형상학회는 이 가능성을 충분히 활용한다. 이와 같이 동아시아의학에서는 몸의 진동, 언어적 발화, 외부에 드러난 모습 등 다양한 인간존재의 측면들이 그 질병을 이해하는 바탕이 될 수 있으며, 그 가능성은 의료 실천의 다양성으로 표현된다.

서양의학 지식은 19세기 이후 몸의 다양한 측면 중 일부를 강조하는 방향으로 전개되었다. 근대 서양의학의 시선은 "어떤 (시각적) 현상을 인지하자마자 언어가 들리는 역설적인 능력을 가지고 있다."라고 미셸 푸코는 지적한다(Foucault, 1994: 108). 질병 현상에 대한 인지는 바로 의학적 언어라는 고정된 그릇에 담기는 인식의 표준화를 통해 근대 서양의학으로 탄생했다. 그래서 근대 임상의학에서는 "드러난(인지된) 것은 이미 말하여진 것이다." 라고 푸코는 말했다(Foucault, 1994: 108). 찰스 로젠버그(Charles Rosenberg)에 따르면, 의학적으로 인지될 수 있는 대상 또한 근대 이후의 서양의학에서는 물질적 토대가 확실한 '질병독립체(disease entity)'로 국한된다. '확실하게 구체적인 질병독립체들(disease entities)'을 확보하여 '(진료를) 조직하는 원칙을 구성'하는 것이 근현대 서양의학의 방향성이라는 것이다(Rosenberg, 2007: 15). 병원균, 글루코스, 효소, DNA, 세로토닌, 베타아밀로이드 등이 이 질병독립체의 목록에 이름을 올리며 근현대 서양의학은 전개되고 있다. 이와 같이 근현대 서양의학은 복잡다단한 생리 · 병리 현상에서 '독립체'를 대상화하여, 확실한 의학적 언어로 기표하는 것을 통해 인간존재의 다양한 측면 중 일부를 집중적으로 조직화하는 방향성을 가지고 있다.

서양의학에서는 『해리슨 내과학』 학파'들'이 존재하지 않는다.[26] 인식의 표준화의 장 속에서 발간된 『해리슨 내과학』을 달리 읽을 수 있는 여지는 제한적이기 때문이다. 서양의학의 인식론에 대해 푸코가 통찰하였듯이, 근현대 서양의학에서는 인식과 언어의 결합을 통해 의학 텍스트와 그 텍스트를 접수하고 실천하는 존재들 사이의 간극은 밀착된다. 이와 달리, 동아시아의학의 텍스트와 존재들 사이에는 가시적 간극이 있다. 그 간극 사이에서, 위의 동의보감학파들이 보여주는 것과 같은 다양한 해석과 실천이 진행된다.

질병에 대한 관점도 이와 연결되어 있다. 서양의학에서는 가시적인 질병독립체를 중심으로 질병이 정의되고 치료의 방법론도 규정된다. 그만큼 이론(異論)의 여지가 적다. 푸코의 통찰과 같이, '보자마자 규정된 언어가 들리도록' 구조화되어 있기 때문이다. 그만큼 서양의학의 질병을 바라보는 관점은 확실성을 추구한다. 하지만 서양의학의 이러한 관점은 한편으로는, 다양

---

26 『해리슨 내과학』(대한내과학회, 2017)은 서양의학의 전문 의학 서적 중 가장 인기 있는 책의 하나다. 현재 20번째 판이 나와 있다.

한 관계성을 단절하는 경향으로 드러난다. 병인론에서 통증을 습으로 읽고, 다시 식적과 연결시키고, 입술 부위의 피부병을 식적과 연결시키는 다양한 관계성의 네트워크가 축소될 수 있는 것이다. 이것은 몸과 질병을 바라보는 서양의학의 관점이 역사 속에서 만들어 온 관성일 것이다. 이와는 차이 나게, 동아시아의학에서는 몸과 질병의 다양한 측면에 대해 논의가 가능하다. 그것이 다양한 학파 현상으로 드러나는 것이다.

『동의보감』에 대한 독법의 가능성은 다양하게 열려 있지만, 누구에게나 항상 열려 있는 것은 아니다. '선생'은 『동의보감』을 횡단해 본 사람이다. 맥으로, 병인으로, 형상으로 『동의보감』을 꿰어 본 사람이다. 선생은 그 꿰어 본 경험을 학파의 구성원들과 공유하려 한다. 『동의보감』을 꿰어 본 경험을, 지시적 언어만으로 전달할 수는 없다(Farquhar, 1994). 병인론학회의 『동의보감』 재구성의 방식은 쉬운 체계를 상정하지만, 실제 환자를 대할 때 기저의 병인을 찾고 거기에 맞는 처방을 찾아내는 것은 쉬운 일이 아니다. 선생 혹은 그 학파가 꿰어 본 길을 따라가 봄으로써 병인론의 체계를 제대로 사용할 수 있게 된다. 현상에 대한 인식과 의학적 언어 사이에 간극이 좁아져 있는 서양의학과는 달리[27] 동아시아의학은 텍스트와 실천 사이에 여지의 공간이 있다. 선생, 학파, 그리고 경험의 공유가 그 공간을 메우면서 동아시아의학은 진행된다.

---

27 푸코(Foucault, 1994)는 이러한 연결을 '언어화'라고 규정하였다.

6. 나가며

　현동학당, 병인론학회, 형상학회의 진료는, 17세기에 발간된 『동의보감』
과 21세기 동의보감학파 사이 교감의 결과물이다. 그 교감을 통해 『동의보
감』이라는 텍스트는 여전히 진행형의 역사로 존재한다. 그 역사 속에 몸과
질병을 바라보는 동아시아의 관점이 관류하고 있다. 현동학당의 맥진 강조
는 '흐름'으로 읽을 수 있는 질병에 대한 동아시아의 관점을 드러낸다. 그러
므로 한의학에서 질병은 흐름상의 돌출과 이탈, 그리고 변이에 관한 것이라
고 할 수 있다. 병인론학회의 병인을 통해 무형과 유형에 모두 열려 있는 동
아시아의학의 질병에 대한 관점을 읽을 수 있다. 이러한 관점은 보다 다양
한 층위에서 병인을 바라볼 수 있게 허용하는 포괄적 질병에 대한 관점으로
드러난다. 형상학회의 의료 실천은 몸과 항상 연결되어 있는 질병에 대한
관점을 드러낸다.

　'들어가며'에서 언급했던 고혈당증과 소갈을 병치해 두면서 이러한 학파
들의 의료 실천이 드러내는 "질병이란 무엇인가?"에 대한 관점을 정리해 볼
수 있다. 동아시아에서 몸과 항상 연결되어 있는 질병의 관점은 글루코스라
는 질병독립체를 강조하기보다는, 소진하고 마르게 하는 몸에 드러나는 현
상을 강조하는 동아시아의학의 관점과 연결되어 있다. 글루코스의 정상범
위가 아니라, 소갈의 병인을 화나 열로 보는 관점과 병인론학회의 논의를
연결해서 볼 수 있다. 섭취된 수곡의 몸에서의 흐름이 순조롭지 못하고 급
하게 소진되거나 말라 버리는 현상은 흐름을 강조하는 현동학당의 맥진과
연결된다.

　실험실과 같은 몸 외부에서 질병을 분석하기보다는, 질병 현상이 드러나

는 '몸'에 동아시아는 주목해 왔다. 몸과 분리된 개별 질병 자체가 논의의 대상이 아닌 것이다. 또한 여기서는 풍, 한, 서, 습, 조, 화의 육기와 같은 대분류로 병인을 수렴하려는 경향이 강하다(소갈은 이 중 화의 돌출에 주목한다.). 이러한 경향성 속에서 병인을 통해 동아시아의학을 체계화하려는 병인론학회의 시도도 가능하다. 이러한 대분류는 모두 기운의 흐름으로 드러나기 때문에 맥과 같은 흐름의 논리로 읽을 수 있다.

동아시아의 질병에 대한 논의는, 근현대 서양의학의 존재론과 인식론의 바탕과는 다른 전제 위에서의 논의라는 것을 동의보감학파들의 의료 실천들은 드러낸다. "질병이란 무엇인가?"는 단지 의료에 관한 질문이 아니다. 의료와 함께, 인문학에 대한 질문으로 받아들일 때 이 질문에 제대로 된 접근이 가능하다. 의료인문학적 질문인 것이다. 이 글이, 의료인문학 질문으로서의 "질병이란 무엇인가?"의 논의를 시작하는 데 일조하기를 고대한다.

난임, 무엇이 문제인가?*

— 난임 경험을 통해 본 생의학과 한의학의 질병관

윤은경_ 경희대학교 인문학연구원 HK연구교수

---

* 본고에 등장하는 사례는 모두 익명으로 처리했으며, 개인의 신상이 드러날 만한 정보는 삭제하거나 대체했다.

1. 들어가며

오늘날 난임은 기술의 개입으로 해결할 수 있는 의료적 문제로 인식된다. 난임이 의료적인 문제로 규정된 것은 근대 이후 임신에 대한 생의학적 이해와 관련이 있다. 즉, 임신에 선행하는 일련의 과정이 정자와 난자의 만남으로 환원됨에 따라 난임은 정자와 난자의 만남에 장애가 있는 생물학적인, 더 구체적으로 말하자면 생식계통에 한정된 문제라는 것이다. 하지만 생의학적 패러다임 이전, 난임의 문제는 신체에만 국한되지 않았으며, 생의학이 아닌 다른 의학의 관점에서는 난임이 전부 의학적 처치 대상은 아니라고 보기도 했다. 임신은 단순히 신체 현상이 아니라 사회의 생명관을 반영하는 복합적인 문제였기 때문이다.

임신과 출산이 몸에서 일어나는 일인 만큼 그 과정에 문제가 있는 난임은 몸에 대한 실질적인 접근을 요구했지만, 여타의 생리 현상과 달리 새로운 생명을 창조해내는 일이기에 난임의 원인 파악과 해소를 위해 생명의 근원이 무엇인가라는 본질적인 질문을 건드릴 수밖에 없었다. 하지만 보조생식기술의 발달, 특히 시험관 시술로 알려져 있는 체외수정 기술은 세포 단위의 조작을 통해 생명의 창조가 가능하다는 것을 시험관아기의 성공적인 탄생으로 증명해 보임으로써 임신에 관여한다고 여겨졌던 초월적 힘들을 무력화했다.[1] 이 역사적인 사건을 필두로 현대 생의학에서는 난임이 신체의 문제라는 관점을 극대화하여 신체 가운데에서도 가장 핵심적인 요소인 정자와 난자를 추출하고 당사자인 남성과 여성의 몸을 점점 더 우회하는 방식으로 생식기술을 정교화하고 있으며, 이러한 최첨단 기술로써 생명을 마음대로 통제하는 것 같은 인상을 준다. 하지만 실제 난임 경험을 살펴보면 보조생식기술의 성공률은 그다지 높지 않으며, 여전히 난임의 원인에 관해 설명하지 못하는 부분이 많은 것이 사실이다.[2]

한편 생명의 창조를 정자와 난자의 만남으로 환원해 몸의 기능을 대체하는 방식으로 발전한 생의학과 달리, 한의학에서는 생명의 기원에 대해서는 초월적인 영역이 있음을 인정하면서도 질병으로 유발되는 난임에 대해서는 원인을 치료해 몸이 균형을 회복하면 생식기능 또한 자연스럽게 회복되는 것으로 보았다. 즉 생식능력은 부위별로 분절된 몸의 생식계통에 국한되어 있는 기능이 아니라 연결되어 있는 몸 전체로부터 기원한다고 본 것이다. 이러한 관점 하에서 한의학적 난임은 당사자의 생명력의 이상을 알리

---

1 시험관 시술에 기여한 공로를 인정받아 노벨 생리의학상을 수상한 로버트 에드워즈(Robert Edwards) 박사는 1952년부터 동물유전학 박사과정을 밟으며 포유류의 초기 배아 발달과정에 대한 연구를 거쳐 인간 난자에 대한 연구에 이르렀다. 인류 최초의 시험관아기는 1978년 7월 25일 영국에서 태어난 루이스 브라운(Louis Brown)으로, 그녀의 어머니는 나팔관이 막혀 난소에서 자궁으로 난자가 이동할 수 없는, 당시로서는 아이를 가질 수 없는 불임환자였다. 이러한 불임환자들의 임신을 가능케 하기 위해 발명된 보조생식기술이 현재에는 적용 범위가 확대되어 광범위하게 시행되고 있다.
2 전체 난임 환자 가운데 원인 불명인 경우가 절반에 육박한다는 통계가 이를 드러낸다. 저자가 실시한 난임 당사자들의 인터뷰에서 10년간의 보조생식기술이 해소하지 못한 원인불명의 난임이 갑자기 해소된 경우도 있었다.

는 징후이자 치료하고자 하는 말단의 병리 현상이다. 따라서 현대의 한의학적 난임 치료는 당사자들의 몸의 균형을 회복시킴으로써 임신에 최적화시키는 데 방점을 두고 있으며, 이 때문에 보조생식기술을 이용하는 과정에서 겪는 고통은 없으나, 그만큼 통제하기 어려우며 생식계통에 구조적 이상이 있어 체내수정이 어려운 경우 해 줄 수 있는 것이 없기 때문에 소극적이라는 평가를 받기도 한다.

이처럼 하나의 현상에 대해 상이하게 접근하는 두 의료의 차이는 어디에서 기인하는가? 두 의료에서 말하는 난임은 서로 같은 상태인가? 몸에서 나타나는 현상이지만 그 해결은 몸을 우회하는 보조생식기술로써 이루어지는 난임에서 문제가 되는 것은 몸의 질병인가 사회적 비정상성인가? 그리고 당사자들에게는 이러한 난임이 어떻게 경험되는가? 본고에서는 이런 질문들에 답하기 위해 생의학과 한의학의 난임에 대한 접근의 차이를 한국의 이원화된 의료 시스템 속 난임 당사자의 경험을 통해 살펴보았다.

2. 일러두기: 난임의 경험들

한국사회에서 매년 난임 환자가 급증함에도 불구하고 난임 경험은 잘 이야기되지 않는다. 난임 환자임을 공개하는 것이 당사자들에게는 고통스럽기 때문이다. 특히 여성에게 생식력은 여성성과 깊이 관련되어 있기 때문에 당사자들은 난임 환자로 규정된 이후 비정상성과 열패감, 때로는 배우자나 가족에 대한 죄책감으로 고립감을 느끼는 경우가 많다. 때로는 수치심 때문이 아니라 새롭게 부여된 환자라는 정체성과 침습적인 치료 과정에서 오는 혼란 속에서 자신의 경험을 언어화하지 못하는 경우도 있다.

　이러한 이유로 현재진행형으로 난임을 경험하고 있는 이들은 이야기하기를 꺼린다. 하지만 그 경험이 고통스럽고 혼란스러운 만큼 공감대가 필요하기에 난임 환자들은 자신들이 안전하다고 느끼는 익명의 온라인 공간에서 비슷한 처지에 있는 이들과 연대한다. 그들의 경험이 외부인에게 공유되는 경우는 난임 치료가 종료된 이후, 즉 임신과 출산에 성공한 이후이다. 임신에 성공하지 못한 경우라도 아이가 없는 상태를 어느 정도 수용했을 때 비로소 당사자들은 자신들의 이야기를 한다.

　본고에 등장하는 당사자들의 사례 또한 난임 치료가 종료된 후의 회고였다. 이들은 저마다 생의학 기반의 의료기관에서 난임을 진단받아 짧게는 일 년, 길게는 십 년가량 보조생식기술 또는 한의학적 치료를 받았고, 인터뷰 당시에 모두 아이가 있었다. 의료적 치료가 모두 끝난 이후의 회고이므로 구체적인 사실들에는 오류가 있을 수 있으나, 난임에 대한 경험의 서술이 회고일 수밖에 없는 이유를 상기하면 오히려 한국사회에서 난임이라는 '병'의 특성에 대해 더 깊이 이해할 수 있다. 더불어 한 걸음 떨어져서 되돌아보는 난임 치료의 경험은 당시의 생생한 감정들은 잦아들어 있을지라도 본고에서 주목하는 각 의료가 갖는 문제의식의 차이가 경험을 구성하는 방식을 살피기에는 부족함이 없다고 사료된다.

3. 난임, 무엇이 문제인가?

1) 생의학적 난임

(1) 의료화 된 난임

의료화[3]는 이전까지는 정상 범주에 포함되었던 생명현상이 의료 전문가로부터 치료를 요하는 의학적 문제로 규정되는 사회현상을 일컫는다. 가정에서 산파 또는 경험 많은 여성의 도움으로 이루어지던 출산이 대부분 병원에서 일어나는 현상은 대표적인 의료화의 결과이다. 이전에는 의학적 통제와 관리의 대상이 아니었던 여성의 임신과 출산이 급격하게 의료 영역에 편입되면서 의료적 처치를 요하는 위험한 상태 혹은 질병으로 간주되고, 임신한 여성과 태아는 환자로 규정되었다.[4]

난임(難姙)은 불임(不姙)을 대신하는 용어로서, 치료 및 시술을 통해 얼마든지 임신이 가능하다는 의학 전문가들의 견해를 바탕으로 시민단체와 정부가 주축이 되어 사용을 권장했다.[5] 불임이 초래하는 사회적인 낙인 효과

---

3 의료화 개념은 미국에서 장애인의 권리를 위해 활동하고 연구하던 어빙 졸라(Irving K. Zola)에 의해 구성됐다. "의료화 과정은 생의학의 질병 모델을 기반으로 하며, 비정상적으로 여겨지는 행동이나 상태 질환이 '신체의 구조 및 기능이상'과 직접적으로 연관되어 있다고 본다. 대표적인 예로 출산과 폐경이 있다."
4 의료화의 배후에는 '사회적 신체'로서의 국민을 통제할 목적으로 국가권력과 결탁한 제도로서의 의료가 있으며, 난임의 경우는 저출산 문제와 맞물려 그에 대한 치료가 국가정책적 차원에서 적극적으로 장려되고 있다.
5 이 운동을 주도한 단체는 2005년 不姙을 難姙으로 바꾸자는 캠페인을 시작으로 2011년 『표준국어대사전』에 난임을 등재시켰다. 또한 2012년 5월에는 법률상 '불임'을 '난임'으로 바꿔 표기한 모자보건법 일부 개정안이 국회에서 최종 통과되었다. 단체의

를 완화하고자 등장한 '난임'이라는 용어의 이면에는 '난임은 병이므로 치료 가능하다.'는 의학적 자신감이 전제되어 있으며, 이 자신감은 보조생식기술로부터 나온다. 보조생식기술은 그 이전에는 임신이 불가능했을 경우들을 어렵기는 하지만 불가능하지는 않은 가역적인 상태로 재규정했다. 이에 따라 의료의 영역에서 설명되지 못한, 더 근본적이며 초월적인 차원의 문제로 여겼던 경우들이 급격하게 의료의 영역으로 편입되었다. 난임을 수태를 관장하는 신이나 임신을 방해하는 악귀의 소행 또는 조상이나 가족, 당사자의 부덕함에 대한 징벌로 여기고 이를 해소하기 위해 취했던 조치들은 점점 위력을 잃고, 난임은 의료적으로 규정하고 치료해야 하는 질병의 위상을 지니게 되었다.

난임의 의료화를 주도한 현대의 생의학에서 임신에 이르는 단계는 크게 수정과 착상으로 나뉜다. 수정 과정에서는 정자와 난자의 상태가, 착상 과정에서는 자궁의 환경이 중시되는데, 전자의 문제에 관해서는 수정의 성공률을 높이기 위해 그 결합을 통제하는 방향으로, 후자의 문제에 관해서는 착상에 유리한 환경 조성 및 그것을 방해할 수 있는 비정상성을 정상화하는 방향으로 기술이 발전해 왔다. 매달 한 번 씩 일어나는 배란이 한꺼번에 많이 일어나도록 배란유도제를 주입하고, 성관계를 통해 정자와 난자가 결합하는 대신 정자를 추출하여 여성의 체내에 주입하거나 난자까지도 추출하여 체외에서 수정하여 다시 자궁으로 넣어 주는 것이 오늘날 난임의 대표적인 치료 방식이다. 난자와 정자의 결합으로 정의되는 생의학적 임신에서 이

임원은 《매일경제》와의 인터뷰에서 '난임은 임신은 어렵지만 임신 가능성은 충분한 상태'라면서, '불임이라는 말은 차별적인 폭력'이라고 말했다. 《매일경제》, 2013년 6월 3일 자.

둘의 문제로 인해 임신이 어려운 경우에는 제3자의 정자나 난자, 또는 대리모를 이용해 임신을 꾀하기도 한다.[6]

미래에는 수정뿐만 아니라 자궁에서의 착상과 9개월간의 양육 과정조차 체외에서 이루어질 것이라 전망된다. 생명의 본질은 특정 세포에 담겨 있기 때문에 이것을 자유자재로 다룰 수 있는 기술만 뒷받침된다면 생명을 조작할 수 있다는 믿음이 기술을 발전시킨 동력이었으며, 점점 몸을 초월하는 방향으로 추동하는 힘이 되고 있다. 따라서 보조생식기술을 앞세운 생의학에서 난임 치료는 당사자 몸의 생식력을 복원하는 것이 아니라 기술을 통해 아이를 창조하는 것이다. 결국 '임신이 어려운' 몸 상태의 개선에 그치는 것이 아니라 '아이 없는' 상태를 바꾸어 줌으로써 비로소 종결된다. 즉 난임은 생식기능의 발현 불능과 아이의 부재라는 두 가지의 문제가 중첩되어 있는 상태이며, 후자가 해소되지 않는 이상 당사자는 난임 환자로 규정된다.

(2) 보조생식기술

난임이 급격하게 의료의 영역으로 들어오게 된 것은 보조생식기술의 발달과 관련이 깊다. 현재 통용되는 난임의 정의는 임신에 대한 생의학적 관점을 그대로 반영하는데, 그 안에는 임신에 관여하는 여러 가지 요인들—남녀의 관계·당사자들의 심리 상태·환경·건강 상태 등—에 대한 언급은

---

6 현재 한국에서는 난자, 정자 공여나 대리모를 이용한 출산이 합법화되어 있지 않다. 지역마다 다른 법 재생산 관련 법규에 따라 사람들은 아이를 낳기 위해 국경을 넘기도 한다. 재생산이 점점 초국가적인 '서비스'로 확대되면서, 여성의 인권 문제나 제국주의와 관련된 다양한 윤리적인 문제들이 제기되고 있다.

없으며, 1년이라는 시간과 '정상적인 성관계'[7]라는 조건만 제시될 뿐이다. 이 정의는 임신에 필요한 건 정자와 난자의 원활한 만남이라는 생물학적 관점을 공식화한 것으로, 보조생식기술이 전제하는 임신의 조건이기도 하다.

보조생식기술(Assisted Reproductive Technology)은 난자의 추출과 정자와 난자의 체외수정, 수정배아의 체내 주입 등의 과정이 포함된 난임 치료 시술을 일컬으며, 대표적으로 시험관 시술과 인공수정이 있다. 보조생식기술에서는 남녀의 생식세포 간 수정이 성관계를 통해서가 아닌 실험실 환경에서 일어나기 때문에 기술의 정확성, 시술자의 숙련도, 그리고 생식세포의 질 등이 중요한 변수로 취급된다. 따라서 기술이 주도하는 이와 같은 난임 치료는 당사자의 몸을 주변화하고 주체성을 약화시키는 결과를 낳기도 한다.

한국의 난임 병원에서 난임의 치료 과정은 크게 자연임신, 인공수정, 시험관 시술로 나뉜다. 자연임신은 임신의 확률을 높일 수 있도록 배란일에 맞춰 부부가 성관계를 하도록 돕는 방법을 일컫는다. 규칙적인 생리 주기를 바탕으로 배란일을 예측할 수도 있지만, 예상을 벗어날 수도 있으므로 의료기술을 이용해 확실한 날짜를 알려 주는 것이다. 여기에는 기초체온을 재는 방법, 그리고 더 정밀하게는 초음파로 난자가 배란되었음을 확인하는 방법이 있다. 정확한 배란 날짜가 나오면, 의사는 환자에게 '숙제'를 내 준다. 성관계를 가져야 하는 날짜와 횟수를 제시하는 것이다. 자연임신이 성공적이지 못하면, 다음으로 인공수정 단계가 있다. 인공수정은 말 그대로 난자와 정자의 수정 과정에 기술이 개입하는 것으로, 구체적으로는 정자를 체내에 주입해 주어 성관계를 대체하는 방법이다. 인공수정에서는 남성으로부터

7 정상적인 성관계란 피임을 하지 않는, 남녀 간의 질 삽입 성교를 일컫는다.

정액을 채취한 후, 이를 배란기에 있는 여성의 질 내부에 넣어 준다. 이때 여성은 주입된 정자와의 수정 가능성을 최대한 높이기 위해 배란유도제를 복용하거나, 한 번에 배란되는 난자의 개수를 늘리는 호르몬제 주사를 맞는다. 난임 치료의 가장 적극적인 방법으로 시험관 시술이 있다. 시험관 시술은 수정이 체외의 실험실 환경에서 이루어진다 하여 붙여진 이름으로, 남성과 여성 모두에게서 각각 정자와 난자를 채취하여 체외에서 수정시킨 후 어느 정도 발달한 배아를 자궁 안으로 넣어 주는 방법이다. 시험관 시술 안에서도 난자가 채취되고 취급되는 방식에 따라 종류가 나뉘는데, 정상적인 배란주기를 따르는 방법이 있고, 과배란을 통해 다수의 배아를 이식하거나 나중을 위해 냉동시켜 놓을 난자를 확보하는 방법이 있다. 시험관 시술에서 기술은 착상을 제외한 모든 과정에 개입하고 몸의 기능을 대체한다. 세 가지 보조생식기술 중에서 시험관 시술이 가장 많은 비용이 들고 가장 침습적이며, 환자의 입장에서 시간과 노력이 많이 필요하다. 그럼에도 불구하고 보조생식기술의 정점에 있는 시험관 시술은 공격적인 만큼 환자들에게 가장 확실한 방법으로 인식되어 있어 여타의 방법들보다 선호된다.

보조생식기술은 정자와 난자의 만남을 임신의 조건으로 규정하고, 난임은 이 만남이 원활하지 않은 상태이므로 이 과정을 기술로써 통제하려는 발상의 결과이다. 신체의 구조적·기능적 이상이 난임의 실질적인 원인이라 하더라도, 그러한 원인이 내재되어 있는 몸을 떠나 체외수정을 가능케 하는 기술은 신체의 정상화를 난임 치료의 필수조건으로 내걸지 않는다. 몸의 상태는 일정한 수준 이상의 생식세포를 생산하고, 착상 가능한 조건에 부합하는 한 난임 치료에서 문제가 되지 않는 것이다. 보조생식기술은 체내수정을 불가능하게 하는 신체의 구조적 결함을 보완하려는 목적으로 개발되었지만, 오늘날에는 그러한 경우가 아니더라도 쉽게 사용되며, 보조생식기술은 점점 정교한 방식으로 생식력을 재현하여 몸을 대체하는 방향으로 발전하고 있다.

2) 한의학적 난임

(1) 선천적인 능력의 일시적 단절

난임에 대한 규정이 생의학적 맥락에서 이루어진 만큼, 그에 대한 치료 또한 생의학적 틀 안에서 이루어지는 경우가 대부분이다. 하지만 생의학이 포섭하지 못하는 난임의 경우나 침습적인 보조생식기술로 넘어가기 전 단계로서, 또는 너무나도 상이한 두 의료 가운데 덜 침습적인 한의학적 접근법을 선호하여 한의원을 찾는 경우도 적지 않다. 그럼 먼저 한의학적 접근의 기저에 있는 임신에 대한 인식을 살펴보자.

한의학에서 생식은 (동물과 마찬가지로) 하늘로부터 부여받은 인간의 보편적인 능력이다. 이러한 생각은 고대부터의 임신에 관한 동아시아의 관점을 따른다. 특히 한국의 수태관은 단군신화로 거슬러 올라가 볼 수 있는데, 사람이 된 웅녀가 매일 단수 앞에 엎드려 잉태하기를 기원했더니 환웅이 잠시 몸을 바꾸어 내려와 웅녀와 혼인하여 웅녀가 결국 아들을 낳았다고 전하며, 주몽신화에서는 하늘의 아들 해모수와 강의 신 하백의 딸 유화가 정을 통하여 주몽이 잉태되어 태어난다. 이 두 신화에 드러나는 수태 과정에서는 임신을 원하는 여성이 신(자연)의 힘을 빌려 잉태한다. 한편 민속에서는 이러한 초월적인 힘과 인간을 연결하는 매개를 삼신으로 보았다. 삼신은 아이를 점지하고 태아를 기르며 순산을 돕고 육아를 관장하는 신령으로, 삼신이 집

안에서 제 역할을 해야 수태로부터 출산까지의 과정이 원활하다고 보았다. 따라서 삼신이 떠나거나 제 역할을 하지 못할 때 수태를 가능하게 하는 힘과의 연결이 끊어져 아이가 생기지 않는다.

한의학에서는 이러한 동아시아의 생명관에 따라 생명이 초월적인 영역에서 근원한다고 보았다. 인간뿐만이 아니라 모든 생명체를 지배하는 자연의 법칙에 따라 새로운 생명이 탄생하며, 이러한 생명을 세상에 내보내는 몸 또한 같은 이치에 따라 운행된다고 보았다. 하지만 이러한 생명관 또는 신체관이 '모든 것은 하늘에 달려 있으니 인간적인 실천의 영역에서 할 수 있는 것은 아무것도 없다.'라는 의미는 아니다. 한의학에서 인간의 몸을 운영하는 이치를 자연의 섭리로서 설명한 것은, 인간이 자연의 일부이며, 인간의 생명 또한 여느 생명과 마찬가지로 자연의 이치에 따라 태어나고 나이들며 병들고 죽는다는 사실에 입각해 인간 몸의 보편성을 확보하고자 한 것이다. 이러한 보편성을 바탕으로 개개인의 특수성이 발현되며, 이에 따라 한의학에서는 개인의 신체적 현상에 걸맞은 진단과 치료를 행한다.

난임에 대해서도 마찬가지이다. 먼저 자연에서도 풀과 나무가 자라나지 않는 곳이 있는 것처럼, 선천적으로 아이를 갖기 어려운 경우가 있다고 전제했다. 또한 생명 그 자체는 초월적인 영역에서 기인하지만, 그것의 실현 과정인 임신은 개별적인 몸에서 일어나는 만큼 이를 가로막는 신체적인 측면을 의료적 문제로 인식하고 치료하고자 했다. 몸에서 발현되는 생식능력은 전 생애에 걸쳐 균일하게 나타나는 것이 아니라 몸의 성장과 더불어 특정 시기에 발현되었다가 나이가 들면서 고갈된다. 생식능력이 발현되어야할 때 발현되지 못하는 경우는 의료적 치료 대상이 되며, 이때 난임은 어딘가가 가로막히거나 침체되었다는 '징후'이다.

한의학의 가장 오래된 의서로 알려진 『황제내경』에서는 노화로 인한 난임을 설명하는 부분에서 생식능력의 성쇠를 논했다. 노화로 인한 난임은 여타의 신체 기능과 마찬가지로 타고난 생식능력이 시간의 흐름에 따라 쇠퇴하고 고갈되어 나타난 필연적인 결과이다. 인간은 자연의 변화와 마찬가지로 시간의 흐름에 따라 성장하고 노쇠하며 여러 기능이 극대화되었다가 사그라진다. 자연의 일부로서 인간은 변화에 순응할 수밖에 없지만, 그 안에서 시간의 작용을 최대한 막아 내기 위해 노력하기도 한다. 바로 수양과 섭생을 통해 몸의 쇠퇴를 늦추는 것이다. 난임의 경우에도 예외가 아니라서 그 사람이 도(道)가 통한 경우에는 간혹 임신이 가능한 나이를 넘어서도 아이를 가질 수 있다고 했다.

아이가 없는 것에 대하여 7세기 수나라에서 나온 의서인 『제병원후론』에서는 그 원인을 세 가지로 꼽았다. 첫째는 조상의 묘에 제사를 제대로 지내지 않은 경우, 둘째는 부부간에 궁합이 맞지 않는 경우, 셋째는 부부가 병든 경우이다. 이 가운데 세 번째 경우는 남자와 여자의 몸에 대한 것으로, 이 경우만이 약을 써서 효과를 얻을 수 있다고 하여 의학의 영역에서 다룰 수 있는 난임으로 규정했다.[8] 한의학에서 난임은 우선적으로 의료적인 난임과 그렇지 않은 난임으로 구분되며, 치료 가능한 난임은 남성과 여성의 몸에 병이 있어 생식능력의 발현이 가로막힌 상황인 것이다.

---

8 巢元方, 諸病源候論 · 虛勞無子候, 北京, 辽宁科学技术出版社, 1997, p.185.
   "婦人無子者, 其事有三也. 一者墳墓不祀, 二者夫婦年命相剋, 三者夫病婦疹, 皆使無子.
   其若是墳墓不祀, 年命相剋, 此二者, 非藥能益. 若夫病婦疹, 須將藥餌, 故得有效也."

(2) 난임의 신체적 요인

난임의 남성과 여성 측 요인에 대한 구분은 수정 과정에서 남녀가 담당하는 역할에 따랐다. 실질적으로 남녀 모두의 정(精)이 맞부딪치면서 새로운 생명이 탄생하지만, 남성의 역할은 잉태의 순간에 집중되어 있는 반면 여성의 역할은 잉태 이후 출산까지 더 긴 시간 동안 여러 방면에서 총체적으로 작용하기 때문에 여성 측면의 원인에 대한 설명이 더 많고 상세하다.

남성 측 핵심 요인이 되는 것은 정기(精氣)이다. 이는 남성에게만 있는 것은 아니지만 잉태의 순간에 집약되어 있는 남성의 역할이 제대로 발현되기 위해 가장 충실해야 하는 몸의 측면이다. 남성에게서 정기는 우리가 알고 있는 정액(精液)을 비롯해 비물질적인 차원까지도 포괄하는 개념으로, 후사를 위한 생식력뿐만이 아니라 남성 자신의 생명력까지도 말한다.[9] 정(精)은 그것이 갈무리되는 신(腎)이 허약하거나, 환경적인 요인으로 인해 손상되거나, 과도한 욕심으로 지나치게 많이 새어 나간 경우 고갈되어 난임을 초래할 수 있으므로, 근원을 보강하는 동시에 욕심을 절제하여 보존해야 잉태에 성공할 수 있다. 오늘날 남성의 정기를 보강하고자 할 때 정력에 좋다는 음

9　『황제내경』「소문」〈금궤진언론〉에서는 정(精)을 몸의 근본이라고 했으며[夫精者, 身之本也], 『황제내경』「영추」〈결기〉에서는 정(精)의 생성에 대해 두 개의 신(神)이 맞붙어 융합해 형(形)을 이루는데, 언제나 몸보다 먼저 생기는 것이 바로 정이라고 했다[兩神相搏, 合而成形, 常先身生, 是謂精]. 『동양의학대사전』에 따르면 정(精)은 식물의 씨앗과 같은 것으로 생명을 낳게 하고 존재할 수 있게 하며 영위하는 힘의 원천이자 가장 기본적인 존재이다. 정(精)은 그것의 유래와 기능에 따라 선천의 정과 후천의 정으로 나뉘는데, 선천의 정은 부모로부터 물려받아 나를 낳고 이루는 것이며, 후천의 정은 음식물로부터 얻어 이것을 다시 정미(精微)하게 한 것을 일컫는다. 음식물로부터 얻은 정이 오장으로 들어가 오장을 자양하며, 이는 다시 신(腎)으로 들어가 그곳에 저장되어 있는 선천의 정을 자양한다.

식물이나 약물을 섭취하는 것도 이러한 맥락이나, 물질의 섭취보다는 오히려 마음가짐[신(神)]을 통해 정기(精氣)를 보존하고 상태를 향상시키는 것이 더 근본적이고 효과적인 방법으로 여겨졌다.

한편 혈(血)로 대표되는 여성의 몸은 남자와 달리 자궁을 중심으로 매달 임신을 준비하는 과정을 주기적으로 거치면서 남자와 다른 생리 현상을 보이며, 수정부터 출산까지 태아의 발달 과정 전체에 관여하므로 남성에 비해 훨씬 복잡하다. 한의학 문헌에 따르면 여성의 난임에 기여할 수 있는 요인에는 여러 가지가 있다. 환경적인 요인, 감정 손상, 음식 또는 과로에 따른 손상으로 인해 혈(血)에 이상이 생기면 월경, 임신 및 출산을 관장하는 자궁과 경락에 이상이 생기기도 한다. 이 중 한 가지 측면만이 원인으로 작용하는 것이 아니라 혈(血)의 문제로 귀결되는 일련의 과정과 조건 안에서 임신 능력이 손상된다. 예를 들어 바깥의 냉기가 경맥에 침입해 혈(血)의 흐름이 원활하지 않게 되어 뭉치고 덩어리가 생겨 월경이 통하지 않으면 자궁 내에서 덩어리가 점점 커져 아이를 가질 수 없는 상태가 되는데, 여기까지 이어지는 일련의 과정에서 난임의 원인을 단 한 가지로 짚어 낼 수 없다는 것이다. 난임의 원인은 그때까지 일어난 신체 변화의 맥락 전체이며, 신체가 변화에 처하게 된 상황까지도 포괄한다. 혈(血)에 관해 특기할 점은 바로 오장 가운데 감정을 주관하는 심(心)과 관련이 깊다는 것이며, 이는 혈이 감정 상태의 영향을 크게 받는다는 것을 의미한다. 이 때문에 혈을 매개로 연결되어 있는 태아는 산모의 감정 상태로부터 많은 영향을 받으며, 이것이 태교에 전제되는 산모와 태아의 혈을 매개로 맺어진 관계성이기도 하다.

한의학에서 각각 여성과 남성의 생식력을 대표한다고 여겨지는 혈(血)과 정(精)은 난자와 정자처럼 여성과 남성의 몸 각각의 특수한 요소가 아니라 사람이라면 누구나 가지고 있는 것이다. 다만 여성의 몸은 자궁 안에서 아이를 잉태하고 출산 때까지 길러 내기 때문에 이를 가능하게 하는 혈(血)을 중요하게 보았고, 남성은 수정의 순간에 생식능력이 집약되어 있으므로 이때 능력의 발휘를 좌우하는 정(精)에 주목했다. 한의학에서 말하는 수정 과정을 살펴보면, 수정의 주체를 하나의 신체 요소로 규정하고 있지 않다. 혈과 정을 내세우고 있지만, 혈(血)은 홀로 활동하는 것이 아니라 자궁을 비롯해 혈의 생성과 유포를 담당하는 장부, 생명력의 근원처가 되는 장부, 그리고 관련 경락[10]과 하나의 연결망을 이룬다. 이 네트워크가 작동함으로써 혈의 작용으로 대표되는 생식력이 발휘되는 것이다. 정(精)도 홀로 활동하지 않는다. 정은 장부[11] 가운데 신(腎)과 가장 밀접하게 연결되어 있지만, 우리가 먹고 마시는 음식물로부터 정(精)이 만들어지기에 비(脾)와도 관련이 깊으며, 마음가짐에 따라 정(精)을 고갈시키는 화(火)의 발동이 좌우되므로 심(心)과도 깊은 연관성이 있다. 즉, 혈과 정은 각각 여성과 남성의 몸에서 생식력을 대표하는 중요한 지표이지만, 그 자체로 생식의 주체라고 볼 수 없으며, 이 지점이 생의학과 구분되는 한의학의 생식 관념이다. 한의학에서는 하나의 요소가 홀로 생식력을 발휘할 수 없기 때문에 이와 다른 방향성을 가질 수밖에 없으며, 이는 바로 생식력이 기반하고 있는 네트워크의 총체적

---

10 경락(經絡)은 인체의 기혈이 운행하는 통로로서 경맥(經脈)과 낙맥(絡脈)을 총칭하는 개념이다. 경맥은 우리 몸을 세로로 연결하는 줄기이며, 경맥으로부터 분기되어 온몸에 그물처럼 퍼져 있는 것이 낙맥이다. 경락은 우리 몸의 장부와 근육, 피부를 모두 운행하면서 몸의 안팎, 장부, 팔다리의 관절들을 유기적으로 연결한다.

11 장부(臟腑)는 오장육부(五臟六腑)를 통틀어 이르는 말로, 오장(五臟)은 간(肝)·심(心)·비(脾)·폐(肺)·신(腎), 육부(六腑)는 담(膽)·소장(小腸)·위(胃)·대장(大腸)·방광(膀胱)·심포(心包)이다.

인 회복이다.

4. 현대 한국사회의 난임 경험: 당사자들의 이야기

현대 한국사회에서 난임에 대한 주된 인식은 아이를 낳지 못하는 몸은 병적인 몸이며, 난임의 정확한 진단과 확실한 치료는 생의학의 의료기관에서 이루어진다는 것이다. 한국에서 난임을 경험하는 여성에게 생의학적 기준이 주요 잣대가 된 것은 1985년 시험관아기를 성공적으로 출산한 이후로 짐작해 볼 수 있다. 신체의 기능을 대체하는 방식으로 난임을 '치료'하는 보조생식기술은 난임에 관여하는 다양한 요인을 세세하게 추적하지 않고도 임신이 가능하게 하기 때문에 보조생식기술을 중심으로 발전한 생의학적 치료 현장에서는 난임의 원인을 구체적으로 밝히는 것보다는 보조생식기술을 적용할 적절한 시기를 정하는 것이 더 중요해졌다. 난임의 생의학적 진단 기준인 '피임을 하지 않는 정상적인 성관계에도 불구하고 1년 안에 임신이 되지 않는 것'에는 난임 당사자의 몸에서 문제의 근원을 파악하려는 의도보다는 기술을 적용할 적기를 놓치지 않으려는 의도가 엿보인다.

아이를 신체 외부에서 '만들어 낼' 수 있다는 것을 증명한 체외수정의 성공은 아이의 부재가 의료 영역 안에서 해결될 수 있다는 것을 보여주었고, 이는 인구를 통제하는 수단으로서 의학의 권위를 강화했다. 인구문제로서 난임은 낮은 출산율의 원인 중 하나이므로, 정부 입장에서는 아이의 획득이 개인적인 난임 문제와 인구문제에 대한 해답이었다. 이러한 국가의 관점은 난임인 몸을 문제로 인식하기보다는 아이의 부재를 문제 삼는 생의학적 관점과 맞아떨어져, 아이를 '생산'하는 보조생식기술이 난임을 치료하는 확실한 방법임과 동시에 인구문제를 해결하는 효율적인 방책으로 여겨졌고, 그 결과 난임 부부의 보조생식기술을 지원하는 국가정책의 예산 규모는 해를 거듭할수록 확대되고 있다.[12]

이처럼 생의학이 난임의 진단과 치료를 주도하는 가운데, 생의학과 한의학을 모두 공식적인 의료 시스템으로 인정하고 있는 한국사회에서 난임 경험 속 의료는 단일하기보다는 혼종되어 있다. 서로 접점이 없어 보이는 두 의료는 공통분모인 환자의 경험 속에서 다양한 방식으로 조우한다. 환자의 입장에서 복수의 의료는 하나만 선택해야 하는 배타적인 선택지가 아니라, 자신의 상태에 대해 다양한 해석과 문제 해결 방식을 제시하는 복수의 가능성이기도 하기 때문이다.

1) 보조생식기술이 주도하는 난임 현장

(1) 생의학적 난임 진단: 환자로서의 정체성 부여

오늘날 난임에 대한 정의와 규정이 생의학적 맥락을 따르는 만큼, 생의학적 치료법인 보조생식기술이 그 치료 현장을 주도한다. 저마다의 상황에 따라 임신까지의 기간에 차이가 있을 수밖에 없지만, 난임의 진단 기준을 1년으로 명시하고 있기 때문에 많은 이들이 이 기간을 잣대로 자신의 상태를 평가한다. 또한 1년이 되지 않았더라도 난임이 질병이라는 인식이 있으므로 자신의 상태가 병리적일지도 모른다는 불안감에 병원을 찾기도 한다.

---

12 보건복지부, 2020년 모자보건 사업안내, 2020, 91-95쪽.

결혼하고 나서 일 년 동안 계속 피임을 안 했거든요. 피임을 한 번도 안 했
는데 임신이 안 되는 거예요. 그때부터 병원을 다니기 시작했는데, 딱히 임
신하려고 노력한 건 없었지만 그냥 안 되니까 가 본 거였어요. (A씨)

A씨는 임신하기 위해 특별한 노력을 기울이지는 않았다. 그럼에도 불구
하고 생의학적 난임 진단 기준을 자신의 상황에 적용시켜 병원을 찾았다.
피임을 하지 않았고 1년이라는 기간이 지났는데 임신하지 않았으니 병원에
갈 이유가 충분하다고 본 것이다. 직장 때문에 부부가 떨어져 살면서 주말
에만 만나야 하는 상황이었음에도 불구하고 그녀에게는 임신이 되지 않는
것이 비정상적으로 느껴졌던 것이다. 그렇게 찾아간 병원에서 진단명이 나
오자 난임의 원인이 병적인 신체라는 자신의 의심에 근거가 있다고 확인받
은 셈이었고, 이로써 그녀의 진단명이 난임의 유일한 원인이 되어 버렸다.

한 달에 한두 번 만나는 상황이기는 했지만, 내가 처한 상황보다는 내 몸 상
태가 질병을 가지고 있다는 거잖아요. … 남편을 한 달에 한 번이나 두 번
만나서 어떻게 임신이 가능하냐고 하지만, 그렇게 만나도 할 사람은 다 된
다고 하니까. 자기 배란일만 맞으면 그 날짜에 만나서 하면 되잖아요. 그러
니까 (주말부부라는 상황이) 별로 위안이 되지 않아요. 그냥 나한테 문제가 있
어서 임신이 안 되는구나, 그것에만 포커스가 맞춰지기 때문에 그 외의 것
은 안 보여요. 내 잘못이구나, 그게 더 커요.(A씨)

될 사람은 된다는 식의 임신 성공담이 전설처럼 떠도는 가운데, 배란일만
맞추면 임신이 된다는 공식을 뒷받침해 주는 생의학적인 지식은 당사자의

여러 가지 상황을 무화시키면서 오로지 몸에 주목한다. 당사자도 자신의 신체를 자신이 처한 상황으로부터 분리시켜 생식력을 주변 상황과는 무관하게 늘 일정하게 발휘되는 기능으로 보았다. 이러한 관점에서 배란일이라는 것은 그 기능의 스위치가 켜진 때이므로, 이때 성관계를 맺었음에도 임신이 되지 않았다면 몸 자체의 문제를 알리는 신호일 수밖에 없는 것이다.

처음에는 임신에 관여할 것으로 여겨지는 모든 방면에서 난임의 원인을 찾던 여성이 의학적인 진단이 나오면 자신의 신체가 난임의 유일한 원인인 것으로 생각한다. 의학적 진단은 다름 아닌 비정상성의 통보이다. 진단명이 나오면 여성은 난임 환자로서의 정체성을 구성하기 시작하는데, 진단명에 따라 자신이 어떤 유형의 난임 환자인지를 구분하여 이후의 치료 과정에서도 경험을 공유하며 익명의 동류의 사람들과 연대하기도 하고 비교하기도 한다.

> 다낭성 까페에 가입하고 인터넷도 엄청 검색해 보고… 나보다 케이스가 나쁜 사람도 있나 보고….(A씨)

의료적 진단은 임신의 책임을 여성의 신체로 돌림으로써 막중한 책임감을 부과하지만, 다른 한편으로는 난임이 암시하는 각종 문제에 대한 막연한 불안감을 해소시켜 주기도 한다. 진단명이 있는 한, 그에 따른 치료 프로토콜이 정해져 있기 때문에 임신은 시간문제인 것처럼 느껴지는 것이다. 자신이 어떤 부류의 난임인지 알게 된 여성은 이를 바탕으로 정보를 검색하기도 하고 같은 종류의 난임을 경험하는 사람들과 소통하며 교류한다. 아이가 없다는 공통적인 상황에 처해 있지만 각자의 구체적인 상황은 숨겨진 가운데, 의학적 검진은 여성 스스로도 몰랐던 이면의 '본질'을 읽어 내어 난임을 원인별 카테고리에 분류하는 역할을 한다. 난임 병원의 검진을 통해 여성은 난임 환자의 정체성을 부여받음과 동시에 구체적인 카테고리에 속하는 신체로 분류 당한다.

의학적인 규정이 당사자의 책임감을 덜어 줘 사회적 지위가 향상되는 것은 의료화의 순기능으로 평가되는 결과이다.[13] 난임의 경우, 의료화가 당사자의 막연한 불안감을 해소해 주지만, 이로 인해 여성의 책임감이나 사회적 지위가 향상되는지는 의문이다. 난임의 원인을 신체, 그중에서 생식계통의 범주 안에서만 찾는 생의학적 관점에서 진단은 여성의 몸 안에서 이상을 찾아내 난임에 구체적인 이름을 붙임으로써 여성을 병적인 몸으로 규정하는 과정이기 때문이다. 과거 난임이 여성이 타고난 운명과 직결된다고 보던 경우와 비교했을 때 여성의 몸에 원인이 있다는 의학적 판단은 치료의 가능성을 내포하기에 긍정적이라고 볼 수도 있지만, 여전히 난임의 책임은 여성의

---

13 Becker와 Nachtigall은 난임의 의료화를 추동한 힘으로 사회적 요인을 지목한 연구에서 의료화의 순기능이 작용한 사례로 양극성장애(schizophrenia)를 들었다. 가족력으로 발생한다고 여겨졌던 양극성장애가 뇌장애로 밝혀지면서 양극성장애 환자와 가족들에게 찍혔던 낙인이 완화되었다는 것이다. 이러한 경우에 당사자들은 오히려 적극적으로 의료화 과정에 참여하고, 의학적으로 규정받기를 원한다는 것이다. "Medicalisation is sometimes thought to improve the status of persons who have such conditions by providing explanations that attribute less responsibility for the condition to the individual than was associated with previous explanations, for example, the shift from viewing schizophrenia as an outgrowth of family systems to viewing it as a disease of the brain. In cases such as these, persons affected by the deviant status may actively participate in efforts to medicalise the condition(McLean 1990 재인용)." Becker and Nachtigall (1992). Eager for medicalisation: the social production of infertility as a disease. Sociology of Health and Illness. Vol. 14. No. 4. p. 457. 그러나 의료화가 사회적 주변부에 있다고 간주되는 이들에게 과연 최선책인지는 단정하기 어렵다.

신체 안에 매여 있다.

(2) 생의학적 난임 치료: 보조생식기술이라는 열차에 몸 싣기

검사를 통해 이상이 발견되면, 문제를 정상화하는 것에서부터 난임 치료가 시작된다. 난자가 배출되는 통로인 나팔관이 유착된 경우에는 이를 분리시키는 시술이 치료가 되고, 자궁 내에 근종이 있는 경우에는 근종을 제거하는 것이 치료의 첫 단계이다. 그러나 생식계통의 이상을 교정하는 것이 생식력의 회복을 의미하지는 않는다. 진단 당시 여성의 몸에서 드러나는 두 개의 비정상성—난임과 생식계통의 이상—은 서로 인과관계를 맺고 있는 것처럼 인식되지만, 의료 현장에서는 그 인과성에 대한 확신이 불투명해 보인다. 병원에서는 의료적 처치를 통해 문제를 바로잡은 후 자연적으로 임신이 되기를 기다리는 대신, 더 효율적인 보조생식기술을 곧바로 여성에게 제안하기 때문이다.

보조생식기술 중 한 단계에서 다음 단계로 넘어가는 건 이전 단계의 방법이 일정 기간 내에 원하는 결과를 가져오지 못했기 때문이므로 더 적극성을 더해 가는 과정임과 동시에 난임의 원인으로 추정되는 몸의 이상을 하나씩 제외시켜 나가는 과정이다. 임신에 어려움을 느낀 부부가 찾아간 병원에서 생식계통의 큰 이상이 발견되지 않으면, 배란일에 맞춰 관계를 갖도록 날짜를 정해 주고 성관계를 지도한다. 이후 정자와 난자가 수정하는 데 문제가 있을지도 모른다는 의심으로 인공수정이 이루어지고, 착상에 문제가 있을지도 모른다는 생각으로 시험관 시술이 이루어진다. 이처럼 시술이 치료 방법임과 동시에 진단적인 성격까지 있기 때문에, 구체적인 원인을 파악할 시간적인 여유가 없다고 여겨지는 경우에는 곧바로 마지막 단계인 시험관 시술이 시행된다. 시험관 시술이 비싸고 신체에 침습적임에도 불구하고, 환자들은 거부하지 않는다. 시험관 시술이 가장 공격적인 치료 형태이기 때문에 그만큼 성공 확률이 높다는 기대가 있기 때문이다. 오히려 순차적으로 인공수정 단계를 거치는 것이 돈과 시간의 낭비로 여겨지기도 한다.

의사의 지도하에 성교를 해야 하는 단계를 지나 인공수정과 시험관 시술로 진행하게 되면, 임신을 위한 성교의 의무로부터 자유로워진 대신 여성은 성교를 대신할 페트리접시와 니들(needle)에 사용될 난자를 최대한 많이 배출할 수 있도록 규칙적으로 약물을 복용하고 호르몬 주사를 맞아야 한다. 여성은 시술에 필요한 자원을 제공함과 동시에 시술을 받는 대상이 되며, 전 과정은 정해진 치료 프로토콜에 따라 진행된다. 여성은 이 프로토콜에 맞춰 최선의 결과가 나올 수 있도록 생활 습관을 개선하거나 각종 실천을 통해 기술을 보조하게 된다. 다음이 그와 같은 실천의 한 예이다.

> 물구나무서기를 하면 아이가 더 잘 들어간다고 해서, 말도 안 되지만 물구나무서기까지는 안 하고 다리라도 들고 자고 그랬어요.(B씨)

아이를 희망하기 때문에 병원을 찾은 여성과 남성은 난임의 의료화 과정에서 기술의 역할이 확장되는 경험을 한다. 검진을 통해 각 측 요인을 탐색한 후, 의료적 기준에서 비정상적인 쪽은 환자 역할을 부여받아 병원에서 정해주는 프로토콜을 따르게 된다. 대부분의 경우 여성이 환자가 되는데, 환자 역할은 신체의 비정상성의 정상화 여부에 따라 종료되는 것이 아니라, 아이의 획득 여부에 따라 종료된다. 보조생식기술이 진행되면서 남성이 차지하는 역할의 비중은 줄고, 인공수정과 시험관 시술에 이르러서는 성교 없이 임신이 시도된다. 결국 임신에서 남성의 역할은 정자의 제공 외에는 기술로 대체되고, 여성은 정자와 수정될 건강한 난자를 최대한 많이 배출하기 위해 계속적으로 호르몬제를 투여 받는다. 호르몬제로 인해 여성은 자신의 생식 주기를 스스로 가늠할 수 없는 가운데, 병원에서 정해 준 스케줄에 따라 검진을 받고 순차적인 처치를 받기 위해 내원한다. 보조생식기술의 성공률이 낮음에도 불구하고 '유일한' 해결책이라는 인식에 따라 여성들은 경제적, 신체적으로 부담이 되는 가운데 성공할 때까지 계속 시도하기를 원하는 경우가 많다.

2) 난임 속 한의학, 한의학 속 난임

(1) 한의원을 찾는 난임 환자

누구나 인터넷으로 난임의 진단 기준이나 보조생식기술에 대해 검색할 수 있다. 보조생식기술의 구체적인 과정이나 비용, 잘하는 병원 등과 같은 정보도 얼마든지 찾을 수 있다. 하지만 병원에서 진단을 내리기 전에 스스로를 난임 환자로 규정하는 경우는 별로 없다. 생식력은 정상적인 몸의 보편적인 능력이라고 여겨지기 때문이다. 지금 되지 않아도 언젠가는 될 일인 것이다. 지연되는 임신을 병이라고 생각하지 않더라도 주변에서 문제를 제기하기도 하는데, 이때 한의원을 찾는 경우가 있다.

아이가 생기지 않아도 워낙 별로 낳고 싶다는 생각이 없었고, 생겨도 그만 안 생겨도 그만 그렇게 생각했기 때문에(임신이 되지 않아도) 별 생각이 없었어요. 그러다가 시간이 지나니까 친정 엄마가 한약을 먹어 보자 그러시

고… 저는 별로 급하다는 생각은 안 들었어요.(B씨)

… 주변에서는 걱정을 하죠. 예전 같으면, 우리 때만 해도 나이도 서른이 넘어가니까 장모님도 집사람 걱정이 돼서 대전에 어디 용한 한의원이 있다는데, 가 보자고….(G씨)

난임 환자가 '환자'로 규정되기까지의 기간은 스스로 문제를 느껴 병원을 찾는 시점에 달려 있다. 진단 기준이 정해 놓은 기간은 1년이지만, 임신에 직접적으로 연관되어 있는 성관계의 횟수나 성공적인 임신에 필수적인 여타의 요인들은 언급되지 않기 때문에 실제 당사자들은 본인들이 생각하는 임신 조건이 무엇이며 스스로 평가하는 조건에 부합하는 정도에 따라 문제의식을 느끼는 정도에 차이가 있다. 또한 임신에 대한 의지에 따라 스스로의 난임 가능성을 고려하는 정도도 다르다. 예컨대 아이를 원하는 마음이 강하다면 더 빠른 시간 내에 임신이 이루어지기를 기대해 병원을 빨리 찾을 확률이 높고, 그렇지 않다면 진단 기준이 명시하는 1년의 기간이 다해도 자발적으로 병원을 찾지 않을 가능성이 크다.

B씨는 스스로 난임일 수도 있다는 가능성을 심각하게 고려하지 않은 경우였다. 임신에 대한 욕망이 그리 크지 않았다고 얘기한 B씨는 남편과 주말부부로 지내는 상황이었다. 본인이 아이에 대해 욕망이 크지 않은 상태에서 남편과의 만남조차 한정되어 있었기 때문에 그녀는 주변 사람들이 걱정할 때조차도 임신이 되지 않는 것에 대해 문제의식을 갖지 않았다. G씨의 경우도 당사자들보다는 주변에서 걱정을 한 경우였다. G씨 부부도 주말부부로 지내는 상황이었기 때문에 만남의 횟수 자체가 적었다. 따라서 임신이 되지 않아도 당연하다고 생각했는데, 여성의 나이를 이유로 주변에서 문제가 있

을 가능성을 제기했다.

임신이 늦어질 수 있는 정황이 있었음에도 불구하고 주변에서 의료적 문제의 가능성을 제기하자, 이들이 찾아간 곳은 상대적으로 문턱이 낮은 한의원이었다. 스스로 난임 '환자'일 거라는 생각이 희미한 상태에서 산부인과가 아닌 한의원을 찾는 것은 난임 치료에 있어서 한의학의 특성과 그에 대한 인식을 드러낸다. 먼저 한의학적 치료법은 침습적이지 않다. 보조생식기술이 요구하는 주사를 통한 호르몬제의 투여나 불쾌하고 고통스러운 정자/난자 추출 또는 수정란의 주입 등의 침습적인 행위에 비해 침 치료와 한약 복용은 쉽다. 몸을 대체하는 보조생식기술에 비해 한의 치료는 자연임신을 목표로 몸의 생식력을 보조하므로 보조생식기술이 암시하는 '비정상적인 몸' 낙인으로부터 자유로울 수 있다. 난임을 치료하고자 찾았지만, 한의원을 찾는 사람은 '난임 환자'가 아니다.

한편, 난임 환자로 진단받아 보조생식기술을 이용하는 경우에도 한의원을 찾는다. 이 경우는 보조생식기술의 성공률을 높이고자 보조적인 치료를 받으려는 것으로, 이미 생의학적 난임 환자로서의 정체성을 지닌 경우가 많다. 이에 대한 한의사의 이야기는 다음과 같았다.

한의원에서 (난임 치료를 온전히) 해 볼까… 그렇게 찾아오는 경우는 사실 잘 없어요. 대개 심각하게 생각해서 오는 경우는 산부인과에서 불임 진단을 받고 보조생식술도 이미 하고 있는 경우가 많고, 처음부터 한의원을 찾는 경우는 임신을 위해 노력한 기간에 비해 임신이 수월하게 안 된다는 우려를 하다가 약을 먹으면 임신이 잘 된다는 이야기를 듣고 오는 경우가 많은 것 같습니다. (한의사 1)

난임 환자가 어떤 계기로 오는지 살펴보면, 일단 임신이나 결혼 전에 몸 상태를 점검하기 위해서 오거나, 신체상의 이상이 있는 경우, 월경에 문제가 있거나… 또는 더 건강하게 임신을 준비하기 위해서, 아니면 과거에 임신 경험이 있었는데 유산이 된 경우… 또는 이상이 있더라도 보조생식술을 원치 않아서 오는 경우, 그냥 한 번 와 보는 경우가 있는 것 같아요.(한의사 2)

몸의 기능을 대체하는 보조생식기술에 비해 덜 침습적인 한의학적 치료법은 몸의 생식력을 보조하거나 복원함으로써 자연임신의 가능성을 높여주는 것으로 이해된다. 여성이 생의학에 노출되기 전에 주로 주변의 권유에 따라 한의원을 찾는 경우가 많은 것도 아직 자연적으로 임신을 할 수 있다고 믿으며, 기술의 개입이 필요하지 않다고 생각하기 때문이다.

하지만 기술이 개입한 이후에도 한의원을 찾는데, 몸의 전반적인 상태를 개선해 성공률을 높이고자 하는 것이다. 기술은 몸을 대체하지만, 그 성공 여부는 몸에 달려 있다. 기술에 사용되는 생식세포가 몸에서 생산되고 착상 또한 몸에서 일어나므로 기술을 뒷받침할 몸 상태를 만들기 위해 한의학적 치료를 받는 것이다.

(2) 한의학적 난임 치료: 가로막힌 생식력의 복귀

기술을 이용할 만큼의 환자 정체성이 확립되기 이전, 또는 기술을 이용하는 중 보조 수단으로 한의학적 치료법을 찾는 경우 외에 기술이 포기한 몸도 한의원을 찾는다. 보조생식기술이 성공할 수 있을 만한 '재료'와 '장소'를 공급하지 못하는 몸은 보조생식기술의 대안으로 한의학에 기대를 건다. 이 때 정자와 난자 같은 구체적인 신체 요소로서 임신 기전을 설명하지 않는 한의학의 '모호함'은 오히려 무슨 일이든 일어날 수 있는 가능성으로 여겨진다. 현대의 생물학적 지식 상 임신이 불가능하다고 판단한 몸에 내재해 있을 일말의 가능성이 그러한 단정을 내리지 않는 한의학적 관점을 동아줄 삼아 구체화되는 것이다.

> 어느 날 갑자기 굉장히 몸이 아팠어요.… 자궁근종이 생겼다 그러더라고요.… 그래서 양방에 갔죠.… 양방에서는 이렇게 급속하게 커지는 경우가 없다며 자궁을 적출해야 한다고, 자궁을 떼어 내라고 했어요.… 애기도 안 가졌는데, 임신을 하려고 노력하고 있었는데 자궁을 적출하라는 게 말이 안 되잖아요.… 안 되겠다 싶어서 한의원에 찾아갔어요.(C씨)

C씨는 임신을 준비하던 중 몸에 이상 증세가 나타나자 병원을 찾았다가 자궁을 적출해야 한다는 진단을 받았다. 병원에서는 임신이 불가능하더라도 환자의 상태가 악화될 수 있는 상황이 더 우려된다며 비가역적인 자궁 적출을 권유했다. 임신 가능성과 자궁근종 치료 가운데 하나밖에 선택할 수 없는 상황을 C씨는 받아들일 수 없었고, 이에 한의원을 찾았다.

> 원장님이 보시고 약을 지어 줬어요. 근데 지어 주시면서 "이 약 먹고 임신할 수도 있으니까 조심해라." 이렇게 말씀을 하시더라고요. 저는 말이 안 된다고 생각했어요. 피임을 한 적도 없는데 임신이 돼 본 적이 없으니까.… 농담하신다고 생각하면서 약을 받아 먹었는데, 약을 반제 정도 먹으니 근종 사이즈가 확 줄고, 두 제 먹으니까 절반 정도로 줄고, 세 제 먹는데 임신이 됐어요. 원장님께 욕먹었죠. "임신하지 말라니까, 임신하면 도로 (근종이) 커질

텐데 어떡할 거냐. 입덧하면 도로 커질 거다." 이렇게 말씀하셨어요. 저는 너무 좋아서 모르겠다, 이러면서 그냥 임신을 유지했는데, 정말 입덧을 하니 커지더라고요. 8센티까지 도로 커졌다가 약 먹으면서 계속 괜찮았어요. 6~7센티 선에 있다가 출산했어요. 만삭 다 채워서.(C씨)

한의원에서는 자궁근종을 치료하고자 처방을 내렸다. 그리고 자궁근종을 치료하는 과정에서 임신이 될 수 있으니, 치료가 완료되기 전까지 임신이 되지 않도록 주의를 주기도 했다. 한약을 복용하는 과정에서 자궁근종은 작아졌고, C씨는 주의대로 임신을 늦추지는 않았으나 지속적으로 한약을 복용하여 근종이 더 커지지 않게 통제하면서 만삭을 채운 후 출산했다. 앞서 근종을 치료하려면 임신을 포기해야 하는 상황과는 달리 근종을 치료하는 과정에서 임신까지 된 것이다.

5. 임신하는 몸과 임신당하는 몸

C씨의 사례에서 난임에 대한 생의학과 한의학의 시각 차이가 극명하게 대비된다. 먼저 그녀의 자궁에서 발견된 근종과 난임의 관계를 중심으로 생의학적 관점을 살펴보자. 그녀가 병원을 찾은 것은 보조생식기술로써 난임을 치료하기 위한 것은 아니었다. 자연임신을 위해 노력하는 중에 이상 증세가 있어서 병원을 찾았다가 자궁에서 근종이 발견된 것이다. 자궁근종으로 인해 임신이 원활하게 되지 않은 것인지, 자궁근종이 생기게 된 더 근본적인 원인으로 인해 임신까지도 원활하지 않았던 것인지에 대한 판단이 생

략된 채 가장 시급한 것은 자궁근종의 제거였으며 구체적인 치료 방법은 자궁 적출이었다. 자궁근종의 진단과 치료 과정에서 난임은 고려 대상이 아니었다. 즉, 자궁근종과 난임은 각각의 병리 간에 연관성이 있는지의 여부와 상관없이 별개의 상황으로 치부되었고, 더 위급하다고 여겨진 근종의 치료가 강조되는 가운데 그 치료의 결과로서 임신의 포기는 환자가 지불해야 할 기회비용이었다.

한편 한의학적 관점에서 자궁근종과 난임은 서로 연결되어 있는 질병 패턴의 두 가지 징후로 여겨졌다. 한 증상의 치료는 나머지 증상의 치료와도 같은 맥락상에 있기 때문에 두 증상 가운데 위급한 정도에 따라 치료의 선후관계를 정할 뿐 하나의 치료가 다른 하나의 포기를 의미하는 배타적인 관계가 아니었다. C씨의 근종이 이미 급속하게 커져 있었기 때문에 근종이 발생한 기전을 역행하도록 처방을 했으며, 그 과정에서 정상화된 몸은 가로막혀 있던 생식력까지 회복했다. 근종이 발생하게 된 질병의 패턴과 난임의 그것은 같았으며, 다만 근종이라는 징후가 난임에 비해 가시적이었던 것이다. C씨의 사례에서 한의학적 치료는 결과적으로 임신할 수 있는 몸으로의 회복이었으며, 만일 근종의 진행 정도가 심각해서 석회화가 일어났다면 치료가 어려웠겠지만, 한의학적으로 아직 치료할 수 있는 가역적인 상태였기 때문에 근종의 치료가 난임의 치료까지 이어질 수 있었다.

C씨가 처음 찾았던 곳은 생의학 기반의 산부인과였다. 한의원보다 먼저 방문했기 때문에 근종 또한 진행이 덜 된 상태였는데, 생의학적 판단은 이미 약물 치료로는 근종을 줄이기가 어렵다는 것이었다. 그 이유는 바로 근종의 크기와 발달 속도였다. 근종의 크기가 이미 10센티가 넘었기 때문에 수술로 제거하는 것이 치료 원칙이었다. 근종이 생기게 된 원인보다는 이

미 기준치를 넘은 근종을 제거하는 것이 중요했다. 해당 근종의 발달 속도라면 빠른 시일 내에 더 자라서 출혈과 같은 더 심각한 일이 벌어질 수 있기 때문에 환자의 생존을 위해 자궁 적출이 적당한 치료 방법으로 권장됐다. 한의학적 접근법과 다른 생의학적 치료법의 특징을 요약해 보면 다음과 같다. 먼저, 근종은 징후가 아니라 치료해야 하는 병 그 자체였다. 둘째, 근종의 치료와 난임의 치료는 별개였다. 근종이 자궁 내에 자리 잡고 있었기 때문에 물리적으로 임신에 방해 요소로 작용했을 것이라는 점 외에 근종과 난임 간의 병리상의 상관관계는 고려되지 않았다. 즉, 근종이 물리적으로 난임의 원인일 수는 있으나, 근종의 치료가 난임의 치료와 연결되지는 않았으며, 오히려 근종을 치료함으로써 결과적으로 난임의 치료는 불가능해질 것이었다.

근종의 크기가 작아 약물 치료로 통제가 가능했다면, 근종의 치료가 난임 치료와 같은 선상에서 이루어졌을까? 이에 대한 답을 또 다른 사례를 통해 찾아보자. A씨는 C씨와 비슷한 연령대의 여성으로, 난임 문제로 병원을 찾았다. 주말부부였던 상황을 감안해 그동안 병원을 찾지 않았던 A씨는 주변의 권유로 난임 전문 병원을 찾았다가 한쪽 나팔관이 유착되어 있다는 진단을 받았다. 그녀는 난임의 원인으로 작용했을 나팔관 유착부터 치료받았다.

> 복강경으로 수술을 하고서, 담당 선생님께서 나이가 있으니 인공수정을 해 보는 게 어떠냐고 하시더라고요.… 그렇게 3번을 했는데, 임신이 안 됐어요. 선생님께서 "너는 이제 나이도 있으니까 시험관 시술을 해 보자. 이건 비용도 많이 들고 힘드니까 잘 생각해 봐라."라고 하시더라고요. 저는 그 자리에서 하겠다고 했어요. (A씨)

A씨가 난임으로 찾았던 병원에서는 정밀검사를 통해 생식계통의 질병을 발견했다. 한쪽 나팔관이 유착되어 있으니, 양쪽에서 배란이 이루어질 때보다 배란이 원활하지 않았을 것이기에 나팔관 유착을 치료하고 나면 자연임신을 기대해 볼 수도 있는 상황이었다. 하지만 병원에서는 나팔관 유착을 치료하고 난 뒤 회복된 생식력이 발휘되기를 기다리기보다는 인공수정을 권유했다. A씨의 나이가 적지 않다는 게 이유였다. 이후 3회에 걸친 인공수정으로도 임신이 되지 않자, 병원에서는 시험관 시술을 권했다.

A씨의 경우, 난임을 초래할 수 있는 생식계통의 문제가 발견되었고, 이를 치료함으로써 생식력의 회복을 기대해 볼 수 있는 상황이었다. 하지만 병원에서는 자연임신을 기다리기보다는 더 적극적인 대처를 권했다. 유착된 나팔관을 치료하는 시술이 재유착을 방지하는 근본적인 치료 방법이 아니었기 때문에 언제든지 다시 유착이 될 수 있는 상황에서 가능한 한 빨리 임신에 성공해야 했다. 먼저 정부에서 보조해 주는 보조생식기술 가운데 덜 침습적인 인공수정이 시작됐다. 환자의 나이가 적지 않은데다가 나팔관이 언제라도 다시 유착될 수 있는 불안정한 상태의 A씨의 경우, 그대로 두었을 때 임신의 확률이 현저하게 낮다는 판단 때문이었다. A씨의 난임의 원인은 이제는 나팔관 유착이 아니라 노화에 따른 생식력의 저하였다. 정부에서 지원하는 횟수의 인공수정 시술도 실패로 돌아가자, 병원에서는 역시 같은 이유로 시험관 시술을 권했다.

시험관 시술은 확실하니까. 텔레비전에서도 시험관 시술로 아기를 낳았다고들 하니까, 확실한 방법이라도 느껴졌어요.… 난자를 채취하려고 전신마취를 했어요. 엄청 아프더라고요. 저는 난자가 22개가 나왔는데, 선생님이

다른 사람에 비해서 많이 나온 거라고 하셔서 뿌듯했어요.(A씨)

인공수정이 몸의 생식력을 일부만 대체하는 기술이라면, 시험관 시술은 기술이 임신 과정에서 몸의 역할 대부분을 대체하는 기술이다. 시간이 지날수록 생식력이 떨어지는 몸은 제쳐둔 채, 아이의 획득이 기술 주도로 이루어지고, 그 과정에서 몸은 기술의 필요에 따라 생식세포를 제공하고 착상을 위해 수정된 배아를 넣어 주는 곳으로서의 역할을 부여받는다. 기술에 몸이 맞추는 상황이 된 것이다. 따라서 생의학의 보조생식기술, 특히 시험관 시술이 주도하는 난임 치료 상황에서 몸은 임신하는 몸이기보다는 기술에 의해 임신을 당하는 몸이다. 그러나 기술이 주도하는 상황임에도 치료가 실패로 돌아갔을 때, 그 원인을 기술에서 찾지 않는다. 기술에 쓰이는 생식세포가 난임 환자의 몸에서 추출되므로 그 원인은 애당초 건강하지 못한 몸이 되어 버린다. 자연임신에 성공하지 못했던 몸이 기술을 이용했을 때 기술 '덕'에 임신에 성공한 것으로 여겨지는 것을 상기하면 아이러니하다. 성공하면 기술 덕, 실패하면 몸 탓이 되어 버리는 보조생식기술에서 난임인 몸은 진단부터 치료까지 비정상성 또는 수준 이하(subpar)의 맥락에서 벗어나기 어려워 보인다. 보조생식기술을 이용한 난임 치료의 목표가 몸의 정상성 회복이 아니라 아이의 부재라는 상황의 개선에 치우쳐 있기 때문이다. 이러한 경우 당사자들은 성공적인 출산 이후에도 난임 환자의 정체성을 쉽게 벗어나지 못한다. 아이가 없는 상황은 벗어났으나, 자신의 몸이 생식력이 정상적으로 발휘되는 몸인가에 대해서는 답을 얻지 못했기 때문이다. 이들은 치료가 종료된 이후에도 스스로의 몸 상태를 의심하면서 시험관 시술을 통해 태어난 아이들에게 자신의 비정상적인 생식력이 유전되었을까 봐 걱정

하기도 한다.[14]

6. 나가며

오늘날 생의학의 보조생식기술이 만들어 가고 있는 난임의 지형은 난임에 대한 생의학적 이해에 비해 복잡하다. 생의학적 난임은 생물학적 임신 조건에 따라 진단 기준을 명확하게 제시하고, 이 조건을 만들어 주기 위해 보조생식기술을 적용한다. 정자와 난자가 수정되어 임신이 일어나므로, 이를 방해하는 요인들을 제거하고 둘의 만남을 성사시키면 난임을 치료할 수 있다는 논리이다. 생의학적 난임과 보조생식기술이 전제하는 논리는 이처럼 단순하고 명쾌하다. 하지만 실제 상황은 그렇지 않다. 난임의 정의에 따르면 치료하고자 하는 것은 난임 당사자의 생식계통의 질병이지만, 생의학적 치료 방법인 보조생식기술의 성공 기준은 아이의 획득 여부이며 기술은 몸을 우회하여 사용될 수 있기 때문에 치료 과정 중 어느 시점부터는 당사자의 생식력 회복 여부가 중요하지 않다. 오히려 당사자의 생식력이 회복되

---

14 저자가 인터뷰한 난임 전문가는 환자들이 보조생식기술을 통해 자신의 난임을 '치료'했다고 해서 자신의 몸이 정상화됐다고 생각하지 않으며, 임신 과정에 개입한 기술의 단계가 높을수록 여성의 열등감이 높다고 말했다. 이들은 보조생식기술을 통해 낳은 아이들이 자신의 비정상정을 물려받은 잠재적인 난임 환자일지도 모른다는 생각을 가지고 있었다. 한편 이들은 출산의 방식으로 자연주의 출산을 선호하는 경향이 있었는데, 이 또한 '자연'이 내포하는 정상성을 출산 과정에서라도 획득하려는, 임신 과정에서 기술이 대체할 수밖에 없었던 비정상적인 몸의 열등감에 대한 보상 행위로 보았다.

지 않았기 때문에, 또는 회복 여부를 기다릴 시간적 여유가 없기 때문에 기술이 들어온다.

기술은 몸에 침습하는 정도에 따라, 그것이 대체하는 역할의 크기에 따라 여러 단계로 나뉜다. 처음에는 몸을 보조하는 정도에 머물러 있던 기술이 점점 몸을 보조하거나 회복시키기를 포기하고 몸의 역할을 대신한다. 임신하는 몸을 치료하고 보조하던 기술은 이제 몸을 대신해 임신하는 주체가 되어 난임 당사자와 같은 목표를 공유하게 된다. 바로 아이의 획득이다. 이 과정에서 난임 치료의 대상이던 몸은 주변화 되고 생식력의 회복은 더 이상 치료의 목표가 아니게 된다. 몸은 다만 기술의 사용에 문제가 없도록 양질의 생식세포와 착상이 잘될 수 있는 자궁을 제공하면 된다. 난임 당사자도 생식계통의 질병을 문제시했던 이유가 임신의 어려움이었기에 최종 목표였던 아이를 획득함으로써 난임이 치료됐다고 여긴다. 어찌됐건 아이가 생겼다면 몸에 병이 남아 있더라도 난임 치료는 종료된다.

한편 한의학적 관점에서도 난임이라는 문제는 임신이 어려운 몸 상태에 있다고 본다. 생식력을 가로막는 신체의 구조적·기능적 이상을 정상화시키는 것이 난임 치료의 목적이다. 하지만 생의학과는 달리 한의학적 치료는 몸을 우회하지 않는다. 임신은 오로지 몸에서만 일어날 수 있는 일이며 생식력은 더 근본적인 차원으로부터 기인하는 능력이므로 난임을 치료하기 위해서는 난임이라는 징후를 통해 드러난 전체 몸의 문제를 해소해야만 한다. 더 근본적인 원인을 찾아 해결했을 때 순차적으로 난임이라는 상대적으로 표면적인 문제도 해결되는 것이다.

몸에 내재된 능력인 생식력이 제대로 발현되지 못하는 상태로서 난임이라는 현상에 대해 생의학과 한의학이 이처럼 상이하게 접근하는 것은 어디에서 기인하는가? 표면적으로는 보조생식기술의 존재 여부가 그 차이의 핵심인 듯 보이지만, 보조생식기술이 발달할 수 있었던 생의학과 그렇지 않은 한의학 사이에는 각각 그럴 수밖에 없었던 몸에 대한 이해의 차이가 있다.

난임에서 문제시되는 생식력을 살펴보자. 생의학에서 생식력은 몸의 생식계통에서 발현되는 신체의 기능으로, 여성에서는 난자, 남성에서는 정자가 담당한다. 여성의 생식 주기 가운데 난자가 배란되는 기간이 배란기로서 임신이 가능한 시기인데, 난자가 배란되는 순간부터 스위치가 켜지듯 임신이 가능하게 되며, 배란기가 끝나고 월경이 시작되면 스위치는 꺼지고 여성은 다음 배란일까지 기다려야 한다. 여성의 생식력에 대한 이와 같은 설명이 전제하는 것은 생식력이 난자에 집약되어 있으며, 난자의 배란주기에 따라 있거나 없는 기능이라는 것이다. 다시 말해 배란기에 들어서면 해당 기간 내에서는 언제든 임신이 가능하며, 이때의 생식력은 배란기 내내 일정하다고 간주된다. 또한 보조생식기술에서는 난자를 과배란시켜 수정의 가능성을 높이는데, 여기에서 난자의 생식력이 그것이 배란되기까지의 과정으로부터 독립된 기능으로 여겨지는 것을 알 수 있다. 난자가 나오기까지 일련의 과정을 거치지만, 이 과정을 단축시키거나 한 번에 여러 개의 난자를 배출하도록 인위적으로 조절하더라도 난자의 기능에는 이상이 없다는 것이다. 난자는 생식계통의 산물로서 그 안에 생식력을 지니고 있다고 보는 것이다. 따라서 배란된 난자가 구조적으로 온전하기만 하다면, 생식이 주된 기능인 난자는 그것이 속해 있던 몸으로부터 분리되어 독립적으로 제 역할을 발휘할 수 있는 것이다. 정자도 마찬가지이다. 정자는 여성의 경우처럼 일정한 주기에 따라 배출되는 것이 아니라 늘 배출이 가능하다고 보며, 남성의 컨디션에 따라 영향을 받는다 하더라도 임신 여부를 좌우할 만큼 정자 자체의 생식력에 대한 영향력이 크다고 보지는 않는다.

생식력에 대한 한의학적 이해는 이와 다르다. 먼저 생식력은 하나의 신체 요소에 집약되어 있는 것이 아니라 생명력과 밀접한 관련을 맺으며 몸 전체에 내재되어 있다고 본다. 생식력은 선천적으로 부여받은 능력으로, 때가 되면 '생식계통'에서 발현된다. 여기에서 '생식계통'은 생식력이 드러나는 곳으로, 그것의 발현은 몸 전체에 걸친 네트워크에 의지하고 있기 때문에 나머지 몸에서 떨어져 독립적으로 기능할 수 없다. 생의학에서 생식력을 담고 있는 신체의 산물이 난자 또는 정자였다면, 한의학에서 생식력은 생식을 목적으로 묶인 신체의 네트워크라고 본다. 여기에는 정기와 혈을 비롯해 장부와 경락이 포함되며, 정신의 영역까지도 포괄된다. 네트워크를 이루는 것들 중 생식력이 더 직접적으로 드러나는 부분들이 있지만, 생식력에 문제가 생겼다고 해서 이 부분에만 주목하지 않는다. 난임은 그 자체로 치료 대상이기보다는 생식력의 문제로 귀결된 네트워크의 이상을 알리는 징후이므로 치료에서도 네트워크 전체가 고려된다. 이를 통해 알 수 있는 한의학적 생식력은 몸 전체에서 발현되는 것으로서 몸 상태에 따라 가변적이다. 생식 주기에 따라 임신 가능성이 구분되는 것은 맞으나, 임신이 가능하다고 여겨지는 시기 안에서도 몸 상태에 따라 생식력의 정도가 유동적인 것이다. 이러한 관점에서 생식 주기는 인위적으로 단축시킬 수 있는 기간이 아니다. 이 시간은 단순히 난자라는 산물이 만들어지는 데 걸리는 시간이 아니라, 그 자체로 생식력이 발현되는 때이기 때문이다.

난임에 대한 생의학과 한의학의 상이한 접근은 난임에 대한 관점의 차이에 기인하며, 이는 난임에서 정상적으로 발현되지 못하는 생식력에 대한 서로 다른 이해를 바탕에 두고 있다. 하지만 엄밀하게 말하면 생식력에 관해 관점의 차이가 있는 것이 아니라, 난임이라는 현상에서 무엇을 문제로 인식하는지부터 생의학과 한의학의 견해에 차이가 있다. 한의학에서는 생식력'이라는, 임신을 가능케 하는 몸의 어떤 힘(또는 그것의 이상 발현)에 주목하는 반면, 생의학에서는 임신이 일어나는 신체 기관의 구조와 기능에 주목한다. 앞서 생의학에서 난자와 정자에 집약되어 있다고 말한 '생식력'은 강도의 차이가 있는 '힘'의 개념이 아니라 '기능'에 훨씬 가깝다. 기능은 스펙트럼이 아니라 유무(有無), 또는 작동-오작동의 개념이다. 각각 남성과 여성에게서 나온 정자와 난자는 생식기능이 '있거나' '없으며', 컨디션의 영향에 따라 기능이 부분적으로 발휘되는 성격의 것이 아니다. 이러한 관점은 생식력에만 한정되어 있지 않다.

생명을 영위하기 위한 몸의 여러 현상들과 그 현상들이 드러나는 신체에 대하여 생의학과 한의학은 일관되게 각자의 관점을 따른다. 이 관점은 두 의학이 각각 기원하는 서구와 동아시아에서 우리의 몸[自]과 외부[他]의 관계를 어떻게 보았으며, 이 맥락에서 생명을 어떻게 바라보았는지를 묻는 더욱 본질적인 질문에 대한 답에서도 유지된다.

의(醫)는 인류 보편적인 현상이며, '존재와 존재의 만남 속에서 성립'하기 때문에 '기본적으로 관계에 관한 것'[15]이지만 그것이 드러나는 모습은 제각각 다르다. 인간의 몸을 분절된 단위로 보고 각 단위가 특정한 기능을 담당한다고 보는 생의학은 개체를 중시하는 서구의 관점에서 비롯되며, 몸에서 발현되는 현상을 몸 내부의, 그리고 외부까지 아우르는 흐름의 일부로 보고 그 흐름이 일어나는 관계성에 주목하는 한의학은 기(氣)라고도 일컬어지는,

15 김태우, 『한의원의 인류학』, 서울: 돌베개, 2021, 210쪽.

존재를 관통하는 흐름에 주목하는 동아시아의 관점에서 비롯한다. 이와 같은 사유의 차이가 난임이라는 인류 보편적인 문제에 대한 관점과 접근의 차이로 이어졌으며, 난임 당사자들의 이야기에서 알 수 있듯이 의료의 차이는 개개인의 치료 경험뿐만이 아니라 난임 치료 여부에까지 이어지기도 했다. 두 의학의 차이는 같은 목적지에 가는 서로 다른 길이 아니었다. '치유'라는 의학 보편적인 가치 안에서 각각의 사유에 걸맞은 목적지가 정해지고, 이에 다다르는 길 또한 해당 사유의 틀 안에서 만들어졌다. 하지만 현실에서는 두 의료가 공존할 뿐만 아니라 섞인다.

의료는 '몸에 대한 사유 위의 지식과 행위의 체계'이며 의료가 몸을 이해하는 방식은 '의료 공간에서 이루어지는 치료의 행위들을 통해 표현'[16]되기 때문에 한국의 두 의료 체계인 생의학과 한의학의 차이는 환자의 경험에서 가장 잘 드러난다고 볼 수 있다. 환자들의 경험 속에서 우리는 두 의료의 사유를 읽어 내고 각각의 의료가 행위 주체들에 의해 실천되는 모습을 통해 사유가 실천으로 드러나는 과정에서 현실 세계의 여러 힘들이 어떻게 작용하며 어떤 방향성을 가지고 있는지 읽어 낼 수 있는 것이다. 이런 맥락에서 지금까지 살펴본 생의학의 난임 치료 방식이 점점 몸을 필요로 하지 않는 보조생식기술로 발전하는 것은 인공지능이나 트랜스휴머니즘 논의와 닮아 있다. 생명과 몸에 대한 전혀 다른 이해로 인하여 보조생식기술이 발생하지 않은 한의학적 난임 치료와의 대비는 단지 저출산에 대한 해결책이라는 표면적인 문제로서가 아닌 본질적인 의미에서 '생명 창조'의 문제를 환기한다.

16 같은 책, 194쪽.

제3부 질병의 경계에서

자폐증 개념의 진화*

— 마음의 병에서 뇌의 질환으로

장하원_ 경희대학교 인문학연구원 HK연구교수

* 이 글은 필자의 박사학위 논문(장하원, 2020)의 일부를 재분석하여 발전시킨 것이다.

1. 들어가며

현재 자폐증은 '자폐 유행병(autism epidemic)'이라는 용어가 생길 정도로 세계 곳곳에서 급증하고 있다. 자폐증은 1960년대만 해도 10,000명 중 4~5명이 지닌다고 알려진 희귀한 장애였지만(Lotter, 1966; Treffert, 1970), 반세기를 지나면서 점점 혼한 장애가 되었다(Fombonne, 2003). 미국에서는 자폐증을 지닌 사람이 2002년에는 150명 중 1명, 2009년에는 100명 중 1명, 2014년에는 68명 중 1명으로 추정될 정도로 증가했다(Baio, 2014). 영국의 자폐증 인구는 1978년에는 10,000명당 4명꼴로 예측되었으나, 2009년에는 학령기 아동의 약 1%로 추정되었다(Baron-Cohen et al., 2009; Wing and Potter, 2002). 이렇게 미국, 영국 등 상대적으로 일찍부터 자폐증에 관한 연구와 관리가 이루어져 온 국가들에서 자폐증이 급격히 증가한 데 이어, 최근에는 그 외의 지역에서도 자폐증이 늘어나고 있다. 호주와 인도, 아프리카와 아시아의 여러 나라에서 자폐증 사례들이 새롭게 수집되고 있으며(Elsabbagh et al., 2012), 우리나라에서도 최근 십수 년에 걸쳐 자폐증으로 진단되는 사람들이 유례없이 증가했다(유희정, 2015). 세계 곳곳에서 자폐증은 점점 더 눈에 띄는 장애로 부상하고 있는 것이다.

본 글은 이렇게 자폐증이 계속해서 증가해 온 역사를 살펴보고자 하며, 특히 진단 범주와 진단된 사람 사이의 되먹임 관계에 주목하여 이러한 현상을 이해해 보려고 한다. 그간 자폐증의 개념과 진단 기준은 계속해서 변화해 왔으며, 여러 학자들은 이러한 과학적 성취가 자폐증의 진단을 폭발적으로 늘어나게 만들었다고 설명한다. 자폐증에 관한 과학 및 의학 분야의 연구들이 우리 사회에서 어떤 증상들을 문제시할 것인지, 그러한 증상을 지닌 사람을 어떻게 분류하고 관리할 것인지에 중요한 영향을 미쳤다는 점에서 이러한 해석은 타당하다. 하지만, 그와 동시에 고려해야 할 점은 자폐증을 지닌 사람으로 분류된 개개인들이 다시금 자폐증이라는 범주가 재정의되는 데 어떤 식으로든 영향을 미친다는 점이다. 본 글에서는 자폐증이 처음 발견된 시점부터 현재까지 정신의학·심리학·유전학·신경과학 등 다양한 분야에서 자폐증과 관련된 지식과 도구가 생산되고 변화되는 과정을 살펴보는 한편, 이렇게 생산된 자폐증의 개념이나 진단 기준·진단 도구들 역시 자폐증으로 분류된 인구 집단과의 상호작용 속에서 계속해서 조정되어야 했다는 점을 보일 것이다. 자폐증이라는 범주와 그것이 지칭하는 상태는 그로부터 분류되고 규정되는 사람들로부터 다시 영향을 받으며 변화하는 것이다.

2. 인간의 분류와 질병 경험

현재 대부분의 질환은 각종 이론과 지식, 진단 기준과 도구를 매개로 진단되고 치료된다. 이러한 지식과 도구는 주로 인간과학(human sciences)으로 통칭할 수 있는 인간의 몸과 정신, 행동 등을 연구하는 분야에서 생산된다. 그중에서도 질병을 분류하는 각종 기준과 도구들은 우리 사회에서 그러한 범주를 중심으로 하는 새로운 삶의 양식과 인구 집단을 만들어 내고, 그로부터 다시 그 범주의 의미가 재구성되어 새로운 인구를 포섭하는 과정을 반복하게 한다는 점에서 주목할 필요가 있다(Hacking, 1995, 2007). 자폐증에 관한 다양한 연구는 우리 사회에서 어떤 증상들에 주목할 것인지, 이런 증상들을 지닌 사람들을 어떤 기준으로 어떻게 분류할 것인지, 그렇게 분류된 사람들을 어떻게 치료하고 관리할 것인지를 결정함으로써, 새로운 종류의 사람들과 그들의 일상을 만들어낸다. 일단 자폐증으로 진단된 사람들은 자폐증에 관한 지식과 각종 치료와 교육, 법 제도, 다양한 전문가들 및 주위 사람들과의 관계 속에서 자폐증을 지닌 사람으로 살아가게 된다. 그러나 이들은 단지 자폐증이라는 이름표를 달고 살아갈 뿐 아니라, 그 이름표 자체를 재구성한다. 그들의 존재와 그들이 나타내는 여러 특성들은 다시금 자폐증의 개념과 기준, 관리 방식 등에 영향을 미치며 자폐증 자체를 새롭게 만드는 것이다.

따라서 자폐증의 역사를 총체적으로 이해하기 위해서는 자폐증이라는 범주와 자폐증으로 분류된 사람 사이의 상호 영향에 초점을 맞춰 분석할 필요가 있다. 우선, 의료화(medicalization) 개념은 과학과 의학 분야에서 만들어지는 사실과 범주, 각종 이론과 도구들이 우리 사회에서 특정한 증상과 인구 집단을 문제시하는 과정을 이해하는 데 도움을 준다. 의료화란 이전에는 비의료적이었던 문제가 의학적으로 정의되고 질병이나 장애와 같은 의료적 문제로 만들어지는 과정을 의미하는 용어로(Conrad & Schneider, 1992), 의료화 연구자들은 특정한 진단범주가 개발되고 의학적으로 가치 있는 것으로 받아들여지고 환자의 문제를 정의하고 치료하는 것으로 활용되는 과정을 면밀히 살핀다. 의료화의 초기 연구들에서는 광기나 중독 등을 포함하는 일탈(deviance)이 의료적 문제로 개념화되는 과정이 집중적으로 분석되었다. 이후 점점 더 일상적인 경험이나 문제들이 의료화되는 과정을 드러내 왔으며, 최근에는 여러 학자들이 질병을 지니게 될 위험(risk)이나 개인적인 결함과 같은 전-질환(proto-illnesses)이 의료화되는 과정에 주목하고 있다 (Conrad & Barker, 2010).

의료화의 과정에서 새로운 의학적 지식과 기술의 등장은 특히 중요한 역할을 한다고 할 수 있다. 그래서 의료화 연구자들 중 상당수는 지배적인 의학적 이론틀과 앎의 방식이 당대의 역사적·사회문화적 맥락 가운데 생겨나고 공고해지는 과정에 주목한다(Brown, 1995; Conrad and Barker, 2010). 물론 의료화의 전 과정에는 학계의 성과들뿐 아니라 해당 질환이나 문제를 중심으로 하는 사회운동과 환자들의 역할, 제약 산업, 보험 제도 등 다양한 요소가 영향을 미친다. 그러나 이 중에서도 어떤 질병이나 장애에 대한 전문가들의 믿음과 그에 기반한 진단의 방식은 의료화의 출발점과 전체적인 방향을 이해하는 데 특히 필수적이라고 할 수 있다. 현대사회에서 특정한 질병을 인식하고 이해하고 관리하는 대부분의 실천이 지배적인 의료 체계 속에서 이루어진다는 점에서, 의학 분야에서 생산된 지식과 기술은 개개인의 질병 경험과 정체성을 조직하는 데 중요한 역할을 한다.

이 중에서도 질병을 분류하는 새로운 범주는 그 범주에 해당하는 사람들과 그를 둘러싼 사람들의 질병 경험과 일상 생활을 새롭게 만들어 낸다. 과학과 의학에서 형성되는 사고방식은 단순히 인간에 대한 수동적인 재현일 뿐 아니라, 사람들이 생각하고 행동하는 방식에 깊이 영향을 미친다. 특히, 각종 질병의 개념과 이론들은 사람들이 스스로와 타인에 대해 인식하는 방식을 좌우하며, 여러 시험 기법과 치료 방식들은 사람들로 하여금 점점 그에 의존하여 살아가게끔 만든다. 따라서 자폐증이라는 질병의 경험을 이해하기 위해서는 자폐증이라는 범주와 그와 연관된 각종 이론과 도구가 어떻게 만들어져 왔는지 면밀히 살펴볼 필요가 있다. 본 글에서는 자폐증의 개념과 진단 기준과 도구가 개발되어 온 과정을 추적하면서, 서로 다른 분야의 목적과 이해관계, 그리고 실제로 자폐증으로 분류된 사람들의 특징들이 자폐증의 개념을 변화시키는 지점들을 드러낼 것이다. 이를 통해, 현재의 자폐증 개념과 지배적인 연구 방향이 역사적으로 만들어져 온 과정을 이해하고자 하며, 이는 한편으로는 우리 사회에서 질병과 장애를 경험하는 양식에서 나타나는 경향을 보여줄 것이다.

3. 정서적 장애로서의 자폐증

자폐증이 하나의 질환으로 '발명'되기 전에는 자폐증을 지닌 사람은 존재하지 않았다. 자폐증이라는 진단명이 어떤 사람을 분류하는 범주도, 또 삶을 이전과는 달리 꾸려 가는 데 참조할 수 있는 범주도 아니었기 때문이다(Hacking, 2007). 물론 많은 학자들은 자폐증이라는 범주나 개념이 없었다고 해서 자폐증 자체가 존재하지 않았던 것은 아니라고 주장한다. 역사를 거슬러 올라가 자폐증의 사례들을 탐구해 온 몇몇 학자들은 소위 야생 아동(feral children)에 대한 보고들을 자폐증을 묘사한 첫 사례들이라고 간주한다(Candland, 1995; Volkmar and McPartland, 2014; Wolff, 2004). 또한, 특별히 분류될 필요가 없이 지역사회에 속해 있지만 어딘가 이상하다고 간주되었던 아이들 중 일부는 자폐증이었을 것이라고 추측한다(Grinker, 2007; Nadesan, 2005). 더 최근으로 와서는, 정신지체(mentally retarded)나 정신박약(feeble-minded), 조현병 등으로 간주되었던 사람들 중에 지금의 기준으로 자폐증을 지닌 사람이 있었을 것이다(Hacking, 2007; Silberman, 2015). 이렇게 많은 연구자들은 자폐증이라는 용어가 어떤 질환을 지칭하고 비슷한 사람들을 특정한 인구 집단으로 분류하기 전에도 생물학적 실체로서의 '자폐증'이 존재했으며, 그것이 조현병이나 정신지체로 (잘못) 불렸던 것일 뿐이라고 주장한다.

그러나 자폐증이 자폐증으로 다루어지기 위해서는 제대로 된 분류 체계와 명칭뿐 아니라 훨씬 더 거시적인 차원의 변화가 필요했다. 1940년대에 자폐증이 독립된 아동기 정신 질환을 지칭하는 범주로 제안되기 위해서는, 아동의 정신 건강에 대한 의학적 관찰이 이루어질 수 있는, 일종의 '생태학적 조건'이 갖추어져야 했던 것이다(Eyal, 2010). 미국에서는 19세기 전까지는 대다수의 아동들이 학교에 다니지 않았으며 보호시설에 수감되는 일도 드물었기 때문에 아동의 정신 상태에 대한 관찰이 이루어지기 어려웠다. 하지만 많은 아이들이 학교에 다니기 시작하면서 아이들은 서로 비교되고 관찰될 수 있는 집단이 되었으며, 바로 이러한 사회적 변혁 속에서 20세기 중반에 걸쳐 아동기에 대한 관심이 증가하고 연구가 이루어질 수 있었다(Eyal, 2010). 같은 시기에 영국에서도 아동기의 발달(development)에 대한 관심이 형성되면서 아동에 대한 상세한 관찰과 감시가 점점 심화되고 있었다(Armstrong, 1995; Rose, 1985). 1920년대와 1930년대를 거치면서 아동의 심리학적 문제들을 다루는 정책과 자선사업이 급증하였고(Evans, 2013), 학계뿐 아니라 대중적으로도 아동의 정신 건강에 관해 관심이 높아졌다(Nadesan, 2005). 이처럼 다른 사람들과 섞여 살아야 하는 온갖 아이들이 대대적으로 생겨난 것이 바로 자폐증이라는 새로운 질병이 등장하기 위한 전제 조건이었다고 볼 수 있다.

이러한 분위기 속에서 아동의 일탈적 모습에 대한 보고가 증가했지만, 자폐증이라는 특정한 범주가 생기기 전까지는 이들이 하나의 독립된 집단으로 묶이지는 않았다. 당시에는 아동기에 나타나는 정신적 문제들이 주로 성인기의 정신 질환과 연관 지어 설명되었으며, 특히 심각한 정신적 문제를 보이는 아동들은 조현병이 조기에 발견된 사례로 간주되었다. 이에 1940년대에 들어 조현병을 지닌 아동에 대한 보고가 크게 늘어났다(Silberman, 2015; Volkmar and McPartland, 2014). 이 시기에 '자폐적(autistic)'이라는 용어역시 조현병과 연관되어 있었는데, 심각한 조현병을 지닌 환자들이 환각이나 무의식적 상상의 세계에 빠져드는 증상이 '자폐적'이라고 묘사되었다(Evans, 2013). 이처럼 1940년대 중반까지 자폐적이라는 것은 하나의 독립된 질병이 아니라 조현병의 한 증상을 지칭하였고, 이러한 증상을 나타내는 아동이나 성인이 조현병과 구분되는 새로운 정신질환을 지닌 사람으로 분류되지도 않았다.

처음으로 자폐증이라는 용어로 새로운 인구 집단을 분류해 낸 사람은 미국의 존스홉킨스대학에 근무하던 오스트리아 출신의 정신과 의사 레오 캐너(Leo Kanner, 1894-1981)였다. 캐너는 아동기에 나타나는 새로운 정신장애를 발견하기에 더없이 좋은 조건에 놓여 있었다. 캐너가 연구자로 성장하던 20세기 초반에는 아동기에 대한 관심이 점점 증가하던 시기였는데, 특히 캐너가 건너간 미국에서는 아동교육자 · 아동심리학자 · 사회복지사 등 새로운 전문가들이 생겨나며 아동에 대한 정신의학적 탐구가 활발히 이루어지기 시작하던 시기였다(Grinker, 2007; Nadesan, 2005). 이러한 시대적 분위기 속에서 캐너는 소아정신의학을 하나의 분과로 정립하는 데 크게 기여했다. 그는 정신적 결함이 인간의 발달에 관한 연구에서 중점적으로 다루어져야 한다고 생각했으며, 이러한 지향을 담아 『소아정신의학(Child Psychiatry)』(1935)이라는 제목의 교과서를 편찬하여 명성을 얻었다. 캐너가 원장으로 있었던 존스홉킨스대학의 어린이 행동 클리닉(the Behavior Clinic for Children)에는 가장 난해하고 복잡한 이상을 보이는 아동이 몰려들었다(Silberman, 2015; Silverman, 2012). 캐너는 자신이 진료실에서 만난 아동들에 대한 관찰에 기반하여 1943년에 '지금까지 보고된 어떤 것과도 현저히 다르고 독특한' 질환을 보고하는 논문을 발표했는데(Kanner, 1943), 이것이 자폐증을 하나의 독립된 질환으로 규정한 첫 논문이었다.

당연하게도, 캐너의 자폐증 개념은 그가 만난 아동 11명이 지닌 특성에 의존했다. 캐너의 첫 논문은 전체의 3분의 2가 넘는 분량이 소년 8명과 소녀 3명의 발달 과정과 여러 사건을 상세히 묘사하는 데 할애되었다. 각 사례별로 아이가 언제 태어났는지, 태어났을 때 몸무게는 어땠는지, 수유 등 섭식과 관련된 문제가 있었는지, 캐너에게 언제 처음 방문했으며 그때 몇 살이었는지, 신체적으로 건강한지 등과 같은 정보뿐 아니라, 각각의 아동이 보이는 독특한 모습이 때로는 부모의 언술을 통해, 때로는 캐너의 관찰을 통해 제시되었다. 예컨대, 아동이 혼자 있을 때 행복해 보였다든지, 부모나 친지를 반기지 않는다든지, 보육 기관에서 주위의 아동에게 무관심했다든지, 노래나 그림을 기억하는 것에 뛰어났다든지, 진공청소기 소리와 같은 주변의 소음에 놀라곤 했다든지, 물건을 돌리거나 머리를 흔들거나 손가락을 튕기는 행동을 반복한다든지 등 아동이 일상생활에서 보이는 다양한 모습이 제시되었다. 또한, 처음 진료실에 방문했을 때 어떠한 행동을 했으며 무슨 말을 했는지, 그 이후의 진료에서는 어떤 모습을 보였는지도 구체적으로 묘사되었다. 이렇게 독특하고도 다양한 모습을 보이는 아이들에 대한 관찰에 기반하여, 캐너는 이들이 공통적으로 '선천적으로 정서적 접촉에 대한 자폐적 장애(inborn autistic disturbances of affective contact)'를 보인다고 결론을 내렸다(Kanner, 1943).[1] 다음 해에 발표된 논문에서 이 증후군은 '조기유아자폐증(early infantile autism)'이라는 좀 더 간결한 명칭으로 지칭되었다(Kanner, 1944).

캐너가 관찰한 이들의 이러저러한 모습은 자폐증의 개념과 주요 특징을 구성했다. 우선, 이 아동들의 증상이 나타나는 시기는 이 장애가 조현병을 포함하는 다른 정신 질환과는 구분되는 새로운 증후군임을 보이는 데에 중요한 근거가 되었다. 캐너는 이들이 '지금까지 보고되지 않은 독특한 증후군'을 갖고 있다고 주장했는데(Kanner, 1943), 그가 당대의 다른 의사들과 달랐던 점은 아동의 증상 자체뿐 아니라 그러한 증상이 시작된 시점에 주목했다는 점이다. 부모들은 자녀가 '자립적(self-sufficient)'이었다거나 '혼자 남겨졌을 때 가장 행복했다(happiest when left alone)'거나, '주위에 사람들이 없는 것처럼 행동했다(acting as if people weren't there)'는 등 다양한 표현으로 자녀의 특이한 모습을 보고했는데, 이는 조현병의 증상으로도 해석할 수 있었

---

1 자폐증을 처음으로 발표한 기념비적 논문으로 회자되는 캐너의 1943년 논문에서, 캐너는 자신이 발견한 새로운 증후군의 명칭으로 '자폐적 장애(autistic disturbances)'라는 용어를 사용하였으며, 여기에 정서적 관계에서의 문제라는 점과 선천적이라는 점을 강조하는 표현들을 덧붙여 두었다. 이 논문에서 '자폐증(autism)'이라는 용어는 '극단적 자폐증(extreme autism)'이라는 표현에서 사용되었는데(Kanner, 1943), 이는 '극단적 고립(extreme aloneness)'과 같은 의미로 쓰였으며, 조현병의 한 증상을 표현하는 것이었다.

다. 그러나 캐너는 부모들이 이러한 증상들을 자신에게 보고하면서 그들의 자녀가 '한결같이(always)' 그러했다고 말했다는 점을 근거로, 이 아동들은 '처음부터(from the start)' 극단적인 '자폐적 고립(autistic aloneness)'을 보였다는 사실을 도출했다. 당시 조현병 환자들에게서도 유사한 증상이 보고되고 있었지만, 캐너는 조현병 사례의 경우 적어도 생후 초기에는 정상적인 인간관계를 맺다가 그로부터 철회하는 모습을 보인다는 점을 지적했다. 이와 달리, 캐너가 진료실에서 만난 아이들은 '생애의 매우 초기부터 외부 세상으로부터 온 어느 것에도 반응하지 않는 극단적인 고립'을 보인다는 점에서, 조현병과는 근본적으로 다른 질환을 지니고 있다고 볼 수 있었다(Kanner, 1943).

다음으로, 이 아동들의 주요 특성들에 기반하여 자폐증은 일종의 정서적 장애로 개념화되었다. 캐너는 지적 차원과 신체적 차원, 정서적 차원을 분리하여 아동이 보이는 특성을 기술하였는데, 이는 신체적 결함이나 지적 결함과는 구분되는 정서적 장애가 존재한다는 점을 주장하기 위한 것이었다. 캐너는 자신이 만난 아동들이 신체적 차원이나 지적 차원에서는 특별한 결함이 없다는 점을 지적했다. 캐너는 머리의 크기 등 일부 아동이 공유하는 몇 가지 신체적 독특함을 한 문단으로 정리한 뒤에, 이들에게는 특별한 신체적 이상이 없었다고 결론을 내렸다. 또한, 캐너는 이들 대부분이 어떤 시점에서는 정신박약으로 간주된다고 하더라도 '좋은 인지적 잠재성(good cognitive potentialities)'을 지닌다고 추정했다. 이 아동들은 비상한 기억력이나 풍부한 어휘력을 보였을 뿐 아니라, 비록 사람들과 함께 있을 때는 긴장감을 보였지만 홀로 있을 때는 행복감을 나타냈다. 캐너에 따르면, 그들은 스스로의 고립을 방해할 위험이 없는 사물들과는 훌륭한 '지적(intelligent)'

관계를 맺을 수 있었다(Kanner, 1943). 즉, 캐너가 이들로부터 읽어 낸 '생애 초기부터 사람과 상황에 맞춰 평범한 방식으로 스스로 관계 맺지 못하는 아동의 무능력(the children's inability to relate themselves in the ordinary way to people and situations from the beginning of life)'은 신체적 결함이나 인지적 결함과는 구분되는, 정서적 차원의 결함이었다(Kanner, 1943).[2]

이러한 '캐너의 자폐증'은 비슷한 시기에 '동시 발견'된 다른 자폐증과 비교해 보면 그 특징이 더 잘 드러난다. 캐너가 미국에서 자폐증의 사례들을 주의 깊게 관찰하는 동안, 오스트리아 출신으로 비엔나의 대학 아동 병원에서 의사로 일하고 있었던 아스퍼거(Hans Asperger, 1906-1980)도 자신의 클리닉에 의뢰된 사례들에서 새로운 증후군을 발견했다.[3] 그는 이미 1930년대 후반의 강연에서 '자폐적'이라는 용어를 사용하여 '정신적으로 비정상적인 아동(Das psychisch abnormale Kind[The psychically abnormal child])'의 사례들에 대해 설명했으며, 1944년의 논문에서는 4개의 사례에 대한 분석에 기반하여 '자폐적 정신병질(autistic psychopathy)'이라는 명칭의 증후군을 발표했다

---

2 캐너는 당시 심리학이나 교육학 분야에서 지능에 대한 연구가 이미 이루어지고 있었던 것과 마찬가지로, 지능과는 구분되는 감정적 결핍(emotional deficiencies)에 대한 연구도 이루어져야 한다고 보았다. 지적 능력에 대한 당대의 연구와 같은 차원에서 정서적 접촉을 형성하는 선천적인 능력에 대해 연구하고자 했던 것이다. 즉, 자폐적 장애를 지닌 아동에 대한 캐너의 분석은 특정한 질환을 정의하는 것을 넘어, 정서적 차원에서의 능력을 탐구하기 위한 시작점이었다고 볼 수 있다(Silverman, 2012).

3 자폐증을 누가 먼저 발견한 것이냐에 대한 역사학적 논의도 있다(Lyons and Fitzgerald, 2007; Silberman, 2015). 캐너가 아스퍼거의 연구에 대해 알고 있었는지 여부는 알 수 없다는 것이 일반적인 역사학적 견해였으나, 최근 Silberman(2015)은 아스퍼거의 클리닉에서 수석 진단가로 근무했던 조지 프랭클(Georg Frankl)이 오스트리아에서 미국으로 건너가 1937년부터 캐너의 병원에서 일했다는 점을 주요 근거로 삼아 캐너가 아스퍼거의 연구에 대해 알고 있었으며 분명히 영향을 받았다는 주장을 내놓았다.

(Asperger, 1944; Hippler and Klicpera, 2003에서 재인용). 아스퍼거도 자신이 만난 아이들에게서 공통점을 추출하는 방식으로 새로운 증후군에 대해 보고했는데, 캐너의 논의와 유사하게 아스퍼거 역시 '고립(isolation)', '자립성(self-sufficiency)' 등을 이 증후군의 주요 특징으로 보았다(Asperger, 1944; Frith, 1991에서 인용).

그러나 자세히 보면 아스퍼거의 자폐증은 캐너의 자폐증과 완전히 일치하지는 않았는데, 이는 이들이 만난 아동들이 보이는 특성의 차이에 기인한다. 아스퍼거는 자신이 만난 아이들이 종종 창의적이며 독특하게 사고하며 수학과 자연과학에서 특별한 재능을 보인다고 기술했다. 그러나 사회적·정서적 관계가 때때로 병적일 정도로 부족했으며, 과도하게 예민하고, 다른 이들에 대한 감정이 부족했다. 또한, 틀에 박힌 행동과 독특한 관심사를 보이며, 대부분 동작이 어설펐다. 이에 더해, 언어를 습득하는 시기는 일반 아동에 비해 지연되지 않지만, 언어를 사용하는 방식은 특이했다(Asperger, 1944; Hippler and Klicpera, 2003에서 재인용). 후대 학자들의 추정에 의하면, 아스퍼거의 아이들은 캐너의 아이들보다는 지능이 비교적 높은 편이었으며, 이 때문에 아스퍼거는 자폐증에 대해 캐너와는 다소 다른 시각을 견지했다. 그는 이러한 사회적 장애가 선천적이고 일생동안 지속된다고 보면서도, 이러한 장애를 완충할 수 있는 다른 능력들을 키운다면 이 아동들이 직업을 갖고 재능과 창의성을 펼칠 수 있다고 보았다. 즉, 자폐적 정신병질을 지닌 사람도 '지성을 통해 사회적 적응 과정을 배울' 수 있다는 것이다(Asperger, 1944; Frith, 1991에서 인용).

이처럼 캐너가 만난 아동들과 아스퍼거가 만난 아동들에게서 나타난 주요한 특성들에 기반하여, 캐너의 자폐증과 아스퍼거의 자폐증은 유사하면서도 완전히 겹치지 않는 인구 집단을 지칭하는 범주가 되었다. 캐너의 경우와 달리 아스퍼거의 논의는 당시 학계에 널리 알려지지 않았다. 아마도 가장 중요한 이유는 그가 1944년에 발표한 논문이 독일어로 작성되어 당시 아동기의 정신 질환에 관심이 있는 독자들에게 널리 읽히기가 어려웠다는 점일 것이다. 또한, 아스퍼거의 연구실은 제2차 세계대전 중에 연합군의 공격으로 파괴되어 더이상 연구를 활발히 하기가 어려웠다(Grinker, 2007; Silberman, 2015). 결국 아스퍼거의 자폐증 개념은 학계에 영향력을 끼치지 못하다가, 1980년대에 영국의 정신의학자 로나 윙(Lorna Wing)에 의해 '아스퍼거 증후군(Asperger's syndrome)'으로 영미권에 소개되었고, 이후 1991년에는 1944년의 논문 전체가 영어로 번역되었다(Frith, 1991). 윙을 위시한 후대 연구자들에 의해 아스퍼거의 논의가 알려지면서, 아스퍼거 증후군 또는 아스퍼거 장애라는 명칭은 자폐증을 지닌 사람 중 지능이 정상 범위에 있는 사람들을 지칭하는 자폐증의 하위 범주로 한동안 사용된다.

4. 심인성 정신 질환으로서의 자폐증

캐너는 자폐증이 선천적인 정서적 장애라고 설명하면서도, 그것을 유발하는 요인에 대해서는 양가적인 입장을 상당히 오랫동안 유지했다. 캐너는 자신이 발견한 정서적 장애가 생애의 매우 초기부터 그 증상이 나타난다는 점을 근거로 선천적이고 체질적인 질환이라고 보았다. 당시 선천적이라고 알려져 있었던 여러 신체적·인지적 장애들과 마찬가지로, 생애 초기부터 정서적 반응이 없다면 이 역시 체질적인 것이라고 볼 수 있었다. 캐너가 진료실에서 만난 아이들에게서 발견한 것은 '보통 생물학적으로 주어지는, 사람들과 정서적인 관계를 형성하는 것에 대한 선천적인 무능력(innate inability to form the usual, biologically provided affective contact with people)'이었다(Kanner, 1943). 이러한 정서적 장애를 구성하는 체질적 요소는, 부모의 양육이라는 환경적 요소와 대비되는 것이었다. 정서적 반응의 결함이 아주 어릴 때부터 관찰된다는 점에서, 이러한 특징은 생후에 맺어진 아동과 부모의 관계에서 비롯되었다고 믿기는 어려웠다. 이렇게 캐너가 선천적이고 체질적인 정서적 장애로서 자폐증을 개념화했지만, 막상 캐너의 논문은 자폐증의 원인을 여러 가지로 해석할 수 있는 여지를 남겨두고 있었다.

여러 논문을 통해 캐너는 자폐증을 유발하는 체질적 요소가 있다고 추정하면서도, 이와 대비되는 환경적 요인을 배제하지 않았다.[4] 캐너의 논의에서 자폐증은 생애 초기부터 관찰되는 비전형적인 발달의 결과처럼 보였지만, 동시에 정신병리학적 질환의 일종으로 간주되었다. 이 때문에 질환의 인과관계에 대한 설명에는 생애 초기의 환경적 요인인 부모와 자식 간의 병리적 관계가 쉽게 포함될 수 있었다. 캐너는 초기의 논문들에서 부모의 직업과 학력, 강박적인 성격, 사람에 대한 무관심 등 여러 특징을 묘사하면서, 이러한 부모의 특징과 양육 환경이 아동의 초기 성격 발달과 정신 질환 발현에 중요한 영향을 미칠 수 있다고 언급했다(Kanner, 1949). 그러면서 자신

---

4 캐너가 장애의 원인에 대해 명확한 입장을 제시하지 않은 것은 분류학자이자 경험론자였던 크레펠린을 중심으로 하는 독일 의학의 전통의 영향을 받았기 때문이라고 볼 수 있다. 이 때문에 캐너는 당시 유행하던 정신분석학적 사상으로부터 (시기에 따라 차이는 있지만) 어느 정도 거리를 둘 수 있었으며, 설명이 어려운 장애의 원인보다는 장애의 구체적인 증상을 기술하는 데 치중하는 경향을 보였다(Grinker, 2007; Nadesan, 2005).

이 만난 아이들이 생애 초기부터 물질적 필요에 대해서만 기계적으로 관심을 제공하는 냉담하고 강박적인 환경에 놓여있었다는 점을 문제시한다. 급기야 그는, "그들은(그 아이들은) 녹지 않는 냉장고 안에 깔끔하게 보관되었다(They were kept neatly in refrigerators which did not defrost)."라는 문장을 적은 뒤, 아이들에게서 나타나는 고립의 행위가 감정적으로 냉담한 상황을 외면하기 위한 것으로 보인다고 추정하였다(Kanner, 1949). 1950년대의 연구들에서도 캐너는 아동이 부모와의 관계에서 경험하는 요인과 체질적 요인이 결합하여 초기 성격이 발달한다고 강조했다(Kanner, 1954, 1973).

이로써 캐너의 논문은 이후 서로 다른 입장을 취하는 후대 연구자에게 다양하게 해석될 수 있었다. 유전학과 뇌 발달의 차원에서 자폐증을 다루는 학자들에게 자폐적 고립의 욕구가 선천적으로 주어진 것이라는 캐너의 선언은 자폐증이 생물학적인 질환이라는 점을 선구적으로 밝혀낸 것이었다. 반면, 정신분석학적 전통에 속해 있었던 학자들은 따뜻하지 못한 부모와 불행한 가정환경에 대한 캐너의 적나라한 지적을 끌어와 병리적인 양육 환경이 아동의 정신 건강에 미치는 해로운 영향을 강조하였다. 이렇게 캐너의 자폐증 개념은 서로 다른 해석들과 결합되며, 이후 심인성 정신 질환과 아동기 발달장애의 사이에서 진동하게 된다. 역설적이게도, 자폐증의 원인에 대해 캐너의 입장이 모호하게 제시되었기 때문에 그의 논문은 학계에서도 대중적으로도 더 큰 영향력을 미칠 수 있었다(Silverman, 2012).

제2차 세계대전 이후에 소아정신의학 분야에서는 정신분석학적 이론들이 우세했는데, 이러한 분위기 가운데 캐너의 논의 중 당대에 집중적으로 조명을 받은 부분은 정신분석학과 조화를 이룰 수 있는 부분이었다. 정신분석학적 관점이 맹위를 떨치던 1950년대에 캐너에게는 부모가 자녀와 체질적인 요소를 공유하며 대물림하는 존재라기보다는, 자녀에게 생애 초기 중요한 영향을 주는 환경적 요인이었다. 또한 캐너가 자폐증에 있어서 선천적으로 주어지는 체질적 요인과 충분히 따뜻하지 않은 부모라는 경험적 요인을 모두 강조하는 '중립적인' 입장을 취했다고 하더라도, 당시의 심리학자들과 정신의학자들이 후자에 주목하는 것은 당연했다.

자폐증의 원인으로 부모를 탓한 연구자로 악명이 높은 브루노 베텔하임 (Bruno Bettelheim, 1903-1990)도 이들 중 한 명이었을 뿐이다. 생물학적 장애로서의 자폐증이라는 현대적 개념을 정립한 캐너와 정신분석학의 관점에 사로잡혀 부모의 양육 방식을 탓한 베텔하임은 흔히 대비되지만(Grinker, 2007), 이론상으로는 베텔하임과 캐너의 초기 논의 사이에 큰 차이가 없었다. 앞서 살펴보았듯이, 적어도 1950년대까지는 캐너의 논의에도 정신분석학적 색채가 스며들어 있었는데, 베텔하임은 이러한 논의를 이어받아 양육 환경이 아동의 발달에 미치는 영향에 주목하였다.[5] 1967년에 출판되어 베스트셀러가 된 『텅빈 요새: 유아자폐증과 자아의 탄생(The Empty Fortress: Infantile Autism and the Birth of the Self)』에서 베텔하임은 자폐증이 생물학적 기반을 지닌다는 점을 부정하지는 않았다. 다만 그는 자폐증이 '본질적으로 생물학적 장애'이지만 부모의 부정적 태도가 그러한 생물학적 장애를 더 확고하게 만드는 '촉진적 요인'이라고 기술하였다(Bettelheim, 1967).

이러한 베텔하임의 논의는 부모의 병리적 양육에 의해 자폐증이 발생한

---

5 동물학자이자 자폐증을 지닌 당사자인 템플 그랜딘은 그녀의 저서에서 캐너도 정신분석학적 사고로부터 영향을 많이 받았으며, 베텔하임은 캐너의 이런 주장을 더욱 강화한 것이라고 평가했다. 또한, 베텔하임도 생물학적 요소를 고려하고 있었다는 점에서 캐너의 논의와의 유사성을 찾았다(Grandin and Panek, 2013).

다는 소위 '냉장고 엄마 이론'을 대중적으로 유행시켰다. 베텔하임의 주장은 학계에서는 크게 새로울 것이 없는, 심지어 자폐증에 초점을 맞춰 연구하던 학자들 사이에서는 점점 몰락하던 심인성 이론에 불과했다. 하지만, 대중적으로는 정신분석학적 설명이 우세하던 시대적 분위기 속에서 자폐증이 '나쁜 부모'로부터 유발된다는 사고방식과 그에 기반한 치료법이 유행하도록 만들었다. "이 책 전체를 통해 나는 유아기 자폐증을 촉진하는 요인은 아이가 없어지길 바랄 정도로 무책임하게 아이를 방치한 부모라고 거듭 주장했다."라는 베텔하임의 문장은 부모를 자폐증의 원인으로 명확히 지목하는 것이었다. 이러한 논의는 아이를 부모로부터 떼어내어 시설로 옮겨 치료하는 것을 정당화하는 것으로 이어졌다. 이렇게 부모의 병리적 양육에 의해 자폐증이 발생한다는 -은 캐너가 자신의 논의가 그러한 방식으로 해석되는 것을 완강히 부인한 뒤에도 대중적인 차원에서 오래 지속되었다.

5. 생물학적 질환으로서의 자폐증

대중적으로는 자폐증에 관한 정신분석학적 해석이 상당히 오래 유지되었지만, 학계에서는 일찍부터 자폐증에 관한 심인성 이론은 설득력을 잃어가고 있었다. 1960년대를 거치며 학계에서는 어린 아동에게서 관찰되는 자폐적 장애가 당시 심인성이라고 간주되던 조현병과는 구분되는 것이라는 입장이 우세해졌다. 캐너도 1970년을 전후로 자폐증은 선천적인 것이라고 강조하면서 조현병과의 연관성을 부정했다(Kanner, 1971). 또한, 캐너의 논의에 기반하여 자폐증을 연구하던 러터(Michael Rutter), 콜빈(Israel Kolvin) 등은 다양한 비교 연구를 통해서 자폐증이 아동기 조현병과는 구분된다는 점을 더욱 분명히 밝혔다. 이 연구자들은 임상적 현상에 대한 세심한 관찰에 기반하여 증후군의 타당성을 검토하는 증상학적 접근(symptomatology)을 통해, 주로 발병 시점과 증상의 패턴을 주요 기준으로 삼아 자폐증을 새로운 증후군으로 분류하는 것의 정당성을 확보하였다. 이들에게 생애 초기부터 나타나는 자폐적 장애는 조현병이나 다른 정신 질환과는 발병의 시점·증상의 패턴·지능 수준·가족력 여부·사회적 계층 등의 차원에서 현저히 다르다는 점에서 새로운 질병이었다(Kolvin, 1971; Rutter, 1968; 1972; 1974). 이에 더해, 자폐증의 발병 메커니즘을 설명하려는 시도들 가운데 심인성 이론을 부정하는 증거들이 쌓여 갔다. 정신의학자들이 자폐적 증상을 나타내는 아동을 키우는 부모들로부터 병리적인 요인을 찾아내려고 할 때마다 실패했는데, 이 부모들의 양육 행동은 일반 아동을 키우는 부모들과 크게 다르지 않았던 것이다(Silverman, 2012).

여기서 나아가, 심인성 이론을 대체하는 생물학적 발병 모형도 수립되었다. 1960년대 정신의학계에서는 이상 행동들이 신경학적 기반을 지닐 것이라고 추정했는데, 자폐증에 대해서도 이러한 생물학적 설명이 구체화되기 시작했다. 대표적으로, 미국에서 심리학자로 활동하던 버나드 림랜드(Bernard Rimland)는 1964년 출판한 『유아 자폐증: 증후군 및 행동신경학적 함의(Infantile Autism: The Syndrome and Its Implication for a Neural Theory of Behavior)』에서 자폐증에 대한 신경생물학적 설명을 제안하였다. 림랜드는 자폐증을 지닌 아들의 아버지이기도 했는데, 자신의 경험에 비추어 자폐적 증상이 냉담한 양육 환경에 기인한 아동의 반응이라는 설명은 옳지 않다고 여겼다. 림랜드는 캐너와 마찬가지로 자폐증을 지닌 아동의 부모들이 특이한 성격을 지닌다는 점은 인정했는데, 예컨대 감정적이지 않다거나 객관적이라거나 목표 지향적인 특성을 보인다는 것이다. 다만 부모에게서 병리적이지 않게 표출되었던 이러한 특성들이 자녀에게서 극단적인 형태로 표출되었을 가능성을 제시하면서, 이러한 부모가 부적절한 양육자라기보다는 자녀와 유사한 유전적 특징을 공유하고 있다고 추정했다(Rimland, 1964; Silverman, 2012 참고). 즉, 그가 '자폐적 가족'을 통해서 간파한 것은 양육 환경의 문제가 아니라 특정한 유전적 소인(genetic predisposition)의 존재였다.

자폐증이 생물학적인 원인에서 출발한다는 림랜드의 밑그림에 기반하여, 1970년대 초부터 점점 더 많은 연구자들이 유전학적 관점에서 자폐증을 다루기 시작했다. 자폐증을 새로운 증후군으로 분류해야 한다고 주장해 온 러터는 폴스테인(Susan Folstein)과 함께 다수의 쌍둥이 쌍에서 자폐증의 증상이 동시에 나타나는지 여부를 관찰했다. 그 결과, 일란성쌍둥이에게서 자폐증이 함께 나타날 일치율(concordance rate)은 36%였지만 이란성쌍둥이에게서는 0%였으며, 자폐증 진단 여부에 국한하지 않고 인지적 이상에 대한 일치율을 따져 보았을 때는 각각 82%와 10%의 값을 얻었다. 이처럼 일란성쌍둥이에게서 자폐적 증상이 함께 나타날 확률이 훨씬 높다는 점을 근거로 자폐증이 유전적 질환이라고 주장했다(Folstein and Rutter, 1977).[6] 이를 시작으로 쌍둥이 연구와 가족 연구를 중심으로 자폐증의 유전적 기반이 입증되고, 1960년대와 1970년대를 거치며 자폐증을 아동기 조현병과는 구분되는 생

---

6 이 초기 데이터에 기반하여 수행된 후속 연구에서는 자폐증의 경우 일란성쌍둥이에게서 60%, 이란성쌍둥이에게서 0%의 일치율이 나타났으며, 인지적·사회적 이상을 보이는 사례까지 포함시킬 경우에는 일치율이 각각 92%와 10%로 나타났다(Bailey et al., 1995).

물학적 장애로 다루는 조류가 점점 공고해졌다.

여기서 주목해야 할 점은, 당대의 부모들이 이러한 생물학적 질환으로서의 자폐증 개념을 선호했다는 사실이다. 1960년대와 1970년대에 자폐증의 증상을 보이는 아동을 둔 부모들은 캐너와 후대 학자들에 의해 생겨난 '냉장고 엄마'라는 낙인찍힌 범주를 벗어나려는 욕구를 지니고 있었다. 이들은 스스로가 병리적인 양육 환경을 제공하고 있다는 설명을 받아들일 수 없었으며, 자폐증의 유전 가능성을 제시하는 연구들은 정확히 이 부모들의 '이해관계'와 맞아떨어졌다. 많은 부모들은 이제 자녀가 자폐증으로 진단되기를 바라게 되었는데, 유전적 질환으로서의 자폐증을 진단받는 것은 이전의 자폐증 개념과 설명에 내재되어 있었던 부모에 대한 낙인이나 비난을 없애줄 수 있었기 때문이다(Bumiller, 2009; Chamak and Bonniau, 2013; Navon and Eyal, 2014). 이러한 당대 부모들의 지향은 자폐증을 생물학적 장애라고 보는 관점을 공고히 만드는 데 중요하게 기여했다.

이처럼 자폐증이라는 범주를 중심으로 아동기에 관찰되는 특정한 문제들이 학계에서 논의되는 와중에도, 그것은 병원에서 누군가를 분류해 내는 공식적 범주는 아니었다. 1960년대에 걸쳐 캐너와 러터를 비롯한 학자들이 아주 어린 아동에게서 나타나는 자폐적 장애를 조현병과 같은 정신증과는 구분해야 한다고 지속적으로 주장했음에도 불구하고, 당시의 정신질환 분류 체계에 자폐증이 새로운 질병으로 등록되지는 않았다. 1968년에『정신질환 진단 및 통계 편람(Diagnostic and Statistical Manual of Mental Disorders, DSM)』제2판(DSM-II)이 편찬되었지만, 여기에 실린 진단 범주 중 자폐적 증상을 나타내는 아동에게 부여할 수 있는 것은 조현병의 하위 범주인 '조현병, 아동기 유형(schizophrenia, childhood type)'뿐이었다. 여기서 아동기의 자폐적 증상은 조현병이 조기에 발현된 것으로 간주되었으며, 이는 정신분석학적인 관점에서의 정신증 개념이 강하게 반영된 것이었다. 이 진단명은 당시 자폐증 연구자들이 다루던 생물학적인 질환으로서의 자폐증을 지칭할 수 없는 것이었다. 이렇게 1970년대까지 임상가들이나 정신의학자들은 아동의 자폐적 증상에 대해 '아동기 조현병'이나 '자폐적 특성을 지닌 정신지체'로 진단할 수밖에 없었다(Silverman, 2012).

6. 발달에서 일탈로서의 자폐증

1970년대에는 자폐증을 더욱 확실히 규정하기 위해 진단 기준을 마련하려는 작업이 활발히 이루어졌다. 이는 1960년대에 걸쳐 자폐증의 본질이 무엇인지에 대해 한바탕 겪은 혼란에 대한 반작용이었다. 1943년의 첫 논문에서 캐너가 자신의 사례들에서 나타난 여러 특성을 아동의 행동·언어·신체적 조건부터 아동의 부모가 지니는 여러 특성과 사회적 지위에 이르기까지 포괄적인 범위에 걸쳐 평면적으로 서술했다면, 1956년 발표한 논문에서는 자폐증의 '본질적 증상(essential symptoms)'으로 '극단적 고립(extreme aloneness)'과 '동일성을 유지하려는 집착(preoccupation with the preservation of sameness)'의 두 가지를 꼽았다(Eisenberg and Kanner, 1956). 또한, 캐너는 이 증후군이 1세에서 2세 사이에 정상적인 발달을 보인 아동에게서도 발생할 수 있다고 보고, 자폐증이 생애의 아주 초기부터 나타나야 한다는 기준을 누그러뜨렸다(Eisenberg and Kanner, 1956). 이 때문에 몇몇 연구자들은 발병 연령을 자폐증을 진단하는 필수적인 기준으로 삼지 않게 되었다. 이러한 상황에서 많은 학자들이 자폐증을 규정하기 위해 서로 다른 증상들의 집합을 내놓으며 혼란이 발생했다(Rutter, 1978).

이러한 상황에 문제의식을 느낀 연구자들은 통용될 수 있는 진단 기준을 만드는 작업에 몰두했다. 이 중 러터의 1978년 논문은 2년 후에 편찬된 *DSM-III*에 중요하게 영향을 미쳤는데, 여기서 아동기 자폐증은 네 가지의 필수 기준을 만족해야 했다. 첫 번째 기준은 발병이 30개월 이전에 시작되어야 한다는 것이었고, 두 번째 기준으로 아동의 지적 수준과 대비하여 손상된 사회적 발달, 세 번째 기준으로 아동의 지적 수준과 대비하여 지연되고 일탈적인 언어 발달, 네 번째 기준으로 정형화된 놀이 양식 · 비정상적 집착 · 변화의 거부로서 나타나는 동일성에의 고집이 나타나야 한다는 것이었다(Rutter, 1978). 이는 Eisenberg and Kanner(1956)에서 제시한 자폐증의 본질적 증상들에, 저자가 자폐증의 개념에 대한 모든 설명이 출발점으로 삼아야 한다고 보았던 캐너의 첫 논문으로부터 얻은 통찰 두 가지, 즉 증상이 생애의 매우 초기에 관찰된다는 점과 언어 사용 방식의 기이함을 추가한 것이었다(Kanner, 1943; Rutter, 1978).

이러한 학자들의 작업 속에서 자폐증 개념에서 정신증의 색채는 점점 희미해지고 발달 과정에서 나타나고 심화되는 장애로서의 의미가 점점 확고해졌다. 1970년대에 연구자들은 아동의 행동을 현상적으로 묘사한 캐너의 어구를 대신하여 특정 발달 영역에서의 결함이나 손상으로 표현했다. 예컨대, 러터는 '극단적인 고립'과 같은 캐너의 표현을 대신하여 '손상된 사회적 발달'이라는 어구를 빈번히 사용했는데(Rutter, 1978), 여기에는 자폐증이 발달의 지연이나 왜곡을 의미한다는 관념이 반영되어 있다. 캐너는 이러한 증상이 조현병 환자에게서 나타나는 관계로부터의 철회가 아니라 태어날 때부터 관계를 맺지 못하는 상태라는 점을 간파했지만, 그럼에도 불구하고 그러한 증상을 조현병을 묘사하는 용어로 표현했다. 이에 반해, 러터 등은 정상적으로 발달하는 아동에게서 나타나야 할 사회적 반응이 없는 것이라는 해석을 담아 기술했다. 이는 자폐증을 기이한 행동들의 집합이라고 정의하는 것에서 탈피하여, 여러 발달 영역에서의 지연과 왜곡으로 인한 장애라는 점을 분명히 한 것이라고 볼 수 있다.

이렇게 정신의학계에서 캐너의 초기 보고를 중심으로 자폐증의 본질을 담은 진단 기준을 만드는 동안, 역학 연구자들은 이보다 훨씬 포괄적인 인구를 분류하는 도구를 만들고 있었다. 1960년대부터 몇몇 역학 연구자들의 자폐증 개념은 캐너가 정의한 협소한 개념을 넘어서는 경향을 보였다. 이 연구자들은 당시로서는 논쟁적이었던 자폐증 개념이나 기준에 의거하기보다는, 실제로 관찰되는 행동들을 기준으로 삼아 정신적 문제를 지닌 아동들을 찾아내고자 했다. 자폐증에 관한 첫 역학 연구로 꼽히는 Lotter(1966)에서는 캐너의 논의를 참고하면서도 캐너의 자폐증 개념에 완전히 의존하지는 않았다. 그 대신, 저자는 당시 아동기의 정신 질환을 보고하는 여러 연구를 참고하여 '자폐적 행동(autistic behaviour)'의 기준을 세우고, 캐너의 자폐증 개념이 포괄하지 못하는 '자폐적 아동'을 찾아내고자 했다. 여기서 '자폐적'이라는 형용사는 "'유아자폐증'이라는 캐너의 증후군만을 지칭하기 위해 의도된 것이 아니었다(Lotter, 1966)."

이후의 역학 연구들에서도 자폐증 개념은 계속해서 캐너가 구분 지은 경계를 벗어났다. 영국의 정신의학자였던 로나 윙과 주디스 굴드(Judith Gould)는 1960년대와 1970년대에 런던에서 뇌 질환과 학습 장애가 있는 특수한 교육이 필요한 아이들에 대해 역학 연구를 수행했다. 이들은 이러한 아동들에 대한 관찰 결과에 기반하여 자폐증이 '사회적 의사소통(social communication)', '사회적 능력(social ability)', '사회적 상상(social imagination)'의 세 가지의 결함에 '제한된 활동 양식(restricted pattern of activities)'을 수반한다고 재정의했다(Wing and Gould, 1979). 또한 이들은 자폐증의 경계가 캐너가 생각한 것만큼 명확하지 않다고 보고, 자폐증의 상태와 심각도는 다양하다는 '자폐스펙트럼(autism spectrum)' 개념을 제시했다. 특히, 윙은 영미권에 아스퍼거의 논의를 소개하면서, 자폐증의 여러 증상들을 보이면서도 언어나 지능에는 문제가 없는 소위 '고기능 자폐증'의 사례들도 자폐증 인구에 포함되어야 한다고 주장했다(Wing, 1981). 이 역학 연구자들의 궁극적인 목표는 자폐증을 지닌 사람들이 진단과 치료를 포함하는 전 과정에 걸쳐 제도적으로 도움을 받을 수 있는 기반을 마련하는 것이었으며, 이는 사회적 관계에서 어려움을 겪는 모든 사람들을 빠짐없이 가려낼 수 있는 포괄적인 진단 기준을 만드는 작업으로 이어졌다. 이러한 역학 연구자들의 작업을 통해, 자폐증 개념은 '캐너의 자폐증'이라는 범주를 넘어 확장된다.

이처럼 자폐증이 점점 더 가시적인 장애가 되고 그것을 분류하고 관리해야 할 필요성이 부각되면서, 자폐증을 다루는 공식적인 의학적 범주가 확립되었다. 미국 정신의학회에서는 1980년에 출판된 *DSM-III*에서 '전반적 발달장애(pervasive developmental disorder)'의 하위 범주로 '유아기자폐증(infantile autism)'을 하나의 공식적인 진단명으로 실었다(APA, 1980). 이러한 진단 기준에서 '유아기자폐증'은 매우 협소하게 정의된, 균일한 양상의 질환을 지칭하는 것으로, 캐너의 자폐증 개념과 러터의 진단 기준이 반영된 것이었다. '유아기자폐증'으로 진단되기 위해서는 '30개월 이전의 발병', '다른 사람에 대한 반응성의 전반적 결핍', '언어 발달에서의 총체적인 결함', '발화가 나타난다면, 즉각 및 지연 반향어 · 은유적 언어 · 대명사 반전 등과 같은 특이한 발화 양식들', '환경의 다양한 측면에 대한 기이한 반응들, 예를 들어 변화에의 저항 · 생물이나 무생물에 대한 특이한 흥미나 애착', '조현병에서와 같은 망상 · 환각 · 연상 이완의 부재'의 여섯 가지 기준을 모두 만족해야 했다. 이러한 '유아기자폐증'을 기준으로 삼아, 이와 유사한 특성들이 30개월 이후에 나타날 경우 '소아기 발병의 전반적 발달장애'로 진단하고, 앞의 두 장애로 분류될 수 없지만 '사회적 기술들과 언어의 발달에 포함되는 다수의 기본적인 심리적 기능 발달에서의 왜곡'을 나타내는 경우에는 '비전형 전반적 발달장애'로 진단하도록 하였다.

그러나 이후 개정된 *DSM-III-R*(APA, 1987)에서 자폐증의 진단 기준은 훨씬 유연해졌는데, 여기에는 개정 작업을 맡은 로나 윙이 강한 영향을 미쳤다(Silberman, 2015). 우선, 개정된 진단에서 '유아기자폐증'이라는 명칭은 '자폐적 장애(autistic disorder)'라는 명칭으로 변경되었는데, 이는 자폐증을 진단하기 위해 발병 시점을 특정하지 않고 현재의 증상을 중심으로 평가해야 한다는 관점이 반영된 것이었다. 이러한 개정은 자폐증을 아동기 질환으로 제한하지 않고 광범위한 발달 문제들을 지칭하도록 만들었다(Siegel et al., 1989; Waterhouse et al., 1993). 개정에 참여한 연구자들은 이러한 범주를 통해 인지적 어려움을 포함하는 기능 장애가 포괄적으로 진단되기를 바랐으며, 실제로 이는 당시 정신의학자들로 하여금 더 많은 사람들을 자폐적 장애로 진단하도록 독려했다(Volkmar et al., 1988). 이에 더해, 진단 방식도 진단의 유연성을 증가시키는 데에 큰 영향을 미쳤다. *DSM-III-R*에서는 자폐증에서 관찰되는 주요 기능 장애들을 세 개의 영역, 즉 '상호 간의 사회적 상호작용에서의 질적 결함', '의사소통에서의 질적 결함', '제한된 관심사'로 나누고, 각 영역에서 일부의 항목만 충족해도 진단을 내릴 수 있는 다중 기준적인 접근(polythetic approach)을 취했다(APA, 1987). 이는 한두 가지 증상이 나타나지 않는다는 이유로 진단에서 누락되는 사례가 없도록 고안된 것으로, 임상 진단가에게 자폐증 진단을 내릴 수 있는 여지를 더 많이 부여하였다. *DSM-III-R*의 진단 기준에는 자폐증 사례들을 빠짐없이 발견하려는 연구자들의 의도가 담겨 있었으며, 이러한 의도대로 자폐증 진단은 계속해서 늘어났다(Silberman, 2015).

일단 자폐증이 공식적인 진단 범주로 만들어진 뒤에는, 그것은 계속해서 특정한 사람들을 분류해 내는 도구로 기능하며 자폐증을 가시화하고 자폐증에 대한 연구와 담론을 촉발시켰다. 특히, 이전보다 완화된 *DSM-III-R*의 자폐증 진단 기준은 영국과 미국 등지에서 공공정책의 변화와 맞물려 자폐증 인구를 폭발적으로 증가시켰다. 미국에서는 1991년 자폐증이 장애인교육법에 특수교육을 받을 수 있는 범주로 등록되면서 많은 의사들이 적극적으로 자폐증 진단을 내리게 되었다. 장애인교육법에는 장애를 지닌 모든 국민에게 무상으로 적절한 공교육을 제공한다고 명시되어 있으며, 이 법에 맞춰 각주 의회에서는 공적 자금으로 자폐증에 대해 조기 치료를 지원하는 법률들이 제정되었다. 이렇게 자폐증 진단을 받은 아동은 장애 특성과 기능에 알맞은 교육과 여러 서비스를 받을 수 있는 국가들에서 의사와 부모 모두 자폐증 진단을 선호하게 되었다. 이처럼 자폐증에 대한 연구와 관리가 비교적 일찍 시작된 국가들을 중심으로 자폐증 진단을 받는 아동은 늘어났고, 이는 자폐증에 대한 대중적 인식을 향상시키면서 다시금 자폐증 진단의 증가로 이어졌다(Grinker, 2007; Silberman, 2015).

7. 자폐증 인구와 자폐증의 뇌

자폐증 진단이 늘어나는 동안, 학계에서는 자폐증 인구로 분류된 사람들이 지니는 특성을 더 많이 찾아내고 이를 자폐증 개념에 반영해 왔다. 우선, 심리학 분야에서는 1970년대 후반에 이르자 학계에서 어느 정도 확고해진 자폐증의 개념과 진단 기준에 기반하여 자폐증 인구 집단을 연구 대상으로 꾸릴 수 있었다. 심리학자들은 이러한 집단과 통제 집단에 관한 비교 연구를 통해 자폐증을 지닌 사람들이 보이는 근본적인 결함이 무엇인지에 대해 여러 가지 설명을 내놓았다. 영국의 심리학자 배런 코헨의 연구팀에서는 자폐증을 마음 이론(Theory of Mind)의 장애라고 보았는데, 이는 자폐증을 지닌 사람은 다른 사람이 어떤 생각을 하고 어떤 감정을 지니는지 파악하기 어렵기 때문에 타인의 기분이나 상황에 따른 행동 등을 추론하지 못한다는 것이다(Baron-Cohen et al., 1985). 한편, 일각에서는 자폐증에서의 근본적인 결함이 실행 기능(executive functioning), 즉 목표 지향적 행위를 계획하고 수행하는 능력이 부족한 것이라는 주장이 나왔다(Rumsey, 1985). 또한, 정보를 통합하여 의미 있는 전체를 지각하는 능력이 부족한 것이 자폐증의 핵심이라는 주장도 제시되었다(Shah and Frith, 1993). 이러한 인지심리학적 설명들은 이후 신경생리학이나 뇌 구조의 차원에서 자폐증에 접근하는 연구들과 조화될 수 있었다.

한편에서는, 자폐증으로 진단된 사람들과 그 가족들을 중심으로 유전학 연구들이 활발히 이루어졌다. 여러 연구자들이 1970년대 후반의 쌍둥이 연구에 이어, 자폐증을 지닌 아동이 있는 가정에서 그 아동의 형제들이 자폐증으로 진단될 위험도를 연구하기 시작했다. 그 결과, 이 형제들의 상대 위험도가 일반 인구에서 나타나는 유병률의 25배로 추정되었다(Jorde et al.,

1991). 또한, 가족 구성원들이 자폐증으로 진단될 만큼 증상이 심각하지는 않더라도 자폐증과 연관된 인지적 · 행동적 특성들을 공유한다는 점이 관찰되면서 '광의의 자폐 표현형(broader autism phenotype)'에 대한 연구도 시작되었다(Bishop et al., 2004; Bolton et al., 1994; Dawson et al., 2002). 이러한 연구들을 통해, 자폐증을 유발하는 유전자가 본격적으로 찾아지기 전부터 자폐증은 강한 유전적 기반을 지닌 장애라는 점이 학계에서 널리 인정되었다.

이후 1990년대와 2000년대에 걸쳐 유전학은 자폐증에 관한 과학적 연구에 있어서 중요한 비중을 차지하게 되었다. 자폐증에 대한 유전학적 연구는 이미 분류된 자폐증 인구 집단이 있었기 때문에 이루어질 수 있었는데, 그간 자폐증으로 진단된 사람들과 가족들로부터 후보 유전자를 추려내는 방식에 기반하여 자폐증과 관련된 수많은 유전자가 밝혀졌다(홍강의, 2014). 현재 자폐증의 유전율(heritability index)은 80%로 알려져 있으며(Abrahams and Geschwind, 2008), 정확한 메커니즘은 알려져 있지 않더라도 유전적 요인은 자폐증의 가장 강력한 원인으로 꼽히고 있다. 물론 환경적 요인도 연구되고 있으며, 주로 주산기 감염 · 저체중아 · 조산이나 둔위분만 · 출생 시 호흡기 부전 등의 주산기 관련 요인들, 고연령 임신 · 대기오염물질이나 중금속 등이 자폐증의 발병에 미치는 영향이 중점적으로 분석되고 있다(홍강의, 2014). 그러나 환경적 요인들 역시 유전자와 환경의 상호작용을 전제로 고려된다는 점에서, 현재 자폐증은 유전자를 근본적인 원인으로 갖는 질환으로서 확고히 개념화되어 있다고 볼 수 있다.

자폐증을 지닌 인구 집단의 뇌 또한 연구자들에게 중요한 관심을 받았다. 자폐증을 지닌 사람에게서 인지 · 언어 등 여러 발달 영역에 걸쳐 지연과 왜곡이 나타난다고 알려지자 연구자들은 자폐증을 지닌 사람의 뇌에 주목했다. 초기에는 여러 뇌 영상 기술을 통해 자폐증을 지닌 사람의 뇌에서 구조적인 이상을 찾아내려는 시도들이 있었으며(Bauman and Kemper, 1985), 한편에서는 신경전달물질의 문제에 대한 연구가 이루어졌다(Levitt et al., 2004; Whitaker-Azmitia, 2001). 여기에 이어, 뇌의 기능이나 활동을 관찰할 수 있는 기능성 뇌영상 기술이 등장하면서, 자폐증을 지닌 사람에게서 뇌의 구조와 기능·연결 정도 등에서 차이가 나타난다는 점이 활발히 보고되었다 (Pelphrey et al., 2005; Roberts et al., 2010). 자폐증의 임상적 증상에만 의존하기보다는 신경학적 관찰 및 그것이 각 증상과 갖는 관계에 주목해야 한다는 신경과학자들의 주장에 기반하여, 자폐증을 지닌 사람의 뇌와 일반인의 뇌사이의 차이점이 계속해서 발굴되고 있다.

유전학적·신경학적 연구들이 활발히 이루어지는 가운데, 자폐증에 관한 신경생물학적 관점이 공고해지고 있다. 현재의 자폐증 발병 모형에서는 자폐증이 유전적 소인에서 시작되어 환경적 인자와 상호 작용하면서 뇌 발달에 이상이 생긴 것이라고 간주한다. 이러한 뇌 차원의 이상은 태내에서부터 시작되는데, 신경세포와 시냅스의 구조 형성과 성숙, 뇌 피질망의 발달, 뇌의 성장 속도 등에서 이상이 생기므로 자폐증을 지닌 아동은 태어날 때부터 신경생물학적 이상을 지닌다. 선천적인 뇌의 이상은 생후 애착과 정서의 발달·감각과 인지의 발달·의사소통과 언어의 발달 등 전반적인 영역에 걸쳐 부정적인 영향을 미치고, 각 발달 영역에서의 결함은 다른 영역의 발달을 저해하게 된다. 이로써 발달 전반에 걸쳐 문제가 발생하여 자폐증으로 나타나게 된다(Pelphrey and Carter, 2008). 요컨대, 현재의 발병 모형에서 자폐증은 유전적 소인이라는 불변의 원인에서 시작되어 연속적이고 누적적인 과정을 거쳐 심화되는, 뇌의 장애인 것이다.

8. 위험으로서의 자폐증

　신경발달장애로서의 자폐증 개념은 생물학적으로 병리적인 과정이 시작되는 시점과 질병의 증상이 감지되는 시점 사이의 간극을 문제시한다. 자폐증은 계속해서 심화되는 장애이기 때문에 그에 빨리 개입할수록 좋은데, 그러기 위해서는 증상을 가능한 한 빨리 포착할 필요가 있다는 것이다. 이 때문에 다양한 분과의 연구자들은 현재 알려진 증상들에 앞서 자폐증을 조기에 예측해 내는 인자를 찾는 데 집중하고 있다. 이러한 연구들에서는 이미 자폐증으로 진단된 사람뿐 아니라 그와 연관된 가족 구성원들까지 실험 대상자로 포섭되는데, 대표적으로 '어린 형제 연구(baby siblings research)'나 '광의의 자폐 표현형'을 찾아내는 유전학 연구가 활발히 이루어지고 있다. '어린 형제 연구'에서는 자폐증 진단을 받을 위험이 높다고 추정되지만 아직 자폐증의 증상이 발현되지 않은 어린 아동을 대상으로 이들의 발달 과정을 추적한다. 이러한 추적을 통해 얻은 데이터에 기반하여, 이후 실제로 자폐증으로 진단된 아동이 어릴 때 보였던 특성들은 자폐증을 예견해 주는 인자로 해석된다. 또한, 뇌영상 기술을 통해서 어린 아동의 뇌 발달이 구조적·기능적 차원에서 활발히 검토되고 있다.

　이렇게 자폐증 연구의 대상 집단이 점점 어린 아동을 대상으로 변화하는 것은 자폐증 개념과 '사회적'이라는 것의 의미를 변화시킨다. 그간의 심리학 연구에서는 자폐증 인구 집단과 통제 집단을 꾸려 언어와 같은 상징 체계에 대한 이해와 의도적 반응에서의 차이가 활발히 분석되었다. 그러나 2000년대부터 유전학, 신경과학 분야에서 출현한 다양한 방법론적 기법은 그간 자폐증 연구에 대상으로 포함될 수 없었던 영아들에게로 연구자들의 주의를 전환시켰다. 예컨대, 기능성 자기공명영상(Functional magnetic resonance imaging, fMRI)과 같은 뇌 영상 기법을 활용한 연구에서 연구 대상자의 반응을 관찰하기 위한 '사회적 자극'으로 언어뿐 아니라 얼굴이나 눈 이미지를 활용할 수 있으며, 그렇기 때문에 언어와 같은 명백한 의사소통의 행위를 아직 습득하지 못한 어린 아동도 연구에 포함시킬 수 있다. 다양한 사회적 자극이 주어질 때 자폐증을 지닌 영아와 그렇지 않은 영어가 나타내는 신체적 반응의 차이를 통해 이들의 '사회성'을 판별할 수 있다. 이러한 실험들이 활발히 이루어지는 가운데 자폐증에서 나타나는 사회적 결함은 언어와 같은 의식적인 의사소통으로부터 몸의 자동적 반응을 중심으로 재개념화된다. 즉, 어린 아동을 대상으로 하는 유전학, 신경학적 연구들을 통해, 자폐증이라는 장애는 점점 더 무의식적인 몸의 반응을 중심으로 정의되면서 '신체화(somaticisation)'되고 있는 것이다(Hollin & Pilnick, 2015).

한편, 어린 아동을 대상으로 하는 자폐증 연구들은 발달심리학이나 소아정신의학 분야에서도 활발히 이루어지고 있다. 자폐증으로 진단되는 인구집단이 증가할수록 자폐증을 지닌 사람들이 매우 어린 시기에 나타낸 행동과 특징에 대한 데이터가 쌓이면서, 아주 어린 아동들에게서 나타나는 행동과 특징 중 앞으로 사회성의 발달 경로를 예견할 수 있게 해주는 원시적인 사회적 행동들이 발굴되어 자폐증의 '위험'을 선별하는 도구로 만들어지고 있다. 선별(screening)이란 특정 검사를 통하여 장애를 예견적으로 판별하는 것으로, 지금까지 개발된 자폐증 선별 도구들은 주로 1~2세의 어린 아동이 부모와의 일상적인 생활 속에서 보이는 행동과 반응에 대한 질문들로 구성되어 있다. 예컨대, 아이가 무언가를 가리키기 위해 검지 손가락을 사용하는지, 이름을 부르면 반응하는지, 부모에게 무언가를 가지고 오는지 등을 살펴봄으로써 사회성이 제대로 발달하고 있는지, 달리 말해서 자폐증이라는 발달 장애를 지니게 될 잠재적인 위험성이 어느 정도인지를 예측하는 것이다.

이러한 선별의 실행은 자폐증으로 진단된 사람들을 넘어서는 인구 집단을 자폐증 연구로 포섭하며, 이는 자폐증의 경험을 실질적인 장애로부터 장애의 위험으로 변화시킨다. 선별은 자폐증으로 진단될 확률이 높은 아동을 빠짐없이 포착하는 것을 최우선 목표로 삼고 있으며, 이 때문에 이 과정에서 자폐증이 아닌 아동들까지 선별되는 사례들이 생겨난다. 그러나 그러한 오류의 위험에도 불구하고, 선별은 이후 아동을 지속적으로 추적 관찰을 하도록 해줌으로써 발달의 문제를 가능한 한 빨리 발견하고 그에 맞는 중재를 제공하도록 해준다는 점에서 정당화된다. 이러한 선별의 실행을 통해 조명되는 인구 집단은 '자폐증'을 지닌 아동이 아니라 '자폐증의 위험'을 지닌 아동인데, 이들의 자폐증은 현재의 진단 기준에 기반하여 그 증상이 관찰되고 확고하게 진단된 것이 아니라는 점에서 장애 그 자체라기보다는 장애의 위험이다.

이처럼 자폐증을 가능한 한 빨리 발견하고 그에 개입하기 위한 연구들과 실행들이 촉진되면서, 점점 더 어린 아동에게서 포착되는 일탈적인 모습들이 자폐증을 정의하는 언어로 변환되고 있다. 앞서 살펴보았듯이, '어린 형제 연구', 영아를 대상으로 하는 뇌 영상 연구, 선별된 아동에 대한 추적 관찰 등을 통해 자폐증으로 확진을 받게 될 위험을 상대적으로 높게 지닌 아동이 보이는 모습과 특성은 매우 어린 시기부터, 즉 진단을 받기 전부터 활발히 추적 관찰되고 있다. 이러한 아동들 중 상당수가 실제로 자폐증의 진단 기준에 꼭 맞는 것으로 판명되면, 그들의 발달 궤적과 여러 특징들은 자폐증을 지닌 아동이 진단 이전에 나타내는 자폐증의 징후로, 즉 자폐증의 '

초기 증상'으로 해석된다. 이로써 자폐증의 증상 목록에는 사회적인 관계에서 심각한 결함들이 발생하기에 앞서 나타나는 여러 가지 일탈들이 새롭게 추가되며, 자폐증의 시작점은 계속해서 앞당겨지고 있다.

9. 결론

지금까지 살펴보았듯이, 자폐증은 그간 그 개념과 진단 기준, 그리고 그것을 지닌 인구 집단이 끊임없이 변화해 온 질환이다. 정신의학·심리학·유전학·신경과학 등 다양한 분야에서 이루어진 자폐증에 관한 연구들과 임상 현장·치료와 교육·복지·법 등 다양한 영역에서의 작업들이 얽히는 가운데 우리 사회에서 어떤 증상들을 자폐증이라는 장애로 문제시할 것인지, 그러한 증상을 지닌 사람을 어떻게 진단하고 치료하고 또 연구할 것인지가 결정되어 왔다. 특히, 현재의 유전학과 신경학 연구들에서는 점점 더 어린 아동들에게서 나타나는 행동·뇌·유전자의 차이점이 발굴되고 있고, 이는 사회적 관계에서 실질적으로 문제가 발생하기 전에 나타나는 원시적인 행동이나 생물학적 특징을 중심으로 자폐증을 규정하게끔 만든다. 현재의 진단 기준과 각종 도구들, 그리고 유전학과 신경학 중심의 연구들이 내놓는 성과는 계속해서 자폐증 인구와 그들에 대한 새로운 설명을 생산해 낼 것이며, 이렇게 포섭되는 새로운 사람들은 다시금 자폐증에 관한 우리의 이해를 새롭게 할 것이다.

치매와 문화

— 노년기의 정신적 이상에 대한 인류학적 접근

이수유_ 서울대학교 인류학과 박사과정 수료

1. 들어가며

인간이 겪는 여러 종류의 정신적·신체적 고통 가운데 어떤 것들은 질병으로 범주화되고, 그 가운데 일부는 원인이나 증상, 특성 등을 알아볼 수 있도록 고유한 이름을 부여받는다. 그리고 그 이름에는 질병 자체가 지닌 속성에 더해, 사람들이 이에 대해 느끼는 감정과 태도가 휘장처럼 드리워진다. 이름과 느낌, 그리고 분위기를 갖추게 된 질병은, 마치 애초부터 그 이름을 안고 태어나 사람들의 몸과 마음을 활보하는 것처럼 보인다. 하지만 이름이 실체인 것처럼 여겨질 때에도 둘의 관계는 불안정하다. 지식과 기술이 변하면서 질병의 이름은 다른 것으로 교체될 수 있고, 이름이 그대로라 하더라도 그 이름과 연결되는 감정이나 이미지가 달라질 수 있다. 이 글에서는 오늘날 주로 치매라는 이름으로 불리며 하나의 질병으로 여겨지는 노년기의 정신적 이상(異常)에 대해 인류학적 관점에서 살펴보고자 한다.

일찍부터 인류학은 질병과 문화가 맺어 온 공모 관계를 흥미롭게 지켜보았다. 베네딕트는 '인류학과 비정상적인 것'(Benedict, 1934)이라는 글에서 정상과 비정상, 혹은 정상과 병리를 구분하는 선이 고정되어 있지 않으며 문화마다 다르게 그어진다는 점에 주목했다. 특정한 문화에서 표준으로 삼는 기질이나 행동이 '정상'이라고 한다면, 그에 어긋나는 것은 '비정상' 혹은 병리적인 것이 된다. 베네딕트는 당시 서구 사회에서라면 병적인 것으로 여겨질 수 있는 행동들이 특정한 문화에서는 관습과 제도의 초석이 되기도 한다는 점을 보여주었다. 이를테면 콰키우틀 사회에서는 개인의 지위를 높이고 타인을 모욕하기 위해 포틀래치라는 과시적 의례를 행하며, 하나의 죽음은 반드시 또 다른 죽음에 의해 완결되어야 한다고 여겨진다. 또한 베네딕트는 당시 서구 사회에서 병리적인 것으로 여겨지던 트랜스 상태나 동성애 역시 어떤 문화에서는 사회적으로 승인받거나 일정한 의미와 논리를 부여받을 수 있다는 점을 강조했다.

질병이란 무엇인가 하는 문제에 대한 인류학적 접근은 기본적으로 이러한 시각에서 출발한다. 특히 건강과 질병, 치유의 문제를 중점적으로 다루는 의료인류학에서는 인간 존재의 생물학적 측면을 중요하게 고려하되, 실제로 사람들이 건강과 질병을 경험하는 과정은 문화마다 다르게 나타난다는 것을 보여주었다. 질병의 명명이나 분류, 의미화와 관련하여 특히 문화적 차이가 부각되는 것은 고통 자체에 대한 식별이 어렵거나 고통의 당사자와 타인의 판단이 달라질 수 있는 경우였다. 초기 인류학에서부터 중요하게 다루어졌던 정신 질환이 그 대표적인 사례이다. 정신 질환은 문화와 개인 인성의 관계를 다룬 연구들의 핵심 주제였는데, 이 연구들은 비서구 문화에서 나타나는 독특한 정신의학적 현상들을 문화의존증후군(culture-bound syndrome)으로 명명하여 서구 현대 의학의 분류 체계에 포함시키는 작업으로 연결되기도 했다(이현정, 2013).

한편, 노년기에 나타나는 정신적 이상의 문제는 좁은 의미에서의 질병으로 여겨지지 않았고, 따라서 정신 질환을 다룬 연구들 안에서도 중요하게 다루어지지 않았다. 정신 질환이 인류학의 고전적 주제였다면, 노화에 대한 본격적인 연구는 비교적 최근에야 이루어지기 시작했다. 이는 인구 고령화가 사회적 위기로 인식되고 노년에 대한 담론이 급격하게 부상하는 상황과도 맞물려 있다. 인류학 안에서는 1960년대부터 노년을 독립적인 주제로 다루어야 한다는 주장이 제기되었고(대표적으로, Clark, 1967), 여러 사회의 노년을 비교하는 연구들이 행해지기 시작했다. 초기에는 주로 비서구 사회의 노인상을 살펴보고 이를 근대화에 대한 비판과 연결시키는 작업이 연구의 중심이었다. 이후의 연구들은 크게 보아 생명정치(biopolitics)를 중심으로 노년이 의료적 지식과 기술에 의해 구성되는 측면을 다루는 경향과, 문화가 사람됨(personhood)을 구성하는 차원에 주목하여 자아와 몸, 체현과 정체성의 문제를 다루는 경향으로 나뉜다(Kaufman and Morgan, 2005).

이 글에서는 위와 같은 인류학 연구의 흐름 안에서 노년기의 정신적 이상이 어떻게 다루어졌는지를 살펴본다. 구체적으로 이 글은 오늘날 치매로 명명되는 일련의 증상들을 둘러싼 인식과 경험, 관계의 양상이 어떻게 인류학적으로 해석될 수 있는지를 소개한다. 이 글의 기본 입장은 특정한 질병이 하나의 범주로 설정될 때, 그 범주를 이루는 경계선에 주목할 필요가 있다는 것이다. 질병과 질병 아닌 것의 경계만큼이나 양자 간의 연속성을 고려할 때, 질병을 포함하는 것으로서 인간 생애의 과정을 살필 수 있게 된다. 나아가 생애 과정에서 특정한 질병을 만나고 그로 인해 고통을 겪는 이들, 질병과 이별하지는 못하지만 여전히 이전에 자신이 지녔던 것들을 지속하고자 하는 이들의 의지와 지향 또한 포착할 수 있다. 치매의 경우, 그 이름이 환기하는 비극적인 서사에도 불구하고, 이러한 일상적 순간들이 실재하고 있음을 고려할 때 그것과 함께 살아가는 이들의 고통을 더 정확하게 기술할 수 있다.

2. 노화와 질병의 관계

노년기의 정신적 이상이 무엇보다 의학적 진단명인 치매의 문제로 여겨
지게 된 맥락에는 노년이라는 시기를 의료적 관점에서 바라보게 되었다는
변화가 자리하고 있다. 의료화(medicalization)란 이전까지 질병이 아니었던
증상이 의학적 진단과 치료의 대상이 되는 것을 가리키는데, 노년에 대해서
도 이 같은 의료화가 이루어졌다. 20세기에 들어서면서 노화의 과정을 설명
하는 데 의학 지식과 기술이 압도적인 권위를 가지게 되었고, 노인의 건강
상태를 다루는 일 역시 의료 전문가의 몫으로 간주되었다(Estes and Binney,
1989). 이러한 상황에서 노년은 무엇보다 신체의 쇠퇴 과정으로 여겨지며
노인의 몸은 의학의 통제 아래 놓이게 된다. 다시 말해서 노인의 몸은 젊은
몸과 대비되는 병리화된 몸으로, 노년은 의료적 관리를 받아야 할 시기로
여겨지게 된 것이다(김태우, 2012).

현대 서구의학 안에서 노년과 관련된 문제를 별도의 영역으로 다루
고자 하는 시도는 노인의학(geriatrics)이라는 용어의 탄생과도 맞물려 있
다. 'geriatrics'라는 용어는 노인을 뜻하는 그리스어 'geron'과 의학적 치료
를 뜻하는 'iatrikos'가 결합된 것으로, 어린아이의 질환을 다루는 소아의
학(pediatrics)이 있는 것처럼 노인의 치료를 위한 특수한 분과가 필요하다
는 판단에서 제안되었다. 이 용어를 처음 고안한 사람은 뉴욕의 외과 의사
였던 이그나츠 내셔(Ignatz Nascher)인데, 그는 1914년에 출간된 자신의 저

서 『노인의학: 노년의 질환과 그 치료(Geriatrics: The Diseases of Old Age and Their Treatment)』에서 생리학적 노년(physiological old age)과 병리학적 노년(pathological old age)을 구분하고, 정상적인 노화의 과정과 질병을 분리하고자 했다.

이러한 기획은 내셔가 의학도였을 때의 경험에서 비롯되었다. 그는 회진을 하던 중 자신의 교수가 한 노년 여성을 대하는 방식을 보고 놀라게 된다. 그 여성은 급성 통증을 호소하고 있었는데, 교수는 단지 '늙어서(old age)' 그렇다는 것으로 진단을 갈음했고, 그러면 어떻게 하면 되느냐는 물음에 아무것도 할 수 없다고 대답했다(Clarfield, 1990). 내셔는 치료가 가능한 여러 증상까지 단순히 노화의 탓으로 여겨지는 상황에 문제의식을 느꼈고, 이는 노년과 질병, 혹은 정상적 노화와 병리적 노화를 분리해야 한다는 주장으로 연결되었다. 이처럼 생리학적 노년과 병리학적 노년을 구분하는 내셔의 논의는 당시 의철학 분야에서 나타났던 생리학과 병리학의 대립, 그리고 정상적인 것과 병리적인 것의 관계에 대한 논의를 반영하는 것이기도 했다(Cohen, 1998).

정상적 노화와 병리적 노화를 구분하고, 후자를 치료의 대상으로 삼아야 한다는 내셔의 입장은 일견 노년을 질병과 동일시하는 불합리한 관점을 대체할 적당한 해법인 것처럼 보이기도 한다. 그러나 문제는 그렇게 단순하지 않다. 노화의 과정에서 일어나는 여러 변화 가운데에는 생리학적인 것이나 병리학적인 것 중 어느 한쪽으로 귀속시키기 어려운 상태가 있기 때문이다. 실제로 노년기에 이르면 정상적인 것과 병리적인 것은 아무리 신중하게 구분하려 하더라도 서로의 영역에 스며들기 때문에 결국은 그 경계가 무너지는 모습을 보인다(Cohen, 1998). 노년에 나타나는 여러 변화 가운데 치료 가능한 것들을 식별하려는 시도는 필요하지만, 그러한 변화가 애초에 생애 과정의 불가피한 현상이라고 한다면 일반적인 의미에서의 질병과는 질적으로 다른 것이 된다.

노인의학이 지닌 또 다른 딜레마는 그것이 오히려 노년에 대한 편견을 강화할 수 있다는 점이다. 노인의학은 병리적 노화와 구분되는 정상적 노화를 강조함으로써 질병으로부터 자유로운 노년의 상을 제시한다. 그런데 이 과정에서 노인의학은 그것이 비판하는 연령차별주의(ageism)와 중첩되는 양상을 보인다(Kaufman, 1994). 연령차별주의는 낙상이나 기억력 감퇴·시청각 손상·우울증 등을 단순히 노화 탓으로 여기게 만들고, 노인을 여러 측면에서 결핍된 존재로 간주하게 한다. 즉, 노화는 질병이며 노인은 병리적인 존재라는 것이다. 그런데 역설적이게도, 노화와 질병을 분리하고자 하는 노인의학 역시 다른 방식으로 양자의 연결을 강화한다. 노인의학은 노인의 생활 전반을 의학적 시선으로 판단하게 하며, 이 과정에서 노인은 의료 전문가에 의해 다루어져야 하는 대상으로 간주되기 때문이다. 이처럼 노인의학은 정상적 노화를 강조하지만 그러한 주장이 오히려 노년의 삶에 대한 의학의 지배를 강화시키기도 한다.

물론 노인의학에서 제시하는 정상과 병리의 구분이 사람들에게 그대로 수용되는 것은 아니라는 점을 고려할 필요가 있다. 정상과 병리의 구분은 의학적 판단에 기초하지만, 결과적으로는 해당 사회나 문화에서 개인에게 기대하는 바를 반영하여 조정되기 때문이다. 일례로 미국사회에서 요실금은 단순한 의학적 증상이 아니라 개인의 독립성과 의존성을 판별하는 기준이 된다(Mitteness and Barker, 1995). 노인의학에서는 요실금이 치료와 회복이 가능한 질병이라고 명시하지만, 실제 요실금을 경험하는 노인이나 돌봄 제공자는 그것을 무능력의 상징으로 여긴다. 즉, 개인의 독립성에 절대적인 가치를 부여하는 미국사회에서 요실금은 노년기의 의존성을 나타내는 문화적 상징으로 자리하는 것이다. 이처럼 노년에 대한 의학적인 정상/병리의 구분은 사회문화적인 정상/병리의 구분과 조우하며, 긴밀하게 서로 영향을 주고받으면서 구성되고 재조정된다.

노년이라는 시기, 혹은 노화라는 과정에 대해 정상과 병리를 구분하려는 시도가 봉착하는 난관은 주로 노인의학이 지닌 '역설'이나 '아이러니'라는 말로 표현되곤 한다. 그런데 이는 정상과 병리가 상호 배제적인 두 범주로 구분되는 것이 아닐 수 있다는 점을 시사한다. 즉, 노화의 과정 자체가 아니라 그것을 정상과 병리로 구분하려는 시도, 혹은 노년 안에서 질병만을 고립시켜 다루고자 하는 시도가 문제인 것이다. 생애 과정의 후반부에 나타나는 변화들은 생명의 과정이 죽음으로 수렴해간다는 것, 삶과 죽음이 서로를 포함하는 관계에 있다는 것을 함축하지만, 노년을 의료적 문제로 처리하는 데서 오는 사고의 비용 절감이 이 같은 차원을 충분히 고려하지 못하게 한다. 노년의 의료화는 노년의 여러 영역을 진단과 처방에 의해 해결 가능한 문제로 치환하며, 치매 혹은 알츠하이머라는 병명 역시 그 같은 관념적·실천적 노력 안에서 유용한 도구가 되었다.

3. 노망, 치매, 알츠하이머

노년기에 나타나는 언어나 행동 등의 퇴행적 변화는 여러 시대와 지역에 걸쳐 서로 다른 이름으로 식별되고 의미화되었는데, 그것을 개인이 생애 말년에 겪을 수 있는 중대한 위협이자 사회 전체가 감당해야 할 위기로 인식하게 된 것은 비교적 최근에 들어서였다. 이 같은 변화의 핵심에는 질병으로서의 치매가 있다. 즉, 노년기의 인지 감퇴가 노화에 따른 필연적인 현상이라는 생각은 그것이 정상적 노화와 분명히 구별되는 질병이라는 생각으로 변모해 온 것이다(김신겸·정한용, 2008). 유럽과 북미 등 이른바 서구 사회를 중심으로 시작된 의료화의 과정은 이전까지 느슨하게 사용되었던 노망(senility)이라는 용어를 의학적 질환명인 치매(dementia)로 교체 혹은 축소하는 결과를 가져왔으며, 그 대표적인 유형인 알츠하이머병(Alzheimer's disease)은 노년기에 나타나는 특정한 행동과 증상을 의학적 진단과 치료의 대상으로 전환하는 과정의 주요 거점이 되었다.[1]

알츠하이머병이라는 용어가 처음 등장한 것은 20세기 초반이었지만, 오늘날과 같이 대중적으로 널리 사용된 것은 그보다 훨씬 뒤였다. 1907년 초로기 치매(presenile dementia)를 가리키는 데 처음 쓰였던 이 용어는 1960년대 말과 1970년대 초에 이르러 보편적인 노인성 치매를 포괄하게 되었다. 이 시기에 알츠하이머병이 단기간 동안 급속도로 보급될 수 있었던 것은 당시 미국이 처해 있던 특수한 사회문화적·정치경제적 조건 때문이었다(Herskovits, 1995). 알츠하이머병이라는 명칭 혹은 범주는 연구자와 연구 기

---

1 이 글에서는 dementia를 치매로, senility를 노망으로 표현한다. 그런데 치매(癡呆/痴呆)의 경우 애초에 dementia의 번역어로 사용된 한자어인 데 비해, 노망(老妄)은 망령(妄靈) 등과 함께 오래전부터 쓰였던 용어로서 senility와는 다른 언어문화적 맥락에 속하는 개념이다. 다만, 노망과 senility 모두 노인에게 나타나는 정신 및 행동의 부정적 변화를 지칭하는 용어이자 경멸적 뉘앙스가 있다는 점에서 유사하다고 볼 수 있다. 한편, 노인성 치매 안에는 알츠하이머형 치매와 혈관성 치매·루이체 치매 등이 있으며, 그중 알츠하이머형 치매가 가장 높은 비중을 차지한다.

관의 자금 조달을 원활하게 했고, 임상적 · 실용적 · 심리적 문제들을 해결한다는 유용성 덕분에 그 사용이 급격히 증가했다. 다시 말해서 알츠하이머병은 혼돈에서 질서를 찾고자 하는 욕구, 일련의 치료적 실천을 정당화하려는 욕구를 충족시키며 이른바 노화 사업(aging enterprise)(Estes, 1979)의 강력한 연료가 되었던 셈이다.

이 같은 변화의 배경에는 제2차 세계대전 이후 출현한 노년학(gerontology)이 가져온 변화가 자리하고 있었다(Ballenger, 2006). 노년학의 여러 연구들은 과학적 이해와 교육을 통해 고령에 대한 낙인을 제거하고자 했는데, 그 노력 중 하나가 바로 노망을 치매, 그중에서도 알츠하이머병으로 재개념화하는 시도였다. 1940년대까지만 해도 의료 담론이나 대중 담론에서 노인은 어리석고 화를 잘 내며 불결한 존재로 재현되었는데, 이후 노화를 좀 더 긍정적으로 혹은 낙관적으로 바라보고 노인의 삶을 개선시키고자 하는 움직임이 나타났다. 이 같은 지향은 의료인과 사회과학자 · 정책 입안자 · 활동가 · 기업가 등 여러 집단에서 나타났으며, 이 시기에 이르러 연령차별주의(ageism)에 반대하는 목소리는 성차별주의(sexism)나 인종차별주의(racism)에 대한 반대와 마찬가지로 정당한 입지를 갖게 되었다. 이러한 과정에서 노망이라는 용어는 경멸적인 의미를 지닌다는 점에서 비판받았다.

한 가지 흥미로운 점은 사회에서 노인들이 부당한 대우를 받는다는 주장이 근대화에 대한 비판과 연결되어 있었다는 것이다. 이전까지는 노인들 자신이 무능력해서 근대화에 따라가지 못했다고 여겨졌다면, 노년학자를 비롯한 노인 옹호자들은 노인이 무능력한 것이 무엇보다 근대사회가 그들에게 자리를 만들어 주지 않았기 때문이라고 주장했다. 이러한 논의 속에서 노인 문제는 근대화의 의도치 않은 부산물로 여겨지게 되었다. 인류학 내 여러 연구들 역시 근대성에 대한 비판적 관점을 공유하면서 산업화 이전 사회나 비서구 사회에서 노인들의 지위를 비교문화적으로 검토했다. 알츠하이머병이라는 범주는 과도하게 평가절하된 노인의 위치를 회복하고, 좀 더 긍정적인 노년의 상을 제시하고자 하는 시도 안에서 주요한 전략적인 거점이었다. 노화 일반 안에서 병리적인 것을 구획해 내는 작업은 노인 혹은 노년기 전체를 폄하하는 서사로부터 벗어날 수 있는 하나의 가능성이었던 것이다.

실제로 알츠하이머병이 노년기의 정신적 문제를 대표하는 현상으로 등장하면서, 그것은 이전에 연결되어 있던 광기로부터 분리되었고, 노화와 관련된 신경학적 조건으로 분류될 수 있게 되었다(Lock, 2013). 그러나 알츠하이머병을 부각시킴으로써 달성하고자 했던 기획, 즉 이전까지 노화 자체와 분리되지 않았던 것을 분명한 의료적 질환으로 자리매김하고자 하는 시도가 이 질환에 대한 사회적 낙인을 완전히 제거하지는 못했다. 알츠하이머병이라는 범주의 옹호자들은 질병에 대한 새로운 개념화가 부정적 인식을 줄이는 데 기여할 것이라고 보았으나, 실제 그들의 담론은 오히려 노쇠한 이들과 나머지 사람들을 분리하는 경계를 강화했던 것이다. 이는 노인의학 일반이 지닌 딜레마 때문이기도 하지만, 다른 한편으로는 사회적 낙인이 단지 지식의 문제가 아니며 따라서 교육이나 캠페인만으로는 극복될 수 없는 것이기 때문이기도 했다(Ballenger, 2006).

한국에서 노년기의 정신적 이상을 둘러싸고 나타난 명칭 및 태도의 변화 역시 크게 보아 이 같은 흐름 안에서 이해될 수 있다. 노망 혹은 망령이라고 불리었던 범주가 치매라는 질환으로 명명되고, 그중에서 알츠하이머병이 대표적인 유형으로 인식되었던 것이다. 서구 사회에서 제2차 세계대전 이후 이루어진 노년에 대한 인식 변화를 배경으로, 직접적으로는 1960년대부터 진행되었던 변화가 한국에서는 1990년대에 들어서 단기간 내에 이루어졌다고 볼 수 있다. 특히 노망에서 치매로의 이행은 단지 용어의 교체나 그것을 사용하는 개인들의 태도 변화만을 뜻하지 않았다. 그것은 노년의 정신건강에 대해 국가 차원의 개입을 촉구하고 의료적 진단을 그 기초로 삼게한다는 점에서 문제해결 방식의 전반적인 변화까지 포함하고 있었다.

오래전부터 쓰였던 토착 개념인 노망이나 망령과 달리, 치매는 애초에 dementia의 번역어로 사용된 용어였다.[2] 치매라는 용어 자체는 1920년대나 1930년대에 조선에서 발간된 신문 기사에도 등장하지만, 본격적으로 노인성 치매와 관련된 의학 지식을 소개하는 기사는 1970년대에 들어서야 나타났다. 이후 발간된 기사들을 살펴보면 1990년대까지도 치매보다는 노망이라는 표현이 더 널리 사용되었다는 것을 알 수 있는데, 어떤 경우에는 '노망은 흔히 망령이라고 하는 일종의 정신박약 상태이고, 치매는 뇌의 기질적 변화에 의한 지능장애'[3]라는 식으로 구분되기도 했으나, 대체로는 '흔히 노망으로 불리는 치매'[4]라는 식으로 소개되는 경향이 나타났다. 이는 두 용어 간의 의미 영역이 겹쳐져 있으며 경우에 따라서는 교차적으로 사용될 수 있

---

2 치매는 일본어에서 dementia의 번역어로 치광(痴狂)이나 풍전(瘋癲) 등의 용어와 함께 사용되었고, 일상적으로 '바보, 멍청이'를 뜻하는 표현으로 사전에 등재되기도 했다(장세철 외, 2020). 한편, 초기 한의학 문헌에서부터 발견되는 매병(呆病)이나 치애(痴獃)는 주로 감정적인 원인에 의해 담이 생겨 발생하는 현상으로서, 나이와의 연관성은 제시되지 않으나 오늘날 치매라고 불리는 것과 증상 면에서 유사하고, 현재 치매의 핵심 증상으로 여겨지는 기억력 장애는 건망(健忘)으로 다루어졌다(황의완, 1997).
3 '노망'과 '노인성 치매',《한겨레》 1993.4.23.
4 황혼의 불청객 '노망'을 다스린다,《경향신문》 1999.10.28.

었다는 것을 보여준다.

이 같은 양상은 신문 기사와 같은 공적 담론뿐만 아니라 실제 사람들의 일상 속에서도 유사하게 나타났다. 박성용(2007)은 한 노인치매요양시설 환자 가족들의 의료 지식이 어떻게 구성되어 있는지를 살펴본 바 있다. 이들은 치매에 대한 전문적인 의학 지식을 체계적으로 습득하지 않았지만, 자신이 지닌 민속 지식에 더해 현대 의학의 지식을 연결하고 절충시켜 나름대로의 이해 방식을 고안해 냈다. 대체로 진단에 있어서는 개인의 직관이나 주변에서 들은 민속 지식이 우선적으로 작용하고, 치료 과정에서는 현대 의학 지식과 민속 지식이 조합되며, 신경생리학적 요인 외에도 개인의 심리나 사회문화적 요인들을 중시하는 경향이 나타났다. 사람들은 노망에 치매 개념을 포함시키기도 하고, 노망을 치매로 대체하여 사용하기도 하는 모습을 보였다.

이처럼 노망과 치매가 구분되면서도 대체로는 동일시될 수 있다고 여겨지면서, 노망이 지녔던 부정적 함의나 어감 역시 치매로 옮겨갔을 것이라고 생각해 볼 수 있다. 이를테면 박성용의 연구에 참여한 40대 중반의 남성 제보자 역시 노망과 치매가 같은 것이라고 말하며, 치매라는 말에 대한 사람들의 거부감을 알기 때문에 병명을 바로 이야기하는 대신 집안 어른이 편찮으시다거나 어른 때문에 정신이 없다는 식의 우회적인 표현을 사용하고 있었다. 치매가 의학적 근거를 지닌 명칭이라 하더라도, 노망의 개념과 단절되기보다는 그것과의 연속선상에서 이해되고 받아들여졌던 것이다. 이러한 점을 고려할 때, 서구 사회의 경우에 광범위했던 노망의 개념이 해체되고 분해되는 과정이 주요했다면, 한국사회에서는 훨씬 짧은 기간에 용어 사용이 변화하면서 치매의 개념이 이전의 노망 개념을 흡수했을 것으로 추론해 볼 수 있다.

이후 한국사회에서 치매는 개인이나 가족의 위기일 뿐만 아니라 국가적인 문제로 대두되었고, 정부는 이른바 '치매와의 전쟁'을 선포했다. 2011년 치매관리법이 제정되었고, 2017년에는 치매국가책임제가 전면화되면서 중증 치매 환자의 의료비 지원을 강화하고 치매안심센터를 증설하며 장기요양서비스를 강화하는 등의 정책을 시행하게 되었다.[5] 이처럼 치매라는 용어를 국가의 주요한 법적·제도적 실천의 기반으로 삼고 있음에도, 이 병명이 지닌 부정적 함의는 여전히 지속되는 것으로 나타난다. 일본이나 대만, 홍콩의 경우에는 사회적 합의를 통해 각각 인지증(認知症)·실지증(失知症)·뇌퇴화증(腦退化症)이라는 용어로 치매를 대체한 데 비해, 한국에서는 인지증이나 인지장애증 등 용어를 교체하려는 시도가 이루어지고 있기는 하나 아직까지는 치매라는 용어가 주요하게 사용되고 있다.[6]

치매라는 병명이 지닌 부정적 어감과 그것이 주로 연결되는 비극적 서사를 고려한다면, 당사자에게 진단 사실을 알리는 것이 부담스러운 일임을 짐작할 수 있다. 이지은(Lee, 2019)은 환자를 돌보는 이들이 당사자에게 치매 진단 사실을 드러내지 않는 것을 유의미한 현상으로 포착한다. 그들은 당사자와 맺는 관계에서 치매라는 조건을 핵심적으로 고려하지만, 다른 한편으

---

5 치매관리법에서 '치매'는 '퇴행성 뇌질환 또는 뇌혈관계 질환 등으로 인하여 기억력·언어능력·지남력(指南力)·판단력 및 수행능력 등의 기능이 저하됨으로써 일상생활에서 지장을 초래하는 후천적인 다발성 장애'로, '치매 환자'는 '치매로 인한 임상적 특징이 나타나는 사람으로서 의사 또는 한의사로부터 치매로 진단받은 사람'으로 정의된다(치매관리법 제1장 제2조).

6 국내에서 질병에 대한 인식을 바꾸기 위해 명칭을 변경한 사례로는 정신분열증을 조현병으로, 간질을 뇌전증으로, 문둥병을 한센병으로 교체한 것이 있다.

로는 마치 그것이 없는 상태인 듯 지낸다는 점에서 '치매와 함께, 그리고 치매 없이(with/out dementia)' 살아간다고 기술된다. 저자는 기만으로 읽힐 수도 있는 이 같은 실천이 당사자의 주체성과 행위성을 부정하는 것이 아니라 오히려 그들에게 새로운 주체의 자리를 제안하는 것이라고 해석한다. 이 같은 연구 사례는 사람들이 질병의 명칭을 주어지는 대로 사용하기만 하는 것이 아니며, 오히려 그것을 회피하거나 은폐하는 등의 유연한 대응을 통해 감정적 마찰을 줄이고 가능한 한 안정적으로 일상을 영위하려 한다는 점을 짐작하게 한다.

노망과 치매, 알츠하이머병이라는 용어는 서로 다른 시기에 출현하여 각자가 속한 특수한 맥락 속에서 특정한 용도로 사용되었지만, 용어와 의미의 연결은 고정되어 있기보다는 불안정하며, 하나의 용어는 다른 용어들과의 연결 관계 속에서 새로운 쓰임을 얻게 되기도 한다. 그리고 이 각각의 용어는 의학적 지식과 얼마나 결부되는지에 따라, 혹은 의학적인 것 외의 의미와 어떻게 연결되는지에 따라 질병과 질병 아닌 것 사이의 구분선을 다르게 나타낸다. 치매라는 병명의 언저리에서 살아가는 이들은 이 같은 언어적 구성물로 이루어진 세계 안에서 그들 스스로가 적당하다고 느낄 만한 상태를 찾기 위해 노력한다. 여기에서는 알츠하이머병과 같이 가장 좁은 범주의 구체적인 진단명이 유용할 수도 있고, 오히려 병이나 상태 자체를 가시화하지 않는 것이 더 적절한 방법일 수도 있다.

4. 지역적 차이: 인도와 일본의 사례

인류학에서 치매가 중요하게 다루어진 것이 단지 노년의 의료화를 잘 보여주는 사례이기 때문만은 아니다. 치매가 수반하는 일련의 변화는 인간을 이루는 조건이 무엇인지 질문하게 했고, 특히 합리성과 의식의 주체성이 인간성의 핵심이라는 서구 사회의 근본적 가정을 위협했다(Buch, 2015). 서구적 개념이 보편적이지 않을 수 있다는 점에 천착해 온 인류학에서는 노년에 나타나는 여러 변화가 어떻게 지역의 특수한 문화적 맥락 안에서 인식되고 명명되며 경험되는지 살펴보았다. 이러한 연구들은 서구 현대 의학에서 전제하는 개인과 집단 · 정신과 육체 등의 구분이 절대적이지 않으며, 좋음과 나쁨의 구분 또한 의료적 관점에서의 정상과 병리의 구분과 완전히 겹쳐지지는 않는다는 점을 드러냈다. 아래에서는 인도와 일본 지역의 사례를 통해 이러한 점을 살펴보기로 한다.

1) 인도: 기억 아닌 감정, 개인 아닌 가족

노인의 정신 혹은 인지 능력을 문제화하는 것이 어느 곳에서나 당연하거나 자연스러운 일은 아니었다. 코헨(Cohen, 1995)은 1988년 크로아티아에서 열린 학회의 장면을 통해 당시의 시대적 분위기와 지역 간의 차이가 어떠했는지를 보여주었다. 인도 출신 인류학자가 인도 북부 고산지대의 장수자들에 대해 발표하는 시간이었고, 청중은 주로 북미와 서유럽 출신의 학자들이었다. 한 미국인 학자가 조사 지역에서 치매의 빈도가 어떻게 나타나는지 물었는데 발표자는 질문을 이해하지 못했다. 이에 질문자는 노인성 치매,

알츠하이머병 등의 단어를 연달아 제시했으나 발표자는 그러한 용어들에 익숙하지 않은 모습을 보였다. 심지어 청중 가운데 '미친 늙은 사람들(crazy old people)'이라는 외침이 나오기까지 했다. 마침내 질문자가 노망(senility)이라는 단어를 꺼내자 발표자는 질문을 이해한 것처럼 보였는데, 그는 자신의 연구 지역에서는 그러한 현상이 나타나지 않는다고 대답했다.

코헨은 당시 서구 사회에서 고령자의 정신에 대해 질문하는 것이 일종의 도덕적 의무처럼 당연하고 또 필수적이라고 여겨졌다는 사실에 주목했다. 그리고 이러한 태도는 당시 미국에서 사회적으로나 의학적으로 알츠하이머병을 분명한 병리의 형태로 구성하게 된 것을 배경으로 한다는 점을 지적했다. 알츠하이머 담론은 당시 시장(market) 주도로 급격히 만들어지고 있던 이른바 '정상적 노화'라는 범주의 대척점으로 여겨지고 있었다. 그에 비해 인도 출신 발표자의 경우, 노인이 겪는 정신적 문제는 무엇보다 가족의 붕괴로 인한 것이며, 따라서 가족이라는 기반이 안정적이라면 노망의 문제는 나타나지 않는다고 보았다. 여기에서 코헨은 두 개의 세계, 즉 질환 자체에 대해 말하는 것이 정당하다고 여겨지는 세계와 노년의 변화가 이른바 '나쁜 가족'의 지표로 여겨지는 세계를 대비시켰다.

코헨은 보편적인 노인의 개념에 반대하며 노년기의 정신적 쇠약이 지역적 맥락에서 이해되어야 한다고 주장했다. 그는 노망이라는 개념을 느슨하게 사용할 것을 제안했는데, 이 느슨한 개념은 노인의 발화나 행동의 측면에서 나타나는 의지·정동·성격·인지의 상태 변화 가운데 타인에 의해 해로운 것으로 식별되는 요소들을 포괄한다. 노망이 노년기에 나타나는 여타 변화들과 다른 점은 해당 상태에 대한 판단이 무엇보다 당사자가 아닌 타인에 의해 이루어진다는 것, 따라서 이러한 판단이 대화적 과정(dialogic process)이라는 것이다. 코헨은 서구의학과 민속의료를 대비하고 후자를 낭만화하기보다는, 서구의학 역시 인도 지역의 현실을 이루는 중요한 요소라는 것을 감안하면서 지역 특유의 인식과 실천을 선명하게 포착해 냈다.

코헨은 인도 바라나시 지역에서 노망이나 광기, 노인됨(elderhood)에 대한 지식이 어떻게 나타나는지 살펴보았다. 특히 흥미로운 점은 서구 현대 의학에서 치매를 기억이나 인지의 문제로 인식하는 데 비해, 인도에서 노망은 주로 감정의 문제로 이해된다는 것이다. 사람들은 노인이 되면서 나타나는 성격 혹은 행동의 변화를 '뜨거운 뇌(hot brain)'로 표상되는 분노의 문제로 인식한다. 노인이 되면 무엇보다도 약해지고 고집스러워지며 화를 잘 내게 된다고 여겨지는데, 여기에서 강조되는 것은 인지적인(cognitive) 측면이 아니라 정동적인(affective) 측면이다. 물론 노인이 젊은 사람보다 쉽게 망각하는 경향이 있다는 사실은 당연하게 받아들여지지만, 이는 분노나 약함, 고집스러움과 같은 감정적 요소에 비해 중요한 차이로 식별되지 않는다.

앞서 언급한 인도 출신 발표자의 입장에서 나타난 것처럼, 이 지역에서는 노인의 정신적 변화가 무엇보다 가족의 문제와 연결되어 이야기된다. 코헨은 가족의 문제를 노인 문제와 연결시키는 것이 인도 노년학의 지배적 서사이기도 하다는 점을 지적했다. 즉 서구화와 근대화로 인한 대가족의 쇠퇴가 노인을 위태롭게 만들었으며, 여기에서 노망은 대가족이 제공하는 안정성과 대척점에 있는 것으로 여겨진다는 것이다. 코헨은 인도 문화에서 부모에 대한 자녀의 의무와 관련된 세바(seva)라는 규범이 노인의 사회적 위치를 구조화하고 있는 것에 주목했다. 이 규범은 노인을 한편으로는 가족의 조화를 뜻하는 상징으로, 다른 한편으로는 죽음과 연결된 것으로 자리매김하는데, 이러한 구도 안에서 노인은 가족의 중심이면서 동시에 주변적인 존재로 설정된다.

  젠더에 따라서 노년의 행동 변화가 다르게 규정되고 의미화된다는 점도 특별히 주목할 만하다. 코헨은 바라나시의 도시적 환경에서 노인들이 모습이 아니라 소리를 통해, 즉 보여지기보다는 들려짐으로써 스스로의 존재를 드러낸다는 점을 포착했다. 그리고 그들의 목소리가 타인에게 받아들여지는 방식을 세밀하게 살펴보았다. 여기에서 남성 노인과 여성 노인의 경우 목소리가 재현되고 식별되는 방식은 상이하게 나타난다. 남성 노인의 연약함과 무능함은 개라는 동물에 비유되는데, 이때 양자를 연결하는 주요한 속성이 바로 짖는다는 것, 즉 알아들을 수 없는 소리를 낸다는 것이다. 한편 여성 노인의 경우 좀 더 직접적으로 광기와 연결되며, 그들의 이른바 '미친' 목소리는 성적인 것으로 채색되어 주로 성적 불결함을 비난하는 것으로 이어지게 된다.

  이처럼 코헨은 치매 대신 노망이라는 단어를 입구로 삼음으로써 의료적 맥락에서 살펴볼 때는 탈색되기 쉬운 지역 특유의 빛깔들을 드러냈다. 언뜻 보기에는 세계 어디에서나, 어느 시대에나 비슷한 증상들에 대해 이야기하는 것 같지만, 가까이서 들여다보면 같은 질병이라 하더라도 주로 어떤 공간적 환경에서, 어떤 사회적 관계 안에서, 그리고 어떤 감정들을 수반하며 이야기되고 경험되는지가 문화마다 고유한 차이로서 발현되는 것이다. 이는 문화적 차이를 절대화하는 것이기보다는, 보편적으로 적용 가능한 명칭들과 멸균된 언어로 이루어진 의료 담론에서는 무의미하게 치부되는 인간 경험의 차원을 살려 내는 작업이다. 이 같은 접근은 정상과 병리를 구분하는 행위가 더 크고 복잡한 문화적 그물망 안에 위치하고 있음을 다시금 확인시켜 준다.

2) 일본: 활동성과 도덕적 책임의 문제

지역의 문화적 맥락 안에서 노년의 변화가 의미화되는 양상을 보여주는 사례로 트라파간(Traphagan, 1998; 2000)의 일본 연구를 살펴볼 수 있다. 트라파간은 1990년대 중반 일본 현장연구를 통해 노년기의 정신 및 행동 변화가 문제시될 때 알츠하이머병이나 치매라는 질환명보다는 '보케(boke, 惚け)'라는 민속 범주가 빈번하고 중요하게 등장한다는 점에 주목했다. 그가 만난 노인들은 스스로 보케의 상태에 처할지도 모른다는 두려움과 불안감을 표현했다. 기본적으로 보케는 나이가 들면서 행동이나 판단이 둔해지는 것을 가리키는 용어이다. 경우에 따라 보케는 치매나 알츠하이머병이라는 용어와 교차적으로 사용되기도 하지만, 트라파간은 보케가 질환의 범주가 아니라는 점을 강조했다. 그가 볼 때 보케는 노망이 문화적으로 구성되는 양상을 보여주는 핵심적인 주제어로서, 이 개념을 이루는 의미 요소들을 살펴봄으로써 노망을 지역화하는(localizing senility) 작업이 가능해진다.

트라파간은 보케라는 용어가 사용되는 여러 문헌과 현장연구 과정에서 얻은 면담 자료를 분석하여 보케라는 범주의 의미를 도출해 냈다. 그는 미국에서 노망이 급격히 의료화되고 무엇보다 알츠하이머병과 연관되었던 것에 비해, 일본에서 보케가 보통 사람들뿐만 아니라 의료진들 사이에서도 노망을 이루는 부가적인 범주로 자리하고 있다는 점에 주목했다. 특히 보케는 단순한 기억력 감퇴나 신체적인 능력의 감소와 연결되며, 무엇보다 활동성의 저하를 주된 의미 요소로 삼는다. 트라파간은 사람들이 주변 사람들의 보케 상태에 대해 이야기하는 것이나 자신이 처할지도 모르는 보케 상태에 대한 두려움을 표하는 모습에 주목하며, 그들이 어떠한 일상적 실천 속에서 그러한 불안감을 부분적으로나마 해소하고자 하는지 살펴보았다.

보케라는 범주의 특징은 크게 세 가지로 살펴볼 수 있다. 우선 첫 번째로 보케는 서구 임상의학에서 노망을 병리적인 것으로 구성하는 작업과는 변별되는, 이른바 문화적인 과정의 산물이다. 여기에서 트라파간은 질환(disease)과 질병(illness)의 구분을 가져와 보케를 후자로 설명했다. 즉 보케는 의학 전문가 집단에서 정의하는 병리적 현상이기보다는 사회문화적인 차원을 강하게 수반하는 현상이라는 것이다.[7] 구체적으로 보케는 알츠하이머병을 비롯한 노인성 치매와 달리 분명한 병리적 조건들에 의해 식별되지 않는다. 즉, 임상적 증거에 기반하여 진단되는 질환과 비교하면 보케의 정의나 의미 영역은 훨씬 불명료하고 부정확하게 나타난다. 흥미로운 점은 그러한 모호함이 오히려 사람들로 하여금 희망의 여지를 갖게 하며 또 다른 실천으로 이어질 수 있다는 것이다.

두 번째는 보케가 무엇보다 당사자가 아닌 타인에 의해 경험되는 조건이며, 가족을 비롯한 사회적 관계에 미치는 영향으로 이해된다는 점이다. 보케는 자식을 비롯한 타인에게 부담을 지우는 것인데, 이는 남에게 폐를 끼쳐서는 안 되며 호혜적 의무 관계를 유지할 수 있어야 한다고 강조하는 일본의 문화적 규범에 반하는 것이다. 여기에서 보케는 단순히 정신적·신체적 조건일 뿐만 아니라 도덕적인 범주로 나타난다. 개별 유기체의 신체 범위 안에서 측정되고 가늠되는 의학적 질환과 달리, 보케라는 개념에는 무엇

---

7 의료인류학에서는 질환과 질병의 구분을 중요하게 인식하는데, 질환이 여러 신체적 신호들로 식별되는 자연적 실체로서 의료 전문가의 진단에 의해 확립되는 것이라면, 질병은 해석적 활동이나 서사를 통해 식별되는 문화적 구성물이다(Singer and Baer, 2012).

보다 사회적인 측면이 강하게 반영되어 있다. 다시 말해서, 개인이 활동적이어야 하고, 사회의 성원으로 기여해야 하며, 남에게 부담을 지워서는 안 된다는 도덕적 요구가 보케에 대한 반감 혹은 보케를 피하기 위한 실천을 발생시키는 것이다.

세 번째로는 이러한 문화적 압력과 관련하여, 보케의 경우 개인의 행위성이 발휘될 수 있는 영역이 있다고 여겨진다는 점이 특징적이다. 치매라는 의학적 진단을 받았을 때는 좀 더 운명론적인 수용이 이루어진다면, 보케에 대해서는 당사자가 노력함으로써 그와 같은 상태를 미연에 방지하거나 최소한 늦출 수 있다고 여겨진다. 보케는 인지적 손상보다는 활동성의 저하 혹은 비활동성(inactivity)을 주요 의미 요소로 삼는데, 따라서 그와 반대되는 지향, 즉 신체 및 정신의 활동성을 증진시키는 것이 보케를 방지할 수 있는 수단이 된다. 이를테면 노인들이 게이트볼 경기에 참여하는 것은 보케 상태를 피하는 데 도움이 된다고 여겨지는데, 그러한 활동을 하는 동안 몸을 움직일 뿐만 아니라 사람들을 만나 사회적인 교류를 행하기도 하기 때문이다. 그에 비해 손놀림이 적거나 활동성이 낮은 상태로 지내는 것은 말년의 보케 상태를 초래할 수 있는 당사자의 잘못으로 여겨지기도 한다.

앞서 살펴본 코헨의 연구와 트라파간의 연구를 종합해 보면, 의학적 질환과 대비되는 문제적 현상이 무엇보다 개인이 속한 사회적 관계의 영역을 부각시키고 있다는 것을 확인할 수 있다. 코헨이 살펴본 인도의 사례를 보면, 노년기의 정신과 행동 변화에서 가장 중요하게 여겨지는 측면은 인지적 판단 능력이 아니라 감정적인 불안정성과 그로 인해 야기되는 관계 내에서의 어려움이었다. 또한 트라파간이 제시한 일본의 사례는 보케를 둘러싼 긴장과 불안·공포가 타인에게 의존하게 되는 변화, 즉 사회적 지위의 강등에서 비롯된다는 점을 보여준다. 이 같은 관계의 축을 살펴보게 되면, 의학적 진단 역시 점진적인 변화 과정 안에 포함되는 하나의 사건일 뿐이며 일상 내 다른 영역과의 관계 안에서 의미화된다는 점 또한 분명해진다. 따라서 노년기의 변화를 둘러싼 인식과 실천의 장을 포착하기 위해서는 당사자만이 아니라 그가 속해 있는 관계, 특히 돌보는 사람과의 관계 안에서 이루어지는 상호작용을 포괄적으로 살펴보아야 한다.

5. 자아와 관계성을 재정의하기

치매를 의료적 관점에서 질환으로 포착하는 것에는 몇 가지 전제가 있다. 우선 질환으로서 치매의 영역은 생물학적 개체로서의 한 개인으로 국한된다. 다음으로 그것은 무엇보다도 인지적인 측면에서의 변화, 즉 뇌에서 일어나는 사건이자 과정으로 이해된다. 이에 더해, 예방과 치료의 목적으로 당사자의 상태를 판별하고 그에 맞는 처방을 제시하는 것이 중요하게 여겨진다. 앞서 살펴본 치매의 의료화 과정 및 인도와 일본 지역의 사례는 의료적 접근이란 복합적인 사회문화적 맥락 안에 놓이는 한 가지 가능한 방식이라는 점을 시사한다. 이러한 차원에서 볼 때 개인이라는 범위 안에서가 아니라 개인과 개인 사이, 다시 말해 사회적 관계 안에서 질병이 경험되는 방식에 주목하게 된다.

치매 당사자와 그가 속해 있는 관계, 특히 가족을 비롯하여 돌보는 사람과의 관계에서 이루어지는 상호작용에 주목한 연구들은 의료적인 치매 담론과 직결되어 있었던 기존의 인식을 비판적으로 검토했다. 대표적으로 자아(self)의 문제가 여기에 해당한다. 알츠하이머병이라는 범주가 널리 사용되면서, 이 질병에 대한 불안과 공포는 무엇보다도 자아의 상실(loss of self)이라는 서사로 표현되었다(Herskovits, 1995). 이 서사는 알츠하이머병으로 인한 인지적 손상의 결과로 개인의 자아가 침식되고 붕괴된다는 것을 주된 내용으로 삼는다. 온전한 인간 존재가 인지와 기억이라는 정신적 과정에 의존한다고 한다면, 인지 기능의 장애는 존재 자체에 대한 위협일 수밖에 없게 된다. 그러나 이 같은 발상은 정신과 신체를 나누고 정신을 우위에 두는 서구적 사유의 산물일 수 있다.

콘토스(Kontos, 2006)는 메를로퐁티(Merleau-Ponty)의 현상학과 부르디외(Bourdieu)의 실천 이론을 결합하여 이 문제에 대해 다른 관점을 제안했다. 그는 자아됨(selfhood)이란 무엇보다 육체적인 차원에 뿌리내리고 있으며 성찰 이전의 경험과 관계하기 때문에 인지적인 손상으로 인한 위기에도 자아는 유지되고 또한 표현된다고 보았다. 콘토스는 캐나다의 유태인 노인시설에서의 현장연구를 통해 그곳 입소인들이 치매로 인해 인지적 문제를 겪고 있음에도 오랜 기간에 걸쳐 몸에 습득된 행위를 통해 자아를 유지하고 드러낸다는 점을 보여주었다. 끊임없이 외모의 아름다움에 신경 쓰는 것, 머리로 기억하지 못할지라도 능숙하게 바느질을 하는 것, 유대교 의례에 참여하는 것, 의미를 갖지 않는 음성으로 소통하는 것 등이 그러한 예이다. 이처럼 자아가 세계와 관계 맺는 것은 무엇보다 세계 안에 존재하는 육체성을 통해서이며, 그렇게 볼 때 치매를 경험하는 당사자의 자아와 행위성에 대해 다른 방식으로 논할 수 있게 된다.

테일러(Taylor, 2008) 역시 치매를 좁은 의미에서의 인지 문제로 정의하는 일반적인 견해에 의문을 제기했다. 콘토스의 연구가 시설 입소인들에 대한 것이었다면, 테일러는 치매 당사자인 자신의 어머니와 맺는 관계에 대해 통찰함으로써, 일반적으로 통용되는 인식과 실제로 질병을 가까이에서 경험할 때 알게 되는 사실 간의 간극을 드러냈다. 테일러는 어머니의 상태를 알게 된 주변 사람들이 하나같이 "어머니가 당신을 알아보나요?" 하고 질문한다는 점에 주목했다. 그리고 그러한 반복되는 질문으로부터, 주변 사물과 사람을 인식하는 능력이 사회적으로 인정받기 위한 조건으로 자리 잡고 있다는 점을 읽어 냈다. 다시 말해서 사회적 인정(recognition)을 받기 위해서는 사람이나 사물을 인지(recognition)할 수 있는 능력이 전제되어야 한다는 것이다.

테일러는 자녀의 이름이나 자녀와의 관계를 기억하지 못하는 것은 치매로 인한 변화의 한 측면에 불과하지만, 사람들은 그것을 마치 병세의 진전을 가늠할 수 있는 지표처럼 여긴다고 지적했다. 그들은 병세가 진전되는 것이 악화일로의 과정이며 저장된 여러 기억을 점진적으로 소실하는 과정이라고 상상한다는 것이다. 그러나 테일러는 이 과정의 슬프고 고통스러운 측면과 함께 즐거움과 기쁨의 순간이 존재하며, 여기에서 어머니가 자신을 알아보는지 여부를 묻는 것은 부적절하고 제한된 질문이라고 이야기했다. 오히려 인식 능력에 대한 협소한 기준을 내려놓을 때, 사람들 간의 관계에서 일어나는 여러 종류의 상호작용이 식별될 수 있다는 것이다. 테일러는 특히 대화가 단지 말하기나 정보의 전달이 아니라고 강조했다. 즉, 무언가가 오고 간다는 것 자체가 중요하며 그러한 교류가 '함께 있음'을 이루는 핵심이 된다는 것이다.

테일러가 치매를 겪는 당사자와 주변 사람 간에 오가는 감정과 제스처, 대화에 대해 이야기했다면, 브리나스(Brijnath, 2011)는 더 구체적이고 물질적인 것 역시 그들의 관계망을 따라 이동하고 있다는 것을 보여주었다. 브리나스가 주목한 것은 바로 음식이다. 그는 인도 델리 지역의 현장연구를 기반으로 치매 환자의 돌봄에서 음식의 유형과 돌봄의 양식이 연관되는 세 가지 방식에 대해 이야기했다. 첫 번째는 당사자에게 달콤한 것을 주고 맛보면서 함께 즐거움을 느끼는 것이고, 두 번째는 돌봄의 수고로운 과정을 최소화하기 위해 식단을 의도적으로 조율하는 것이며, 세 번째는 당사자가 더 이상 음식을 먹지 못하게 되었을 때 튜브를 사용하는 등의 방법을 동원해서라도 먹을 수 있도록 하는 것이다. 브리나스는 이처럼 맛보는 것, 먹는 것, 그리고 먹는 것을 돕는 활동이 사람들로 하여금 치매로 인해 불가역적으로 변화하는 관계에 매달릴 수 있게 하는 방법이라고 보았다.

이 가운데 특히 두 번째 방식에 대한 논의에서 브리나스는 질환을 겪는 당사자와 돌보는 이들 간의 물질적·감각적 상호작용의 흥미로운 측면을 조명했다. 돌봄 제공자들은 당사자의 불면이나 불안·배변 문제를 비롯한 잠재적인 방해 요인을 최소화하기 위해 식단을 조절하는데, 특히 이 노력은 배설물을 직접 다루어야 하는 어려움과 직결된다. 브리나스는 환자의 몸에서 나오는 여러 물질들, 즉 소변과 대변, 토사물, 땀, 고름과 같은 것들이 실제 돌봄 노동에서 중요한 부분을 차지함에도 불구하고 거의 논의되지 않았음을 언급했다. 몸에서 나오는 물질들은 개별 신체의 질서와 고유성을 위협하고 전염이나 역겨움을 유발하는데, 이 같은 문제는 지성적으로나 도덕적으로 회피되어 왔던 것이다. 이처럼 브리나스의 논의는 당사자와 돌보는 이들 사이를 오가는 물질적 요소와 그것이 유발하는 감각에 주목하게 하며, 그러한 것들이 관계를 이루는 중요한 측면임을 상기시킨다.

한편, 무엇보다 즐거움(pleasure)의 경험을 중심으로 주체성과 관계의 문제를 입체적으로 그려 낸 드리슨(Driessen, 2018)의 연구를 살펴볼 수 있다. 그는 네덜란드 요양시설의 일상에서 나타나는 기쁨과 즐거움의 순간들을 포착했다. 그의 논의는 앞서 살펴본 체현된 자아에 대한 논의나 치매라는 조건에서 비롯된 특유의 상호작용에 대한 논의와도 공명하는 것이다. 드리슨 역시 치매에 대한 공포의 서사와 달리, 실제로 그러한 질환을 가지고 살아가는 이들과 그들을 돌보는 전문가로 구성된 소규모의 사회 안에서 빈번하게 기쁨의 순간들이 목격된다는 점을 강조했다. 테일러가 어머니를 비롯한 치매 당사자들에게 순간의 경험이 더욱 선명하게 감각된다는 점을 언급한 것과 마찬가지로, 드리슨 또한 그들이 춤을 추거나 목욕을 할 때 분명한 기쁨을 누린다는 사실에 주목하며, 이러한 순간의 그들을 '음미하는 주체(appreciating subject)'로 명명했다.

이는 치매가 곧 주체성의 상실로 연결되는 서사와는 다른 종류의 이해 방식을 제안한 것이다. 여기에서 특히 음미하는 주체, 즉 즐거움을 느끼는 주체의 출현이 당사자 스스로가 아니라 그들을 돌보는 이들에 의해 조성된다는 점에 주목할 만하다. 시설의 돌봄 전문가들은 입소인들이 즐거움을 느낄 수 있는 조건을 형성하며, 입소인들은 스스로 그런 조건을 만들 수 없을지라도 타인들의 초대에 기꺼이 응하며 즐거움을 경험하게 된다. 여기에서 즐거움이란 무엇보다 관계적인 성취이며, 전염성을 띤 것으로 나타난다. 나아가 드리슨은 춤을 추거나 목욕을 하는 등의 특정한 활동을 하는 동안 즐거움의 강도가 높게 나타나기는 하지만, 일상적인 돌봄의 과정 역시 이러한 순간들의 반대항이 아니며 기쁨의 가능성은 상존해 있다고 보았다.

의료적 관점에서는 치매가 개별 신체 안으로 국한되고 무엇보다 인지적인 손상으로 해석되지만, 실제 그 질환을 경험하는 이들의 세계 안에서는 끊임없이 무언가가 오가고, 무언가를 나누며 함께 있음을 느끼는 과정의 풍요한 양상이 나타난다. 위의 연구들은 질환이 상정하는 개별 신체의 범위를 절대적인 경계로 설정하기보다는 오히려 그것이 어떻게 바깥 세계와 관계 맺는지를, 그리고 그러한 관계에 대한 고찰이 어떻게 인지적인 능력을 중심으로 삼는 것과는 다른 종류의 자아 혹은 주체성의 개념을 촉발시키는지를 보여준다. 이 같은 지성적 작업은 실천적인 노력으로도 연결될 수 있는데, 질환으로 발생한 문제들을 관계 안에서의 노력을 통해 조절함으로써 새로운 평형 상태를 모색할 수 있기 때문이다. 이러한 가능성을 고려할 때 치매라는 질병에 대한 불안과 공포 역시 좀 더 구체적인 감각들로 교체될 수 있다.

6. 결론

이제까지 치매와 문화라는 제목으로 노년기의 정신적 이상을 다루는 인류학 연구의 경향을 살펴보았다. 이러한 연구들은 기본적으로 질병이라는 것, 혹은 정상이 아닌 병리적인 것이라는 범주 자체가 다른 여느 사회문화적 범주들과 마찬가지로 절대적인 구분이 아니라는 것을 다시금 상기시킨다. 기본적으로 이름을 붙이는 행위는 인간이 세계의 연속적인 국면들 가운데 일부를 구획하고 소화해 내는 방식이며, 이는 인간의 신체적 · 정신적 혹은 양자가 복잡하게 얽혀 있는 여러 종류의 고통에 대해서도 그러하다. 앞서 살펴본 연구들은 병리적인 상태를 설명하기 위한 특정한 명칭이 설명력과 유용성을 지니면서 통용되는 가운데에도 그것만으로는 환원되지 않는 여러 측면이 있다는 것을 생각하게 한다.

오늘날 치매라는 용어로 집약되는 노년기의 정신적 이상은 다른 질병들이 그러하듯 당사자에게 곤란함이나 불편함으로 느껴지는 변화를 초래하고, 그와 관계 맺고 있는 사람들에게 이전과는 다른 노력을 요구한다. 그들의 세계를 가까이서 관찰하고 기술한 연구들은 그 변화가 이전과의 단절인 만큼 연속이기도 하다는 점을, 이상 혹은 병리가 이른바 정상적이라 여겨지는 삶의 영역과 촘촘하게 연결되어 있다는 점을 보여준다. 이러한 측면을 고려할 때, 우리에게 필요한 것은 질병이라는 사건이 개인의 생애 과정에서 어떻게 길들여질 수 있는지, 그리고 타인과의 관계 안에서 어떻게 새로운 균형을 잡아 갈 수 있는지 모색하는 일이다.

여기에서 다시 이 글의 출발점이기도 했던 문화라는 문제로 돌아오게 된다. 문화의 개념은 특정한 시기와 지역의 변별적인 관념과 행위의 총체로 정의되면서 인간 사회에서 나타나는 이질적인 양상들을 동일 평면상에서 비교할 수 있게 했다. 하지만 문화를 본질적인 것이자 고정적인 것으로 실체화하는 관점이 문제시되면서 문화의 개념은 직접적인 방식보다는 우회하는 방식으로, 오히려 집단 내 차이들과 병존하는 공통된 전제로서 다루어졌다. 치매에 대한 여러 연구들 역시 서구의학의 지식과 기술, 그리고 그에 기반한 제도들이 전 세계적으로 지역사회의 일상을 이루는 주요한 조건이라는 것을 보여준다. 어쩌면 여기에서 문화를 이야기하는 것은 지엽적이거나 부적절한 것처럼 보일 수도 있다.

그럼에도 질병으로 인해 달라지는 일상과 사람들의 관계 안에서 여전히 문화는 크고 작은 힘으로 발현된다. 누군가의 얼굴과 표정에서 이전과 다른 모습을 발견할 때, 그가 이제까지와 다른 행동과 태도를 보일 때, 전에 할 수 있었던 일을 하지 못하게 될 때, 그러한 순간들을 어떤 느낌으로 받아들이고 어떠한 관계의 선을 따라 일상을 조정해 나가는지는 그가 속해 있는 집단의 행동 양식과 가치, 인간 존재에 대한 관념에 따라 달라지게 된다. 때로는 도덕적 판단을, 때로는 아름다움과 추함을 가르는 미적 판단을 수반하는 이러한 실천의 준거를 사람들은 자신이 속한 문화 안에서 빌려 오는 것이다. 문화라는 영역은 질병과 관련된 부정적 감정이나 차별·낙인을 강화하기도 하지만, 그러한 연결 관계가 결코 고정되어 있지 않으며 가변적이라는 점에서 질병과 함께 살아가는 더 나은 방식을 희망하게 하기도 한다.

참고문헌·집필진 소개·찾아보기

질병은 존재하는가? / 조태구

Cohen, Henry (1977), "The evolution of the concept of disease", *Proceedings of the Royal Society of Medicine 48.*

Engelhardt, H.T. Jr. (1975), "The concepts of Health and Disease", *Evaluation and Explanation in the Biomedical Sciences*, ed. H.T. Engelhardt Jr. & S.F. Spicker, D. REIDEL PUBLISHING COMPANY.

Grmek, Mirko D. (1995), "Le concept de maladie", *Histoire de la pensée médicale en occident. Antiquité et Moyen-Âge*, ed. Mirko. D. Grmek, Paris: Seuil.

Hesslow, Germund (1993), "Do we need a concept of disease?", *Theoretical Medicine 14.*

Hofmann, Bjørn (2001), "Complexity of the concept of disease as shown through rival theoretical frameworks", *Theoretical Medicine 22.*

Méthot, Pierre-Olivier (2016), "Introduction: Les concepts de santé et de maladie en histoire et en philosophie de la médecine", *Revue Phares 16.*

질병은 어떤 성격의 개념인가? / 조태구

토마스 쿤 (2006), 『과학혁명의 구조』, 조형 역, 이화여자대학교출판문화원.

Boorse, C. (1975), "On the distinction between disease and illness", *Philosophy and Public Affairs 5.*

_____. (1976a), "What a theory of mental health should be", *Journal for the Theory of Social Behaviour 6.*

_____. (1976b), "Wright on functions", *Philosophical Review 85.*

_____. (1977), "Health as a theoretical concept", *Philosophy of Science 44.*

_____. (1987), "Concepts of health", *Health Care Ethics: An introduction*, ed. D. VanDeVeer & T. Regan, Philadelphia: Temple University Press.

_____. (1997), "A rebuttal on health", *What Is Disease?*, ed. J.M. Humber & R.F. Almeder, Totowa: Humana Press.

Engelhardt. H.T. Jr. (1974), "The Disease of Masturbation: Values and the Concept of Disease", *Bulletin of the History of Medicine 48-2.*

_____. (1975), "The concepts of Health and Disease", *Evaluation and Explanation* in the Biomedical Sciences, ed. H.T. Engelhardt Jr. & S.F. Spicker, D. REIDEL PUBLISHING COMPANY.

_____. (1976a), "Ideology and Etiology", Journal of Medicine and Philosophy 1.

_____. (1976b), "Is there a philosophy of medicine?", Proceedings of the Biennial Meeting of the Philosophy of Science Association 2.

_____. (1981), "Clinical Judgment", Metamedicine 2.

건강 개념의 변화 / 김준혁

강신익 (2006), 「질병·건강·치유의 역사와 철학」, 『의철학연구』. Vol 1.

김준혁 (2020), 「능력으로서의 건강 개념과 그 의료정의론적 적용」, 『의철학연구』. Vol 30.

이상호 (2009), 「五福 개념을 통해 본 유교의 행복론」, 『동양철학연구』, 60집.

Antonovsky, Aaron (1987), Unravelling the mystery of health: How People Manage Stress and Stay Well. In: Marks, David, editor (2002). The Health Psychology Reader. London: Sage Publications.

Becker, Craig M. (2012), Re: How should we define health? BMJ. Vol. 343. https://www.bmj.com/content/343/bmj.d4163/rr/620371

Boorse, Christopher (1975), On the distinction between disease and illness. Philosophy and Public Affairs. Vol. 5.

_____ (1977), Health as a theoretical concept. Philosophy of Science. Vol 44.

_____ (1987), Concepts of health. In VanDeVeer, Donald, Regan, Tom, eds., Health Care Ethics: An Introduction. Philadelphia: Temple University Press.

_____ (1997), A rebuttal on health. In Humber, James M., Almeder, Robert F., eds, What Is Disease? Totowa, NJ: Humana Press.

_____ (2014), A Second Rebuttal On Health. Journal of Medicine and Philosophy: A Forum for Bioethics and Philosophy of Medicine. Vol. 39, No. 6.

Chiang, Chin L. (1965), An Index of Health: Mathematical Models. Washington, D.C.: National Center for Health Statistics.

Daniels, Norman (1985), Just Health Care. Cambridge: Cambridge University Press.

_____ (2007), Just Health. Cambridge: Cambridge University Press.

de Vugt, Marjolein, Dröes, Rose-Marie (2017), Social health in dementia. Towards a positive dementia discourse. Aging & Mental Health. Vol. 21, No. 1.

DiMoia, John P. (2013), Reconstructing Bodies: Biomedicine, Health, and Nation-Building in South Korea Since 1945. Stanford: Stanford University Press.

Health Council of the Netherlands. Report Invitational Conference 'Is health a state or an ability? Towards a dynamic concept of health'. Publication no. A10/04E. Jul 13, 2010. Retrieved from:

https://www.healthcouncil.nl/documents/advisory-reports/2010/07/13/invitational-conference-is-health-a-state-or-an-ability-towards-a-dynamic-concept-of-health.

Huber, Machteld, Knottnerus, J. André, Green, Lawrence, et al. (2011). How should we define health? BMJ. Vol. 343.

Huber, M., van Vliet, M., Giezenberg, M., et al. Towards a 'patient-centred' operationalisation of the new dynamic concept of health: a mixed methods study. *BMJ open*. Vol. 6.

Hupkens, Susan, Goumans, Marleen, Derkx, Peter, et al. (2019), Meaning in life of older adults in daily care: A qualitative analysis of paricipant observations of home nursing visits. Journal of Advanced Nursing. Vol. 75.

Independent UK Panel on Breast Cancer Screening (2012), The benefits and harms of breast cancer screening: an independent review. *Lancet*. Vol. 380.

Kingma, Elselijn (2007), What is it to be healthy? *Analysis*. Vol. 67, No. 294.

Leonardi, Fabio (2018), The Definition of Health: Towards New Perspectives. *International Journal of Health Services*. Vol. 48, No. 4.

Nivestam, Anna, Westergren, Albert, Petersson, et al. (2020), Factors associated with good health among older persons who received a preventive home visit: a cross-sectional study. BMC Public Health. Vol. 20. 688.

https://doi.org/10.1186/s12889-020-08775-6

Nordenfelt, Lennart (1993), *Quality of Life, Health and Happiness*. Aldershot: Avebury.

_____ (1995), *On The Nature of Health: An Action-Theoretic Approach* 2nd Ed. Dordrecht: Springer Science+Business Media.

_____ (2007), The concepts of health and illness revisited. *Medicine, Health Care and Philosophy*. Vol. 10.

Office of Disease Prevention and Health Promotion. Cancer. Undated. Retrieved from: https://www.healthypeople.gov/node/3513/objectives.

Prinsen, Cecilia A. C., Terwee, Caroline B. (2019), Measuring positive health: for now, a bridge too far. *Public Health*. Vol. 170.

Sandel, Michael J. (2007), *The Case against Perfection*. Cambridge: The Belknap Press.

Segall, Shlomi (2010), Is Health (Really) Special? Health Policy between Rawlsian and Luck Egalitarian Justice. *Journal of Applied Philosophy*. Vol. 27, No. 4.

_____ (2010), *Health, Luck, and Justice*. New Jersey: Princeton University Press.

Siu, Albert L. (2016), Screening for Breast Cancer: U.S. Preventive Services Task Force Recommendation Statement. *Annals of Internal Medicine*. Vol. 164.

Sturge, Jodi, Klaassens, Mirjam, Lager, Debbie, et al. (2020), Using the concept of activity space to understand the social health of older adults living with memory problems and dementia at home. Social Science & Medicine. Available online Jul 12, 2020. https://doi.org/10.1016/j.socscimed.2020.113208

Tkatch, Rifky, Musich, Shirley, MacLeod, Stephanie, et al. (2016), Population Health Management for Older Adults: Review of Interventions for Promoting Successful Aging Across the Health Continuum. Gerontology & Geriatric Medicine. Vol. 2.

Torrance, George W., Thomas, Warren H., Sackett, David L. (1972), A Utility Maximization Model for Evaluation of Health Care Programs. *Health Services Research*. Vol. 7, No. 2.

Tountas, Yannis (2009), The historical origins of the basic concepts of health promotion and education: the role of ancient Greek philosophy and medicine. *Health Promotion International*. Vol. 24, No. 2.

UN General Assembly (1966), International Covenant on Economic, Social and Cultural Rights. December 16, 1966. United Nations, Treaty Series. Vol. 993.

van Riel, Piet L. C. M., Zuidema, Rixt M., Vogel, Carine, et al. (2019), Patient Self-Management and Tracking. A European Experience. Rheumatic Disease Clinics. Vol. 45.

Venkatapuram, Sridhar (2011), *Health Justice*. Cambridge: Polity Press.

Weinstein, Milton C., Torrance, George, McGuire, Alistair (2009), QALYs: The Basics. *Value In Health*. Vol. 12, Suppl. 1.

World Health Organization (2020), *Basic Documents* 49th Ed. Geneva: World Health Organization.

의료인문학 질문으로서의 "질병이란 무엇인가?" / 김태우

『황제내경』, 『상한론』, 『동의보감』, 『역시만필』, 『경보신편』.

구민석, 차웅석, 김남일 (2017), 「시호사물탕의 임상 사례에 대한 연구」, 『한국의사학회지』 30-1.

김공빈 (2012), 『하늘기운을 닮아 가는 우리 몸: 도인(導引)으로 풀어쓴 동의보감』, 서울: 도서출판 현동.

김공빈 (2017), 『현동의감』, 서울: 도서출판 현동.

김구영 (2001), 『병인론』, 서울: 도서출판 선.

김구영 (2007), 『화론』, 서울, 도서출판 이도요.

김정원 (2017), 『김구영의 생애와 의학사상에 대한 연구』, 경희대학교 석사논문.

김태우 (2013), 「과거의 의서에서부터 당대의 실천까지: 소문대요, 소문학회, 그리고 동아시아 의학전통의 전승을 바라보는 의료인류학적 시선」, 『한국의사학회지』 26.

김태우 (2018), 「국민국가 의료체계 속 동아시아의학: 사암침 실천을 통해 본 전통의료의 존재 방식」, 『비교문화연구』 24-1.

김태우 (2019), 「동아시아의학의 관계적 존재론: 존재론적 전회를 통해 읽는 『황제내경-소문』, 「음양응상대론」」 『의철학연구』 27.

김태우 (2021), 『한의원의 인류학: 몸-마음-자연을 연결하는 사유와 치유』, 파주: 돌베개.

박인규 (2000), 『너와 나의 세계』, 서울: 지산출판사.

이기복 (2013), 「18세기 의관 이수기의 자기인식」, 『의사학』 22-2.

전종욱 (2017a), 「의안 『역시만필』의 맥진 실행에 대한 연구」, 『대한한의학원전학회지』 30-2.

전종욱 (2017b), 「조선후기 의안 『경보신편』 연구」, 『대한한의학원전학회지』 30-1.

쿤, 토마스 (2013), 『과학혁명의 구조』, 김명자, 홍성욱 역, 서울: 도서출판 까치.

형상학회 (2004), 『지산형상의안』, 서울: 지산출판사.

형상학회 (2010), 『지산선법』, 서울: 지산출판사.

허준 (2005), 『찬도방론맥결집성』, 김공빈 역, 서울: 도서출판 현동.

허준 (2005), 『대역동의보감』, 윤석희 외 역, 서울: 동의보감출판사.

Farquhar, Judith (1994), *Knowing Practice: The Clinical Encounter of Chinese Medicine*, Boulder: Westview Press.

Foucault, Michel (1994), *The Birth of the Clinic: An Archaeology of Medical Perception*, New York: Vintage.

Hsu, Elisabeth (1999), *The Transmission of Chinese Medicine*, Cambridge: Cambridge University Press.

Kim, Taewoo (2016), "Tradition on the Move: Emerging Acupuncture Practices in Contemporary South Korea" *Asian Medicine* 11.

Kim, Taewoo (2017), "Cultivating Medical Intentionality: The Phenomenology of Diagnostic Virtuosity in East Asian Medicine" *Culture, Medicine and Psychiatry* 41-1.

Latour, Bruno, 2009, (홍철기 역) 『우리는 결코 근대인이었던 적이 없다 (We Have Never Been Modern)』 서울: 갈무리.

Rosenberg, Charles (2007), *Our Present Complaint: American Medicine, Then and Now*, Baltimore: Johns Hopkins University Press.

Scheid, Volker (2002), *Chinese Medicine in Contemporary China: Plurality and Synthesis*, Durham, NC: Duke University Press.

Scheid, Volker (2007), *Currents of Tradition in Chinese Medicine, 1626-2006*, Seattle, WA: Eastland Press, 2007.

Sivin, Nathern (1990), "The History of Chinese Mediicne: Now and Anon" *Position* 6-3.

Zhang, Yanhua (2007), *Transforming Emotions with Chinese Medicine: An Ethnographic Account from Contemporary China*, Albany: State University of New York Press.

난임, 무엇이 문제인가? / 윤은경

巢元方. 諸病源候論・虛勞無子候, 北京, 辽宁科学技术出版社, 1997.

『동양의학대사전』

『황제내경・소문』

『황제내경・영추』

Becker and Nachtigall (1992), Eager for medicalisation: the social production of infertility as a disease, Sociology of Health and Illness, Vol. 14. No. 4.

김태우 (2021), 『한의원의 인류학』, 서울: 돌베개.

보건복지부 (2020), 2020년 모자보건 사업안내.

자폐증 개념의 진화 / 장하원

장하원(2020), 『'다른 아이'의 구성: 한국의 자폐증 감지, 진단, 치료의 네트워크』, 서울대학교 박사학위논문.

Abrahams, B.S., Geschwind, D.H. (2008), "Advances in autism genetics: on the threshold of a new neurobiology". *Nat Rev Genet, 9*(5).

APA. (1980), *DSM-III : Diagnostic and statistical manual of mental disorders*. Washington, D.C. American Psychiatric Association.

APA. (1987), *DSM-III-R : Diagnostic and statistical manual of mental disorders*. Washington, D.C. American Psychiatric Association.

Armstrong, D, (1995). "The rise of surveillance medicine". *Sociology of health & illness, 17*(3).

Asperger, H. (1944), "Die „Autistischen Psychopathen" im Kindesalter". *European Archives of Psychiatry and Clinical Neuroscience, 117*(1).

Bailey, A., Le Couteur, A., Gottesman, I., Bolton, P., Simonoff, E., Yuzda, E., Rutter, M. (1995), "Autism as a strongly genetic disorder: evidence from a British twin study". *Psychological medicine, 25*(1).

Baio, J. (2014), "Prevalence of autism spectrum disorder among children aged 8 years-autism and developmental disabilities monitoring network, 11 sites, United States,

2010". *MMWR, 63*(2).

Baron-Cohen, S., Leslie, A.M., Frith, U. (1985), "Does the autistic child have a "theory of mind"?". *Cognition, 21*(1).

Baron-Cohen, S., Scott, F.J., Allison, C., Williams, J., Bolton, P., Matthews, F.E., Brayne, C. (2009), "Prevalence of autism-spectrum conditions: UK school-based population study". *The British Journal of Psychiatry, 194*(6).

Bauman, M., Kemper, T.L. (1985), "Histoanatomic observations of the brain in early infantile autism". *Neurology, 35*(6).

Bettelheim, B. (1967), *The empty fortress : infantile autism and the birth of the self*. New York. Free Press.

Bishop, D.V., Maybery, M., Wong, D., Maley, A., Hill, W., Hallmayer, J. (2004), "Are phonological processing deficits part of the broad autism phenotype?". *American Journal of Medical Genetics Part B: Neuropsychiatric Genetics, 128*(1).

Bolton, P., MacDonald, H., Pickles, A., Rios, P., Goode, S., Crowson, M., Bailey, A., Rutter, M. (1994), "A case-control family history study of autism". *Journal of child Psychology and Psychiatry, 35*(5).

Brown, P. (1995), "Naming and framing: the social construction of diagnosis and illness". *J Health Soc Behav, Spec No.*

Bumiller, K. (2008), "Quirky citizens: Autism, gender, and reimagining disability". *Signs: Journal of Women in Culture and Society, 33*(4).

Candland, D.K. (1995), *Feral Children and Clever Animals : Reflections on Human Nature*. Cary. Oxford University Press.

Chamak, B., Bonniau, B. (2013), "Changes in the diagnosis of autism: How parents and professionals act and react in France". *Culture, Medicine, and Psychiatry, 37*(3).

Conrad, P., Barker, K.K. (2010), "The social construction of illness: Key insights and policy implications". *Journal of health and social behavior, 51*(1).

Conrad, P., Schneider, J. (1992), *Deviance and Medicalization (expanded edition)*. Philadelphia, PA. Temple University Press.

Dawson, G., Webb, S., Schellenberg, G.D., Dager, S., Friedman, S., Aylward, E., Richards, T. (2002), "Defining the broader phenotype of autism: Genetic, brain, and behavioral perspectives". *Development and psychopathology, 14*(3).

Eisenberg, L., Kanner, L. (1956), "Childhood schizophrenia: Symposium, 1955: 6. Early infantile autism, 1943–55". *American Journal of Orthopsychiatry, 26*(3).

Elsabbagh, M., Divan, G., Koh, Y.J., Kim, Y.S., Kauchali, S., Marcín, C., Montiel-Nava, C., Patel, V., Paula, C.S., Wang, C. (2012), "Global prevalence of autism and other pervasive developmental disorders". *Autism research, 5*(3).

Evans, B. (2013), "How autism became autism: The radical transformation of a central concept of child development in Britain". *History of the Human Sciences, 26*(3).

Eyal, G. (2010), *The autism matrix : the social origins of the autism epidemic.* Cambridge, UK. Polity.

Folstein, S., Rutter, M. (1977), "Infantile autism: a genetic study of 21 twin pairs". *Journal of Child psychology and Psychiatry, 18*(4).

Fombonne, E. (2003), "The prevalence of autism". *Jama, 289*(1).

Frith, U. (1991), "Asperger and his syndrome". *Autism and Asperger syndrome,* 14.

Grandin, T., Panek, R. (2013), *The autistic brain: Thinking across the spectrum.* Boston, New York. Houghton Mifflin Harcourt.

Grinker, R.R. (2007), *Unstrange minds: remapping the world of autism.* New York. Basic Books.

Hacking, I. (1995), *Rewriting the Soul: Multiple Personality and the Sciences of Memory.* Princeton, NJ. Princeton University Press.

Hacking, I. (2007), "Kinds of people: Moving targets". *Proceeding of British Academy, 151.*

Hippler, K., Klicpera, C. (2003), "A retrospective analysis of the clinical case records of 'autistic psychopaths' diagnosed by Hans Asperger and his team at the University Children's Hospital, Vienna". *Philosophical Transactions of the Royal Society of London. Series B: Biological Sciences, 358*(1430).

Jorde, L., Hasstedt, S., Ritvo, E., Mason-Brothers, A., Freeman, B., Pingree, C., McMahon, W., Petersen, B., Jenson, W., Mo, A. (1991), "Complex segregation analysis of autism". *American journal of human genetics, 49*(5).

Kanner, L. (1943), "Autistic disturbances of affective contact". *Nervous child, 2*(3).

Kanner, L. (1944), "Early infantile autism". *The Journal of Pediatrics, 25.*

Kanner, L. (1949), "Problems of nosology and psychodynamics of early infantile autism". *American journal of Orthopsychiatry, 19*(3).

Kanner, L. (1954), "To what extent is early infantile autism determined by constitutional inadequacies?". *Research publications-Association for Research in Nervous and Mental Disease, 33.*

Kanner, L. (1971), "Follow-up study of eleven autistic children originally reported in 1943". *Journal of autism and childhood schizophrenia, 1*(2).

Kanner, L. (1973), *Childhood psychosis: Initial studies and new insights.* VH Winston & Sons.

Kolvin, I. (1971), "Studies in the childhood psychoses I. Diagnostic criteria and classification". *The British Journal of Psychiatry, 118*(545).

Levitt, P., Eagleson, K.L., Powell, E.M. (2004), "Regulation of neocortical interneuron development and the implications for neurodevelopmental disorders". *Trends in neurosciences, 27*(7).

Lotter, V. (1966), "Epidemiology of autistic conditions in young children". *Social psychiatry, 1*(3).

Lyons, V., Fitzgerald, M. (2007), "Asperger (1906-1980) and Kanner (1894-1981), the two pioneers of autism". *Journal of autism and developmental disorders, 37*(10).

Nadesan, M.H. (2005), *Constructing Autism: Unravelling the 'truth' and Understanding the Social*. Psychology Press.

Navon, D., Eyal, G. (2014), "The trading zone of autism genetics: Examining the intersection of genomic and psychiatric classification". *BioSocieties, 9*(3).

Pelphrey, K.A., Carter, E.J. (2008), "Brain mechanisms for social perception: lessons from autism and typical development". *Annals of the New York Academy of Sciences, 1145*(1).

Pelphrey, K.A., Morris, J.P., McCarthy, G. (2005), "Neural basis of eye gaze processing deficits in autism". *Brain, 128*(5).

Rimland, B. (1964), *Infantile autism: The syndrome and its implications for a neural theory of behavior*. New York. Appleton-Century-Crofts.

Roberts, T.P., Khan, S.Y., Rey, M., Monroe, J.F., Cannon, K., Blaskey, L., Woldoff, S., Qasmieh, S., Gandal, M., Schmidt, G.L. (2010), "MEG detection of delayed auditory evoked responses in autism spectrum disorders: towards an imaging biomarker for autism". *Autism Research, 3*(1).

Rose, N.S. (1985), *The psychological complex: Psychology, politics and society in England, 1869-1939*. Routledge Kegan & Paul.

Rumsey, J.M. (1985), "Conceptual problem-solving in highly verbal, nonretarded autistic men". *Journal of autism and developmental disorders, 15*(1).

Rutter, M. (1968), "Concepts of autism: a review of research". *Child Psychology & Psychiatry & Allied Disciplines, 9*.

Rutter, M. (1972), "Childhood schizophrenia reconsidered". Journal of Autism and Developmental Disorders, 2(3).

Rutter, M. (1974), "The development of infantile autism". *Psychological Medicine, 4*(2).

Rutter, M. (1978), "Diagnosis and definition of childhood autism". *Journal of autism and childhood schizophrenia, 8*(2).

Schopler, E., Rutter, M., Chess, S. (1979), "Change of journal scope and title". *Journal of Autism and Developmental Disorders, 9*(1).

Shah, A., Frith, U. (1993), "Why Do Autistic Individuals Show Superior Performance on the Block Design Task?". *Journal of Child Psychology and Psychiatry, 34*(8).

Siegel, B., Vukicevic, J., Elliott, G.R., Kraemer, H.C. (1989), "The use of signal detection theory to assess DSM-III-R criteria for autistic disorder". *Journal of the American Academy of Child & Adolescent Psychiatry, 28*(4).

Silberman, S. (2015), *Neurotribes: The legacy of autism and the future of neurodiversity*. Penguin.

Silverman, C. (2012), *Understanding Autism: Parents, Doctors, and the History of a Disorder*. Princeton University Press.

Treffert, D.A. (1970), "Epidemiology of infantile autism". *Archives of General Psychiatry, 22*(5).

Volkmar, F.R., Bregman, J., Cohen, D.J., Cicchetti, D.V. (1988), "DSM-III and DSM-III-R diagnoses of autism". *The American journal of psychiatry, 145*(11).

Volkmar, F.R., McPartland, J.C. (2014), "From Kanner to DSM-5: autism as an evolving diagnostic concept". *Annual review of clinical psychology, 10*.

Waterhouse, L., Wing, L., Spitzer, R., Siegel, B. (1993), "Diagnosis by DSM-III-R versus ICD-10 criteria". *Journal of autism and developmental disorders, 23*(3).

Whitaker-Azmitia, P.M. (2001), "Serotonin and brain development: role in human developmental diseases". *Brain research bulletin, 56*(5).

Wing, L. (1981), "Asperger's syndrome: a clinical account". *Psychological medicine, 11*(1).

Wing, L., Gould, J. (1979), "Severe impairments of social interaction and associated abnormalities in children: Epidemiology and classification". *Journal of autism and developmental disorders, 9*(1).

Wing, L., Potter, D. (2002), "The epidemiology of autistic spectrum disorders: is the prevalence rising?". *Mental retardation and developmental disabilities research reviews, 8*(3).

Wolff, S. (2004), "The history of autism". *European child & adolescent psychiatry, 13*(4).

홍강의 (2014), 『소아정신의학』, 서울: 학지사.

치매와 문화 / 이수유

김신겸·정한용 (2008), 「치매 개념의 역사적 변천 -알쯔하이머병을 중심으로-」, 『노인정신의학』 12.

김태우 (2012), 「노년에 대한 현대의학의 개입 -문화인류학이 바라본 당대의 노년-」, 『서양사론』 114.

박성용 (2007), 「치매에 대한 의료지식의 문화적 구성 -청도 노인치매요양원의 환자가족을 중심으로-」, 『한국노년학』 27(1).

이현정 (2013), 「의료인류학: 인간의 질병과 건강, 의료체계 및 치유에 관한 인류학적 접근」, 『지식의 지평』 14.

장세철·유애란·조문기 (2020), 「치매인식개선에 관한 연구 -치매용어를 중심으로-」, 『일본문화연구』 74.

황의완 (1997), 「치매 치료에 대한 한의학적 접근 방법」, 『경희의학』 13(1).

Ballenger, Jesse F. (2006), "The Biomedical Deconstruction of Senility and the Persistent Stigmatization of Old Age in the United States," in Annette Leibing and Lawrence Cohen (eds.), *Thinking About Dementia: Culture, Loss and the Anthropology of Senility*, New Brunswick: Rutgers University Press.

Benedict, Ruth (1934), "Anthropology and the Abnormal," *The Journal of General Psychology* 10(1).

Brijnath, Bianca (2011), "Alzheimer's and the Indian Appetite," *Medical Anthropology* 30(6).

Buch, Elana D. (2015), "Anthropology of Aging and Care," *Annual Review of Anthropology* 44.

Clarfield, A. Mark (1990), "Dr. Ignatz Nascher and the Birth of Geriatrics," *Canadian Medical Association Journal* 143(9).

Clark, Margaret (1967), "The Anthropology of Aging, a New Area for Studies of Culture and Personality," *The Gerontologist* 7(1).

Cohen, Lawrence (1995), "Toward an Anthropology of Senility: Anger, Weakness, and Alzheimer's in Banaras, India," *Medical Anthropology Quarterly* 9(3).

Cohen, Lawrence (1998), *No Aging in India: Alzheimer's, the Bad Family, and Other Modern Things*, Berkeley: University of California Press.

Driessen, Annelieke (2018), "Pleasure and Dementia: On Becoming an Appreciating Subject," *The Cambridge Journal of Anthropology* 36(1).

Estes, Caroll L. (1979), *The Aging Enterprise*, San Francisco: Jossey-Bass.

Estes, Carroll L. and Elizabeth A. Binney (1989), "The Biomedicalization of Aging: Dangers and Dilemmas," *The Gerontologist* 29(5).

Herskovits, Elizabeth (1995), "Struggling over Subjectivity: Debates about the "Self" and Alzheimer's Disease," *Medical Anthropology Quarterly* 9(2).

Kaufman, Sharon R. (1994), "Old Age, Disease, and the Discourse on Risk: Geriatric Assessment in U.S. Health Care," *Medical Anthropology Quarterly* 8(4).

Kaufman, Sharon R. and Lynn M. Morgan (2005), "The Anthropology of the Beginnings and Ends of Life," *Annual Review of Anthropology* 34(1).

Kontos, Pia C. (2006), "Embodied Selfhood: An Ethnographic Exploration of Alzheimer's Disease," in Annette Leibing and Lawrence Cohen (eds.) *Thinking About Dementia:*

Culture, Loss and the Anthropology of Senility, New Brunswick: Rutgers University Press.

Lee, Jieun (2019), "Living with/out Dementia in Contemporary South Korea," Medical *Anthropology Quarterly* 33(4).

Lock, Margaret (2013), *The Alzheimer Conundrum: Entanglements of Dementia and Aging*, Princeton: Princeton University Press.

Mitteness, Linda S. and Judith C. Barker (1995), "Stigmatizing a "Normal" Condition: Urinary Incontinence in Late Life," *Medical Anthropology Quarterly* 9(2).

Singer, Merrill and Hans Baer (2012), *Introducing Medical Anthropology: A Discipline in Action*, Lanham: AltaMira Press.

Taylor, Janelle S. (2008), "On Recognition, Caring, and Dementia." *Medical Anthropology Quarterly* 22(4).

Traphagan, John W. (1998), "Localizing Senility: Illness and Agency Among Older Japanese," *Journal of Cross-Cultural Gerontology* 13.

Traphagan, John W. (2000), *Taming Oblivion: Aging Bodies and the Fear of Senility in Japan*, Albany: State University of New York Press.

○ 김준혁_ 연세대학교 치과대학 치의학교육학교실 조교수

연세대학교 치과대학을 나와 동대학의 치과대학병원에서 소아치과 수련을 받아 전문의가 되었다. 미국 펜실베이니아대 의과대학 의료윤리 및 건강정책 교실에서 생명윤리학 전공으로 석사 학위를, 부산대 치의학전문대학원 의료인문학 교실에서 의료인문학 전공으로 박사 학위를 받았다. 여러 매체에 각종 의료 이슈에 대한 칼럼을 연재하고 있다. 저서로『아픔은 치료했지만 흉터는 남았습니다』,『누구를 어떻게 살릴 것인가』,『한국 치과의 역사』(공저) 등이, 역서로『서사의학이란 무엇인가』,『의료윤리』,『의료인문학과 의학 교육』,『치아우식의 이해와 임상관리』(공역) 등이 있다.

○ 김태우_ 경희대학교 한의과대학 교수

연세대학교 화학과를 졸업하고, 미국 뉴욕주립대(버팔로) 인류학과에서 문화인류학 박사학위를 받았다. 현재 경희대학교 한의과대학 교수로 재직 중이다. 의료인류학자로서 사회문화와 의료의 상호 관계, 의료에 내재한 존재론 및 인식론을 연구하고 있다. 주요 논문으로「한의학 병명의 현상학: 인류학적, 현상학적 접근」,「Cultivating Medical Intentionality: The Phenomenology of Diagnostic Virtuosity in East Asian Medicine」,「치유로서의 인간-식물 관계: 존재론적 인류학으로 다시 읽는 동아시아의학 본초론」 등이 있으며, 저서로는『의료, 아시아의 근대성을 읽는 창』(공저),『한의원의 인류학: 몸-마음-자연을 연결하는 사유와 치유』가 있다.

○ 윤은경_ 경희대학교 인문학연구원 HK연구교수

경희대학교 한의과대학을 나와 동대학원에서 원전학으로 석사 및 박사 학위를 받았다. 주요 논문으로는 「한의학적 관점에서 본 『태교신기』의 태교론」, 「한국 한의학의 치유개념에 관한 고찰 - 『동의보감』과 『동의수세보원』을 중심으로」, 「임산징후(臨産徵候)에 대한 한의학적 고찰」 등이 있다.

○ 이수유_ 서울대학교 인류학과 박사과정 수료

서울대학교 사회학과를 졸업하고 대학원에서 인류학을 공부하고 있다. 주요 논문으로는 「자아, 문화, 감각: 의례의 경험을 중심으로」, 「치매 발병 후 부부관계와 질병의 공동 경험」 등이 있다.

○ 장하원_ 경희대학교 인문학연구원 HK연구교수

서울대학교 생물자원공학부에서 학부와 석사를 마치고 서울대 과학사 및 과학철학 협동과정에서 과학기술학으로 박사 학위를 받았다. 주요 논문으로 「지적, 정서적 실천으로서의 어머니 노릇: 자폐증을 지닌 아동을 돌보는 어머니의 경험을 중심으로」 등이 있으며, 공저로 『21세기 교양, 과학기술과 사회』 등이 있다.

○ 조태구_ 경희대학교 인문학연구원 HK연구교수

경희대학교를 나와 프랑스 파리-낭테르 대학(파리10대학)에서 철학 박사 학위를 받았다. 주요 논문으로는 「미셸 앙리의 구체적 주체성과 몸의 현상학」, 「반이데올로기적 이데올리기-의철학의 가능성 논쟁 :부어스와 엥겔하르트를 중심으로」 등이 있다.